在华日侨文史研究丛书

在华日侨文人史料研究

堀田善卫的上海时代

陈童君　著

上海人民出版社

凡　例

本书引用的日文著述中出现的“支那”一词，系当时历史环境下日本对中国带有蔑视性质的称呼，为保留史料原貌，准确体现当时日本言论的真实意图，对引用史料中出现的“支那”一词，均保留原样。

目录

第一章

1945年的上海与东京

一、东京《朝日新闻》与上海《大陆新报》

1945年3月24日，日本东京最有影响力的报纸《朝日新闻》在当天头条发布了一则题为“荒鹫击沉敌舰11艘”的战事报道。该报道介绍了日本海军针对盟军舰队发动了代号“神风特攻”的自杀式攻击，宣称“在持续一周的猛攻之下，敌舰队损失惨重预计将向南方海域撤退”[1]。同样是在1945年3月24日，发行于日军占领下的上海的日文报纸《大陆新报》也刊发了一则题为“击沉11艘敌舰、内含5艘航母”的头条新闻。仅从标题也不难看出，当天上海《大陆新报》刊发了和东京《朝日新闻》内容一致的战事报道。《大陆新报》创刊于1939年1月，是日本侵华战争及二战期间朝日新闻社和日本军部合作在中国大陆地区发行的日文报纸。日军占领上海时期，《大陆新报》是当地日侨群体主要阅读的日文大报，前后发行了长达6年之久，直到1945年8月日本

[1]「荒鷲十一艦を撃沈」、東京:『朝日新聞』1945年3月24日、1版。

战败后不久被迫停刊[1]。

朝日新聞

荒鷲、十一艦を撃沈

五空母、二戦艦、三巡艦等

敵機動部隊への綜合戦果

撃墜約百八十機

大陸新報

機動部隊攻撃の戦果の綜合

正規空母五隻など

十一隻撃沈

百八十機撃墜

图 1.1　1945 年 3 月 24 日东京《朝日新闻》头条（左），同日上海《大陆新报》头条（右）

上海《大陆新报》和东京《朝日新闻》同属一个报社集团旗下，1945 年 3 月 24 日这一天，它们在隔海相望的两个城市采用完全相同的方式报道着战争的走势。1945 年 3 月 24 日在上海的历史上或许只是平淡无奇的一天，当天《大陆新报》和《朝日新闻》在战事报道上的同步性却凸显了日军占领下的上海与隔海相望的东京在公共言论空间上存在的交集。但是另一方面，1945 年 3 月 24 日的《大陆新报》和《朝日新闻》也存在着明显的差异，这种基于交集之上的差异更有助于我们发现二战末期上海言论空间与东京言论空间之间的本质不同。

例如，1945 年 3 月 24 日的《朝日新闻》和《大陆新报》各自刊发了一篇点评战局的“社论”。东京《朝日新闻》的社论题作《因战果而奋起》。该社论首先宣扬特攻队的自杀式袭击重创盟军取得重大战果，随后转而强调“皇国当前正处于生死存亡的关头”，“日本国民必须从特

[1]《大陆新报》原件分散收藏于上海图书馆徐家汇藏书楼、日本国立国会图书馆和美国议会图书馆，目前最晚可见 1945 年 9 月 10 日号。

攻队的战果中获取必胜的信念，鼓起勇气应对即将来临的本土决战”[1]。同一天在上海，《大陆新报》刊发了社论《切勿失去日本国民的自尊心》。该社论批评上海当地日侨“缺乏皇国必胜的自信和决然应对挑战的态度”，强调日侨群体是“当地中国民众理解日本的唯一窗口”，要求所有侨民必须在中国民众面前“彰显日本国民的自尊和昂然的自信，以实际行动证明日本的战争道义和必胜的信念”[2]。

这两则社论都表现出了对日本战败前景的危机感。但是两者之间的根本性不同在于，《朝日新闻》的社论完全将中国问题排除在话语空间之外，《大陆新报》的社论则把如何处理与中国的关系视作当时日本面临的首要课题。实际上，《朝日新闻》的社论全篇没有出现任何一处和中国有关的论述，对于战局的讨论完全限定在了太平洋战场的范围之内；与之相反，同日《大陆新报》的社论除了在文章开篇处简略提及了太平洋战局以外，全篇内容都在讨论当地日侨和中国民众之间的双向关系问题、日侨应当采取的对华态度和在华日侨的使命与职责的问题。

尽管传播着相同的战争资讯，上海和东京的两份日文报纸却表现出了截然不同的对华意识。实际上，这种对华意识的差异并不仅限于 1945 年 3 月 24 日这一天。对比 1945 年度《大陆新报》和《朝日新闻》的社论栏，不难发现两份报纸对中国问题无论是表述意愿还是表述方式都大相径庭。1945 年的日本正处在战败前夜，以东京《朝日新闻》为代表的日本言论界将所有注意力集中在了所谓的“本土决战”之上，其言论视野限定在与美国作战的太平洋战场；与之相对，在上海的日本侨民借由《大陆新报》等沪上日文报刊形成了具有中国本地化特征的日侨言论空间，如何在日本战败的前夜应对、调整与周围中国民众的自他关系是这一时期上海日侨言论界的主流话题（参考本书《资料篇》）。也就是

[1]「この戦果に振ひ起て」、東京:『朝日新聞』、1945 年 3 月 24 日、1 版。
[2]「国民的自尊心を失ふ勿れ」、上海:『大陸新報』、1945 年 3 月 24 日、1 版。

说在二战即将结束的 1945 年，上海的日侨言论空间和东京的日本本土言论空间在言论视角、言论主题、言论结构和言论服务对象等方面存在着明显的对立反差。这种对立反差不仅导致两地的日文报刊上出现了相互差异化的两种日语言论空间，同时还导致了两地的日本文人知识分子们在有关日本战败和战争责任的问题上出现截然不同的认知视点和话语表述方式。

二、堀田善卫的上海之行

依然是 1945 年 3 月 24 日，在战后成为日本文坛知名作家的堀田善卫这一天乘坐一架小型客机从东京羽田机场来到了上海。在晚年的自传体回忆录《邂逅的人群》(1993）中，堀田善卫将这次中国之行描述为对日本彻底绝望后的逃亡之旅。据堀田回忆，1945 年 3 月 18 日清晨，他在东京市南部的富冈八幡神宫碰巧见到了出行视察的日本裕仁天皇一行。据次日《朝日新闻》的报道，裕仁天皇这天出行的目的是视察美军空袭所造成的损失，以此表达“天皇陛下对东京受灾民众的圣虑”[1]。同一天早上，堀田善卫在东京四处寻找因空袭而失去联系的朋友。当他路过富冈八幡神宫时，看到一群衣衫褴褛的灾民跪拜在衣着光鲜的天皇面前，乞求天皇原谅他们的无能。在回忆录中堀田写道，“那个本应该为战争负责的天皇，人民非但没有追究他的责任反而在乞求他的宽恕。那个时候我对自己的国家产生了一种发自内心的绝望。”[2]

[1]「聖慮を安んじ奉らん」、東京:『朝日新聞』、1945 年 3 月 19 日、1 版。
[2]『めぐりあいし人びと』、東京: 集英社、1993 年 1 月、22 頁。

朝日新聞

朝日新聞東京本社

畏し・天皇陛下戰災地

聖慮を安んじ奉らん

小磯首相謹話

图 1.2　1945 年 3 月 19 日东京《朝日新闻》头条报道前日上午裕仁天皇的出宫视察

6 天之后，堀田善卫设法从他当时供职的日本国际文化振兴会争取到了一份前往上海的驻外工作。他通过在海军任职的朋友买到了一张前往上海的机票，随后乘坐朝日新闻社的小型自用机离开了刚被美军轰炸过的东京羽田机场。在朝鲜半岛的上空，飞机遇到了盟军雷鸟战斗机的阻截，侥幸逃过一劫之后，已经破烂不堪的飞机降落在了上海北部的大场镇机场[1]。1945 年 3 月 24 日，堀田善卫就这样开始了他的上海之旅，这同时也是他人生中第一次海外漂泊的经历。对于战后长年担任“亚非作家会议”日本代表的堀田善卫来说，1945 年的上海是他日后行走世界、与异国他者进行对话的漫长人生旅途的原点。

1918 年，堀田善卫出生在日本富山县高冈市的一个地方望族。他的家族世世代代从事海运贸易，如今在其家乡还保留着由当年的豪商家宅改建成的海运历史展览馆。家族传统的海运贸易需要频繁与外国人接触，这让堀田从小就生活在多元文化的环境之下，培养了他广阔的国际视野和与异国他者进行对话的意愿。

[1] 『めぐりあいし人びと』、東京：集英社、1993 年 1 月、26 頁。

图 1.3　堀田故乡的海运历史展览馆（左）和堀田善卫纪念馆“海风会馆”（右）

1936 年，18 岁的堀田善卫离开家乡来到东京就学于庆应大学。此时日本正处于发动全面侵华战争的前夜，堀田一开始选择了热门的政治学作为自己的专业，但随后很快转入了当时颇为冷门的法国文学科。在自传体小说《诗人们的青春群像》（1968）中，堀田借小说主人公之口描述了侵华战争期间政治系和法文系的两种迥然不同的气氛——政治系挤满了崇拜德国法西斯、狂热拥护日本对外战争的“皇国青年”，而法文系冷清的教室里则只能看到三三两两低声朗读诗文的文艺青年[1]。对非理性的民族主义十分反感的堀田选择了后者作为自己战争期间的生活方式，很快地他就发现自己并不是孤独的一个人。

学生时代的堀田善卫爱好音乐鉴赏和诗歌写作，1939 年前后是东京《月刊乐谱》的主要撰稿人之一，同时还是一份小型诗歌杂志《磁坐》的编辑委员。二战期间，堀田善卫和加藤周一、中村真一郎、小山弘一郎等同龄友人一起编辑发行了《山树》《诗集》等同人社团性质的文艺杂志，这些反感战时体制的日本青年知识分子们聚集在一起组成了我行我素的文学团体。这个小团体的成员大都爱好作诗，喜欢文学，厌恶战时体制。据好友中村真一郎的回忆，“太平洋战争爆发后，我们都

[1]『若き日の詩人たちの肖像』、『堀田善衞全集巻 7』収録、東京：筑摩書房、1993 年 11 月。

想尽一切办法逃避兵役。其中要数堀田最有本事，当我们都在国内亡命的时候，他设法找到了逃离日本的机会。”[1]

图 1.4　堀田学生时代参与编辑的文艺杂志《磁坐》《山树》和《诗集》

三、二战末上海的日语言论空间

但是，从东京来到上海之后，堀田善卫很快就重新陷入失望的情绪之中。1941 年太平洋战争爆发以后，侵华日军占领了原本由美英法三国控制的租界乃至整个上海。此后，日本占领军成为上海的最高统治者，原本只是偏居虹口一带的日本侨民也将势力扩展到了上海全境。在以“大东亚共荣圈”为主导思想的意识形态管制下，日军一方面对上海实行“去欧美化”的文化政策，另一方面又对当地中国文化界实行军方主导的言论审查。这样一种基于日本战争需要的排他性言论管制损害了这座国际大都会原有的多元文化优势，来到上海之后，堀田发现自己既没有摆脱战争，也没有远离日本。

［1］「旧友堀田の全集のはなむけに」、第二次『堀田善衞全集月報 3』収録、東京：筑摩書房、1993 年 7 月。

日本战败一年后的 1946 年，堀田善卫在上海当地的日文期刊《改造评论》上发表了评论《反省与希望》。文章开头他写道：“初到上海的时候，我发现当地文化界所处的状态与我来之前所设想的大相径庭。我首先惊讶于当地报纸登载着和日本本土几乎一样内容的新闻，中国的报纸完全没有了中国的特色，只是一味地被迫转载着日本政府的官方言论。虽然我也知道那是日本占领军的言论管制所造成的结果，那种压抑的环境依然让我感到悲哀和异样。日本占领军不允许中国报纸发出任何质疑的声音。这种言论上的高压态度毫无疑问是一种暴力行为，它将无法发声的耻辱强加到了中国的身上。”[1]

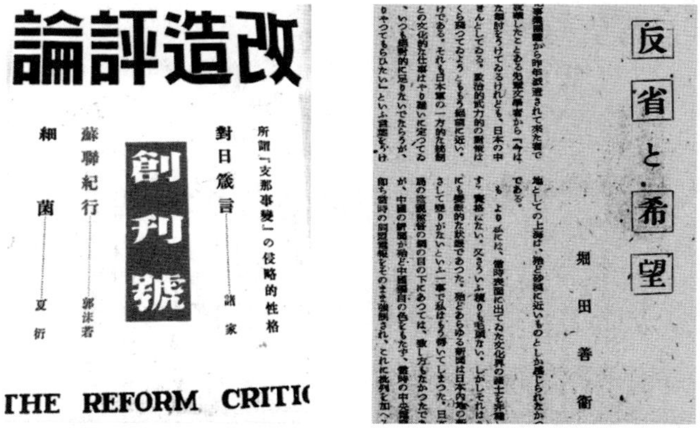

图 1.5　战后上海的日文综合杂志《改造评论》创刊号（左）和堀田发表的评论《反省与希望》(右)

从东京到上海，堀田善卫原本希望逃离日本的战时体制，前往中国寻找更为自由的文化言论环境，现在却失望地在日军占领下的上海发现了和东京一样“空有一堆人和建筑物的文化沙漠”(同前《反省与希望》)。近代以来，上海一直拥有着华东地区人口规模最大的日侨社群。而在 1937 ～ 1945 年的全面侵华战争期间，拥有近 10 万人口的上海日侨社群依托这座国际都市一流的出版文化设施，发行了数量众多的日文报纸、

[1]「反省と希望」、上海:『改造評論』第 1 号、1946 年 6 月、175 頁。

期刊和图书，形成了在日伪统治下的沦陷区有广泛影响力的日侨言论界。

图 1.6　侵华日军占领上海时期当地发行流通的各类日文杂志

与日本国内一样，上海日侨言论界的话语主导权大部分掌握在具备高度言论表述能力和表述意愿的文人知识分子群体手中。与日本国内相比，在上海的日侨文人普遍具有更敏锐的对华问题意识以及更具中国本地化特征的观察视角，但这同时也意味着日侨文人群体更加具备成为侵华日军政宣工具的言论职能潜力。在《反省与希望》一文中堀田写道，

“我清楚地记得，当时上海文化界的压抑气氛是如何一而再再而三地令我陷入暗淡的情绪之中；不单单是我一个人，所有那些真心诚意地关心着中日两国关系的人们，那些在各自微不足道的文化工作岗位上默默关注东方全体民族命运的人们，谁也无法忍受日军占领下上海文化界的惨状。我记得自己当时一肚子不满却无处发泄，那种抑郁的情绪几乎要让我发疯。我一个日本人尚且如此，可想而知当时中国的民众们心中压抑着多么难以忍受的愤恨。”[1]

比起长年在上海生活的老日侨，作为“新日侨”的堀田善卫更善于审视在华日侨群体的双重性质，他一方面能够利用在华日侨的本地化视角深入观察中日关系，同时又能冷静反思日侨群体本身潜在的对华暴力性和压抑性。这种双向观察的能力保证了他日后所创作的众多中国题材文学作品具备内在的话语张力。借由堀田善卫的文字，今天的读者有机会阅读一位日侨文人知识分子观察、参与和表述中日关系转折期历史进程的个人经历；而通过与同时期日本国内文人的比较，读者们可以发现在华日侨文人群体的独特性，了解在华日侨文人研究对于重新书写近代中日文史关系的意义所在。

四、“堀田文库”与日侨文人史料研究

从 1945 年 3 月 24 日来到上海至 1947 年 1 月 4 日回到日本，堀田善卫在沪上生活了总共一年九个月。与内山完造、井上红梅、小竹文夫等长年定居沪上的老日侨相比，堀田善卫的上海时代尽管前后持续时间不长，却留下了相当多的具有研究价值的文人史料。2008 年堀田善卫逝

[1]「反省と希望」、上海:『改造評論』第 1 号、1946 年 6 月、176 頁。

世 10 周年之际，日本神奈川县近代文学馆举办了大型“堀田善卫展”，公开展出其馆藏的 300 余件堀田手稿资料，并同时发行了附有详细说明的展品手册[1]。其后神奈川文学馆又陆续公开了 13000 余件堀田留下的日记、书信、记事本、备忘录、作品手稿、创作笔记、读书笔记等资料，并将其整理成“堀田文库”提供给国内外读者查阅。“堀田文库”的出现极大推动了堀田善卫专题研究的发展，促使堀田研究获得学界的重视，并在近年成为近代中日文史关系研究领域的一个热点学术话题[2]。

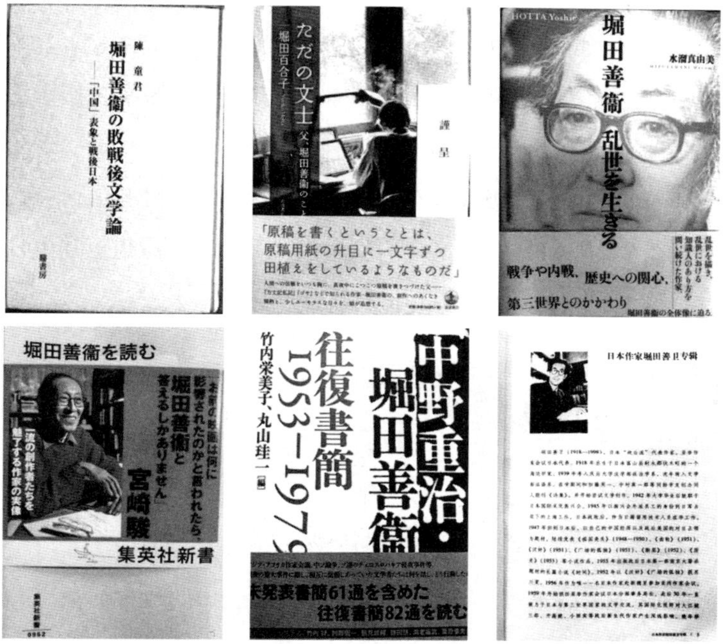

图 1.7　近年国内外出版的堀田研究专著、回忆录、资料集和讨论专辑

---

［1］ 神奈川文学振興会編『堀田善衛展：スタジオジブリが描く乱世』、神奈川県立神奈川近代文学館刊、2008 年 10 月。

［2］ 島村辉「書評　陳童君著『堀田善衛の敗戦後文学論——「中国」表象と戦後日本』」(東京『日本文学』2018 年 5 月号)，黑田大河「書評　陳童君著『堀田善衛の敗戦後文学論——「中国」表象と戦後日本』」(東京『日本近代文学』2018 年 5 月号)。渡邊ルリ「書評　陳童君著『堀田善衛の敗戦後文学論——「中国」表象と戦後日本』」(東京『昭和文学研究』2019 年 3 月号)。

在堀田所留下的数量庞大的手稿资料之中，尤其引起学界关注的是1945～1946年堀田在上海期间所写的私人日记。堀田善卫的上海日记由三册平装笔记本构成，其中一册为A4版大小，另两册为A5版大小，三册日记的正文部分共计261页，采用钢笔和铅笔混合书写，日记的手稿原件现收藏于神奈川近代文学馆“堀田文库”。

日记第一册封面处印有“支那方面舰队报道部”字样，正文从1945年8月6日开始，到1946年11月29日结束，记录了堀田善卫在上海前后一年多的生活经历，堀田对在华日侨群体战败期行为表现的观察以及对战后转折期中日关系的个人思考。2008年，日本学者红野谦介曾对该日记进行文字整理，并于同年通过东京集英社编著出版了《堀田善卫上海日记》。尽管在整理和校注上存在一些细节问题[1]，《堀田善卫上海日记》的问世仍然极大推动了之后有关堀田文学作品的研究，同时还为解读二战前后在华日侨文人的生活史、言论史、思想史和中日交流史提供了珍贵的一手资料。

图1.8　神奈川近代文学馆编《堀田善卫展》手册（左）和红野谦介编《堀田善卫上海日记》（右）

---

［1］ 例如红野谦介编《堀田善卫上海日记》第295页右起第2行“Tの日記からM嬢、I氏と自動車にて南京城皇廟へゆく”，这里的“南京城皇廟”翻录有误，日记手稿写作“南市城皇庙”（日记原本第2册第122页）。“南市”是上海老城厢一带的旧称，“南市城皇庙”指的是现在的上海豫园城隍庙。

由于堀田善卫在上海生活的时期正好与日本战败和之后的日侨遣返时期相重合，他的日记是后人了解日侨群体在中日关系转折期的实际生活样态及思想变化的一级史料。堀田善卫的上海日记还涉及战后滞华时期他在国民党政府机构的留用工作经历，对于研究国民政府的战后对日政策和对日宣传的工作方式具有重要的史料价值。除此以外，堀田的上海日记还记录了作者对内山完造、小竹文夫、武田泰淳、林俊夫、竹本节、岛田政雄、石上玄一郎等其他日侨文人意见领袖的各类言行观察。这意味着针对堀田善卫的研究可以成为考察整个上海日侨文人知识分子群体的切入点。

除了上海日记以外，神奈川近代文学馆的"堀田文库"还收藏有堀田善卫在上海时代使用过的记事本、地图、照片、导游手册、作品手稿、友人书信、工作文件、遣返证明等大量有研究价值的一级史料。本书试图以堀田善卫的上海时代为研究对象，通过整理堀田的日记、书信、笔记本、作品手稿以及公开出版的小说、诗歌、评论、随笔、回忆录、座谈会讲演记录等资料，梳理和解读 1945 年前后堀田善卫的在华生活、战败体验、战后留用、遣返归国以及同时期的作品著述。与此同时，本书还调查了堀田侨居上海期间直接或间接参与出版的沪上各类日文报刊，试图以堀田善卫的言论著述为线索，挖掘和整理《大陆》《新大陆》《大陆往来》《上海文学》《江南展望》《导报半月刊》《新生》《改造评论》《改造周报》《大陆新报》《改造日报》《改造儿童新闻》等 1945 年前后上海地区发行的主要日文报纸和日文杂志；本书试图以堀田善卫为导引，梳理 1945 年前后上海日侨言论界及日侨文人知识分子群体的言论空间。

1947 年 1 月堀田善卫离开上海返回日本后，陆续发表了《波涛之下》(1948)、《共犯者》(1949)、《无国之人》(1949)、《被革命的人》(1950)、《祖国丧失》(1950)、《彷徨的犹太人》(1950)、《齿轮》(1951)、

《汉奸》(1951)、《断层》(1952)、《历史》(1952～1953)、《时间》(1953～1955)等大量以中国为题材的小说作品。这一系列中国题材小说的发表很快引起了日本文坛的关注，当时还是青年文人的堀田善卫由此崭露头角，成为战后日本新生代作家的旗手。特别是日本战败后最初的10年里，堀田善卫是书写中国最为活跃的日本作家之一，在战后的日本文坛，他实际上扮演了“中国解说人”的角色。堀田创作的一系列中国题材小说无一例外基于他的上海生活。本书也将针对这些小说文本进行分析和讨论。

根据中国国民政府于1945年10月制定的《中国战区日本官兵与日侨遣送归国计划》，日本战败投降后国民政府计划每月遣送15万名日本人回国，其中经由上海遣返的日侨（包含复员日俘）为每月64000名，上海地区计划遣返日侨总人数为807478人，约占整个中国战区待遣返日本人数的40%[1]。关于上海日侨遣返史的研究，以往国内外学界主要关注遣返政策的制定过程、遣返政策的实施过程、遣返的具体经过和遣返工作对战后日本及中日关系的影响[2]。本书在继承先学成果的基础上，将研究对象集中在以往关注较少的日侨文人知识分子群体之上，试图从文人言论的角度重新审视上海日侨遣返的历史足迹，并以上海为切入点，梳理在华日侨社群的战败期言论空间和言论职能。

二战后日本的社会公共言论通常将海外归国人员称作“引揚者”（中文译为“遣归者”），这一称谓在日本学界沿用至今[3]。与之相对，同

[1] 中国陆军总司令部编《中国战区中国陆军总司令部处理日本投降文件汇编　下卷》，1946年4月，232～238页。另外据该文件记录，整个中国战区计划遣返日本人数共1895413人（不包括伪满洲国和中国台湾、朝鲜籍）。

[2] 若槻泰雄『戦後引揚げの記録』、東京：時事通信社、1995年10月。高綱博文『「国際都市」上海のなかの日本人』、東京：研文出版、2009年3月。Lori Watt, *When empire comes home: repatriation and reintegration in postwar Japan*, Harvard University Press, 2009。陈祖恩《上海日侨社会生活史》，上海辞书出版社，2009年1月。

[3] 島村恭則編『引揚者の戦後』、東京：新曜社、2013年8月。

时期战后中国报刊上则存在多种不同称谓，除了今天最常用的“遣返日本人”以外，还有“遣归日本人”、“遣送日本人”、“撤归日本人”、“回送日本人”、“送还日本人”、“归国日本人”等等。之所以会出现多种不同称谓，一是由于战后中国各地日侨社群的生活境况存在巨大差异，二是因为即便是同一地区的日侨社群，不同阶层群体的境遇也有较大差距。相比战乱中的平津、东北地区，上海日侨社群受惠于当地相对稳定的政治环境，享有远为宽裕的战后生活条件，堀田善卫等部分日侨文人知识分子们甚至还拥有以留用日籍人员的身份继续在华工作的自主选择自由。对于此类日侨群体，使用半强制、半含主动性意愿的“遣归”一词比完全被动的“遣返”更符合历史事实。本书将根据具体的文本语境和史料引用的实际需要采用相对应的称谓。

1945年9月24日，国民党第三方面军在上海设立日侨管理处，10月1日起管理处正式启动工作，这是日本投降后中国大陆地区成立时间最早的官方日侨管理机构[1]。据上海日侨管理处宣导科在1945年11月所做统计，战后滞留上海的日侨群体中包含123名具有一定社会影响力的文化界知识分子[2]。这其中既包括小说家、诗人、剧作家、文学翻译家等狭义的文坛文人，又包括学者、教师、新闻报人、出版社编辑、演艺界人士、社会活动家等具备较高的公共言论传播能力和表述意愿的广义知识分子群体。二战期间，这些日侨文人知识分子们或多或少都参与过日本政府或军方主导的对华文化工作，因而熟悉文化宣传工作的方式和政治服务型言论的话语操作模式；另一方面，相比较在华日侨社群中的官僚群体、军人群体和工商界群体，文人知识分子群体虽然同属于日侨社群的中上流阶层，但是对于日本侵华的战争责任和轻文崇武的军国

[1]「日本人を指導監督　地域職業別に組織　日僑管理処を新設す」、上海:『改造日報』、1945年10月5日、2版。

[2]「日僑中の文化人」、上海:『改造日報』、1945年11月18日、2版。

体制普遍具有更强的反思意识和对日批判言论的表述意愿。

本书将以作家堀田善卫侨居上海时期的言论著述为线索，针对1945年前后在华日侨文人群体的相关史料进行基于个案研究的梳理；本书力图将堀田善卫针对日本战败、战争责任及战后责任的个人书写与同时期日侨报刊的公共言论空间进行比较，分析两种言论话语形式之间的相关性和差异；本书还会以1945年前后的上海日侨文人知识分子群体为例，分析日侨文人在中日关系转折期所起到的言论职能作用、讨论日侨文人在华期间及遣归之后对中日两国言论界造成的话语冲击与挑战。

第二章

堀田善卫与日本国际文化振兴会

一、国际文化振兴会的对华文化工作

1966 年 11 月，堀田善卫受邀参加了日本左翼文学期刊《文学立场》为他举办的个人访谈会。这次访谈会的主题是《日本战后文学的国际背景》，会上堀田详谈了 1945 年日本战败前后自己侨居上海时的经历。当被问及这次上海之行的动机时，堀田回答道："二战时我在东京的国际文化振兴会工作。战争末期，国际文化振兴会在上海新设了一个海外资料室。当时该资料室仅有一名叫菊池租的图书馆学者作为室长常驻上海，因为人手不足，国际文化振兴会需要有其他人自愿外调到上海工作，这就是我当时去上海的正式理由。"[1]

堀田当时所供职的国际文化振兴会（简称 KBS）是现在日本最有影响力的对外文化交流机构——"国际交流基金"（Japan Foundation）的前身组织。该协会成立于 1934 年 4 月，名义上是民间独立团体，实质

[1]「座談会　戦後文学の国際的背景——堀田善衞を囲んで」、東京:『文学的立場』第 9 号、1966 年 11 月、79 頁。

上隶属于日本外务省，会长由战时两次出任日本首相的近卫文麿担任，当时协会总部设在东京市中心丸之内的明治生命大厦 7 楼。

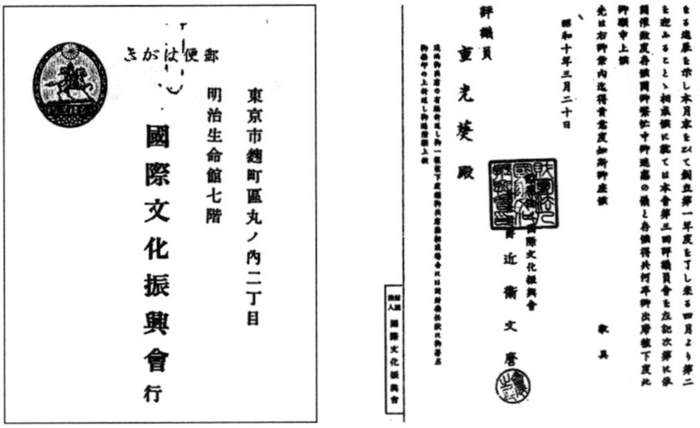

图 2.1　左为振兴会专用明信片，右为振兴会评议会邀请函，可见“近卫文麿”署名

国际文化振兴会在成立之初，曾宣称其运营宗旨在于“向世界诸国普及日本和东方文化，传播有关日本和东方文化的正确知识，激发外国人对日本和东方文化的兴趣”[1]。根据该会 1934 年 4 月制作的《国际文化振兴会事业纲要》，其计划从事的文化活动共有 10 项，分别为：（1）向海外译介日本国内的优秀文化著作；（2）在国外主要大学开设日本文化讲座并派遣讲师；（3）在国外举办宣传日本文化的演讲会、展览会和演奏会；（4）向国外大学寄赠文化书籍和资料；（5）邀请国外名人访日交流；（6）资助外籍人士从事日本和东方文化研究；（7）派遣和接纳留学生；（8）谋求与国外各类文化团体的协作；（9）资助制作宣传日本文化的电影；（10）在国外主要城市和地区开设日本文化会馆、图书馆和研究室。做为协会的管理层，除了会长近卫文麿以外，振兴会还另外常设有副会长 2 名，理事 10 ～ 20 名，监事 3 名，评议员 30 ～ 150

［1］「国際文化振興会事業綱要」、1934 年 4 月、国際交流基金東京四谷図書館所蔵、5 頁。

名。另据创会初期的文件《国际文化振兴会寄附行为》所示，该会成立之时运营所需的资金来源有“天皇陛下赏金、政府补助金、社会捐赠财物和会产收入”[1]。

1933 年 3 月，日本政府为了回避国际社会对其扶持伪满洲国的指责而宣布退出“国际联盟”(联合国前身)。1934 年国际文化振兴会成立的背景之一就是为了应对“日本退出国际联盟后的政治困境”[2]，也正因此，国际文化振兴会的早期活动主要致力于向西方欧美国家宣传日本文化。而到了 1937 年卢沟桥事变之后，为了顺应日本的外交环境变化，振兴会开始逐渐强化以中国为对象的文化宣传活动。1937 年 11 月 26 日，振兴会召集日本政界和文化界人士举行了以“支那”为专题的“对外文化工作协议会议”。在这次会议的邀请函中，振兴会称“最近在北支的军事事变大大方便了我国对支那文化工作的展开。本会认为我国应当借此机会向彼方国家大力介绍日本的国情和文化，以求获得支那朝野的理解与共鸣，方便将来日支协作事业的展开”[3]。1940 年 7 月近卫文麿第二次出任日本首相后发布了《基本国策纲领》，宣称要与中国一起建立所谓的“大东亚共荣圈”。此后国际文化振兴会进一步加强了对华文化工作的力度，其中一个明显的信号是在振兴会发行的机关刊物《国际文化》上增加了涉华文章的比重，还于 1943 年 7 月特别发行了一期《日华文化交流特辑》。

有关国际文化振兴会的对华文化工作，1999 年日本学者芝崎厚士曾在《近代日本与国际文化交流》一书中对其进行了初步的宏观梳

[1]「国際文化振興会寄附行為」、1934 年 4 月、国際交流基金東京四谷図書館所蔵、13 頁。

[2]「国際文化振興会設立趣意書」、1934 年 4 月、国際交流基金東京四谷図書館所蔵、3 頁。

[3]「堀内謙介宛　国際文化振興会常務理事岡部長景書簡」、1937 年 11 月 19 日、国際交流基金東京四谷図書館所蔵。

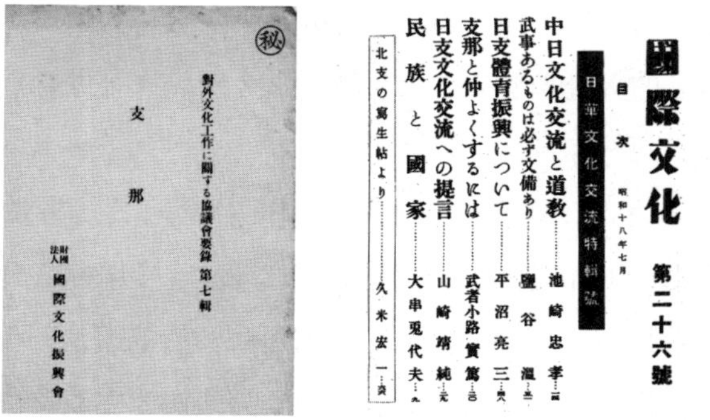

图 2.2 国际文化振兴会《对外文化工作协议会“支那”专题会议录》(机密文件)(左)、会刊《国际文化》第 26 号“日华文化交流特辑”(右)

理[1]。然而此后至今的 20 年间，相关专题研究却一直处于停滞状态，具体细节层面的考察也没有得到发展。作为日本国际交流基金的前身组织，国际文化振兴会是二战前后日本对华文化工作的主要参与机构，无论功过都具有进行专题讨论的价值，堀田善卫在国际文化振兴会的就职经历毫无疑问是研究该机构文化工作的一个重要线索。另外，国际交流基金东京四谷图书馆保存有国际文化振兴会时期的大量会务文件，图书馆免费面向国内外公众开放查档服务，同时还提供振兴会机关杂志《国际文化》的阅览和复印。

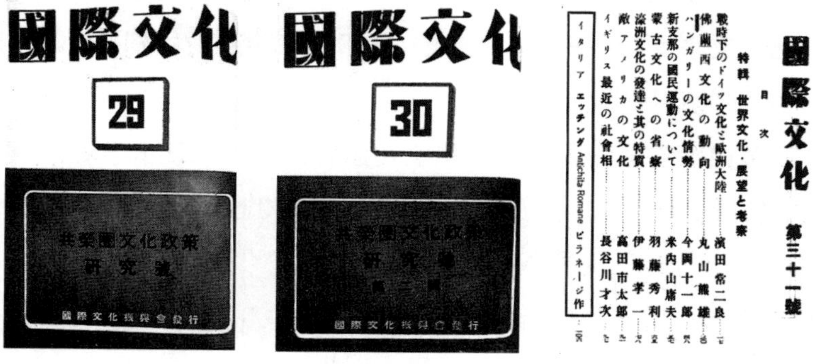

图 2.3 1944 年《国际文化》发行的两期“共荣圈文化特辑”和终刊号“世界文化特辑”

[1] 芝崎厚士『近代日本と国際文化交流—国際文化振興会の創設と展開』、東京：有信堂高文社、1999 年 8 月。

二、二战末期振兴会的“中国文化热”

1942 年 10 月，刚从庆应大学法国文学科毕业的堀田善卫进入国际文化振兴会下属调查部工作。在他入职前后，时任调查部负责人的伊集院清三（音乐评论家）通过河上彻太郎（时任日本文学报国会评论部长）陆续招募了山本健吉（古典日本文学评论家）、吉田健一（小说家）、西村孝次（英国文学评论家）等日本中青年文人到振兴会任职。由于同时期的日本社会整体上处于战时军事化管理之下，振兴会调查部热烈的文化氛围给堀田留下了深刻印象，据其回忆，“当时的振兴会调查部就好像是专为文学青年们准备的战时避难所一样。”[1] 1944 年，振兴会出于对华文化工作的需要在上海新开设了驻外资料室，调派振兴会原“满支”课长菊池租赴上海担任资料室长[2]。同时期东京本部又邀请了早稻田大学的中国语言学家实藤惠秀到调查部开设中文学习班，这促使调查部的成员中出现了研究中国文化的热潮。包括法国文学科出身的堀田本人在内，当时聚集在振兴会调查部的日本文人多以亲欧美派为主，对中国文化缺乏了解。堀田自己也坦言，“直到战争末期，我的文化趣味一直是欧洲一边倒的。在国际文化振兴会学习中文之后，我才第一次形成了对当代中国的一些认识。”[3]

但值得注意的是，国际文化振兴会对中国文化的推崇根本上服务于对华文化工作需要，而在战时环境下振兴会的文化工作又必然掺杂日本国家意识形态宣传的偏向性。二战期间，国际文化振兴会的对华文化宣

[1]「国際文化振興会での思い出」、東京:『国際文化』118 号、1964 年 4 月、26 頁。
[2]「国際文化振興会 130 回理事会議録」、1944 年 7 月 14 日、国際交流基金東京四谷図書館所蔵。
[3]『わが文学わが昭和史』、東京: 筑摩書房、1973 年 8 月、123 頁。

传实行双向语言传播策略。振兴会一方面通过中文翻译将国内的日文书籍介绍到中国，另一方面又采用日语征文比赛、日语演讲比赛等方式借由中国日语学习者之手宣扬日本文化。

例如1945年2月，国际文化振兴会调查部委托实藤惠秀编译出版了一册200页的《中译日文书目录》。这册目录通过东京明和印刷会社在日本出版，但以“国际文化振兴会调查部”名义所写的《序言》和开篇导论《日书中译概观》却使用了中文书写，这表明《中译日文书目录》一书设定的首要目标受众实际上是中国读者群体。《序言》称，“已将东西两洋文化混合在一炉的新日本文化，对于清末民初以后的新中国的发展上，给与（原文如此——引者注）了如何的影响，为洞知此事，我们在这里编纂日人原著被翻成中文而发行的图书目录，其有相当意义，却是不说自明的。”[1]该《序言》以露骨的方式表现振兴会在进行对华文化工作时的居高临下姿态。文中一方面将日本文化夸耀为融会东西文明、足以代表亚洲的先进文化，另一方面又强调编辑出版《中译日文书目录》一书的目的是让中国读者了解近代以来日本文化对中国产生的影响和恩惠。这种以彰显日本对中国的优越性和影响力为前提的文化输出方式体现出这一时期国际文化振兴会在文化平等对话意识上的缺失。

除了译介日文书籍，振兴会的另一个对华文化工作的方式是培育“亲日派”的中国日语学习者和从事日本研究的中国学者。例如国际文化振兴会在1939年10月～1940年9月举办了一次以“海外日本文化研究”为主题、持续一年之久的大型国际论文征文比赛。次年1941年10月即日本偷袭珍珠港前夕，振兴会出版了这次比赛的获奖论文集《日本文化的特质》，同年12月又编译发行了论文集的中日双语版[2]。

[1]『中訳日本書目録』、東京：国際文化振興会、1945年2月、1頁。

[2]『日本文化研究：紀元二千六百年記念国際懸賞論文集　第1卷（日本語及華語篇）』，中山大学图书馆旧日文地下书库收藏。

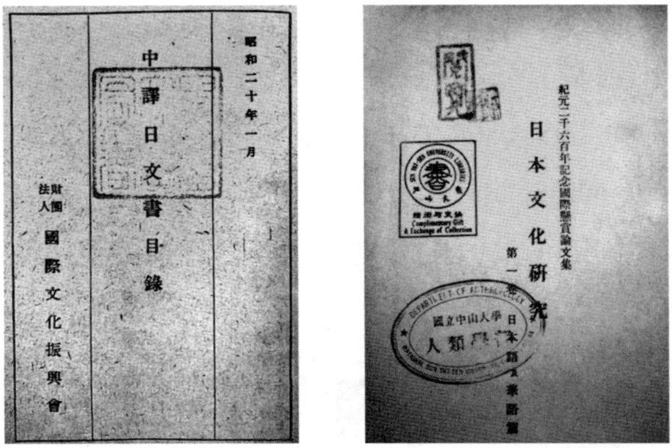

图 2.4　国际文化振兴会编《中译日文书目录》(左)和《日本文化研究》征文比赛获奖论文集(右)

据论文集所附的《征文比赛事业报告》所述，这次征文比赛的参赛对象是“日本国内、亚洲、欧洲、澳洲、非洲、中北美洲的外籍人士”，“目的在于促进世界各国对于日本的兴趣、认识和理解，并受到了来自文部省、外务省、内阁情报局及事务局等日本政府部门的大力支援”[1]。另外，振兴会还为本次征文比赛设定了两个远期目标，一是“促使参加征文比赛的外籍日本文化研究者们成为日本的知己和代言人”，二是“了解国外有关日本研究书籍的发行现状，为今后海外出版介绍日本的文献书籍提供参考”[2]。

在此次征文比赛中有 3 位来自中国的日本文化研究人员获得了奖励，分别是梁盛志（一等奖），北京人，37 岁，时任伪北京国立师范学院讲师，获奖论文题目《日本文化与支那文化》；郭逍瀞（二等奖），北京人，28 岁，时任伪北京女子师范学院讲师，获奖题目《日本道德》；郭弘历（二等奖），沈阳人，30 岁，京都帝国大学经济学部留学生，获奖论文题目《日本文化的特质》。这 3 篇获奖论文或多或少都带有宣扬日本文化优越性的色彩，总体上是刻意迎合振兴会所谓“再次确认日本

[1]『日本文化の特質』、東京：日本評論社、1941 年 11 月、405 頁。
[2]『日本文化の特質』、東京：日本評論社、1941 年 11 月、414 頁。

文化的优秀之处，把握日本文化精髓”[1]这一征文意图的命题作文。

另外同样是在1941年，振兴会为了向中国读者介绍日本的儒教文化还编纂了一本题作《日本的孔子圣庙》的中文书籍。此书邀请了周作人作《序言》，同时还收录了当时日本的汉学泰斗盐谷温赠送给汪伪政权“驻日大使”褚民谊的韵诗手迹，以此来强调中日“两国民间所存的因缘如何深甚而意义如何重大”[2]。

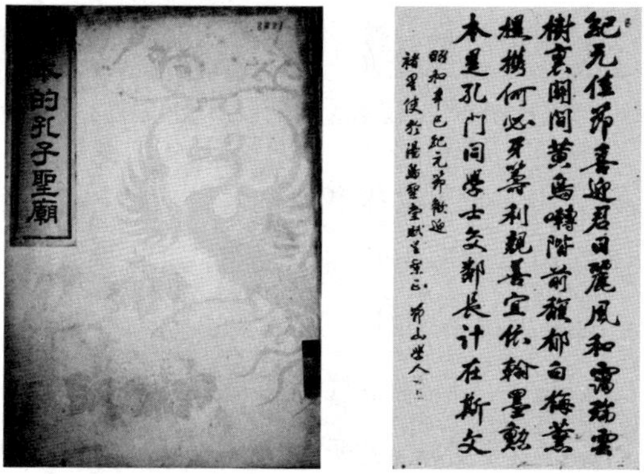

图2.5　国际文化振兴会编《日本的孔子圣庙》及其收录的盐谷温手迹

除此以外，1943年振兴会调查部还委派河上彻太郎以日本文化界代表的名义访问汪伪政权，“前后共用了两个月的时间尝试促进支那的文学家们与振兴会建立人际往来，同时负责调查当地文坛的动向”[3]。1944年振兴会还谋求与汪伪政府合作，策划在中国发行以“日本文化研究”为专题的中文期刊，刊名《日本文化》。该期刊邀请了河上彻太郎、岸田国士、柳田国男、折口信夫、松本重治等日本国内文坛、学界、新闻界的意见领袖担任编委和顾问，同时委托汪伪政府宣传部协助

[1]『日本文化の特質』、東京：日本評論社、1941年11月、428頁。

[2] 中山大学图书馆特藏部存本《日本的孔子圣庙》，国际文化振兴会编，1941年11月，4页。

[3]「昭和18年度国際文化振興会調査部事業報告」(1943年4～8月)、国際交流基金東京四谷図書館所蔵。

稿件的中文编辑及在华发行工作[1]。据堀田善卫的回忆，在华策划发行中文期刊也是战争末期振兴会在上海新设调查资料室的原因之一[2]。

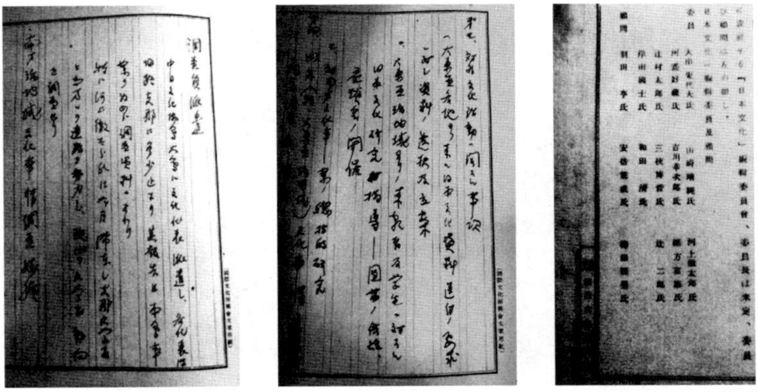

图 2.6　国际文化振兴会调查室向中国派遣文化调查员的工作档案

三、留日学生"吴玥"的中日文化关系史

据堀田善卫的回忆，二战末期国际文化振兴会经由河上徹太郎的介绍招募了一位名叫吴玥的中国留日学生到调查部工作，"当时河上先生非常爱护和推崇吴玥，因为这个关系我们才开始意识到了解中国文化的重要性，这也是调查部决定开设中文学习班的原因之一。"[3] 吴玥原籍江苏松江（现上海松江区），1939 年从上海大夏大学毕业后以汪伪政府公费生的身份赴京都帝国大学经济学部留学，同时受汪伪政府教育部委派在东京筹设教育建设协会日本分会[4]。1942 年吴玥从京都帝国大学

[1]「国際文化振興会第 130 回理事会決議録」(1944 年 7 月 14 日)、国際交流基金東京四谷図書館所蔵。

[2]『めぐりあいし人びと』、東京：集英社、1993 年 1 月、27 頁。

[3]『わが文学わが昭和史』、東京：筑摩書房、1973 年 8 月、122 頁。

[4]《教育半月大事记》,《国民政府教育部教育公报》第 12 期，1940 年 10 月 15 日，49 页。

毕业后又接受日本政府的奖学金资助进入东京帝国大学法学部研究生院深造[1]，1944 年受聘于汪伪政府“驻日大使馆”担任三等秘书官，月俸 500 元[2]。1945 年 1 月，汪伪政府“驻日大使”蔡培还作为证婚人为他在东京帝国饭店举行了婚礼[3]，当时的吴玥是留日学生圈中的知名人士。

第十八回
中華民國
留日學生名簿
財團法人 日華學會

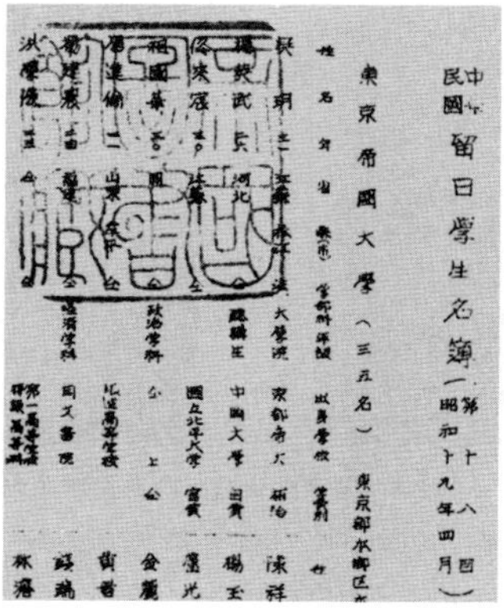
中華民國留日學生名簿（第十八回 昭和十九年四月）
東京帝國大學（三五名）

图 2.7　日华学会编《中华民国留日学生名录》(1944 年版)

1945 年 3 月堀田赴上海工作后不久，吴玥也结束了日本的留学生活回到上海。同年 5 月吴玥就任伪《申报》总主笔，并作为上海新闻界代表赴伪江苏省政府考察[4]。由于沦陷时期的上海伪《申报》是侵华日本海军操控的宣抚舆论工具，1945 年 8 月日本战败之后社长陈彬龢在日本报人和田齐（朝日新闻华中局长）的协助下潜逃，吴玥也随之一同失去踪迹[5]。之后，国民党中央宣传部将吴玥与陈彬龢一同定罪为“以文字为敌伪做有力之宣传”的“文化汉奸”申请批捕[6]，但因为无法

［1］ 日華学会編『第 18 回中華民国留日学生名簿』、1944 年 4 月、1 頁。

［2］ 関智英「大使館の人々—汪政権駐日使領館官員履歴」、『東洋文庫蔵汪精衛政権駐日大使館文書目録』、東京：東洋文庫、2016 年 3 月、464 頁。

［3］《吴玥　金蕊珠结婚启事》，上海：《申报》1945 年 1 月 21 日，4 版。

［4］ 丁二《沪市各界代表访问苏省记》，上海《申报》1945 年 5 月 17 日，2 版。

［5］ 和田齊『この途をゆく』、東京：中央公論社、1982 年 5 月、60 頁。

［6］《中宣部请缉两文化汉奸　陈逆彬龢吴逆玥》，上海：《申报》，1946 年 7 月 31 日，2 版。

找到其人，上海市高等法院遂于 1946 年 11 月 28 日缺席审判了吴玥的“文化汉奸案”[1]。据同时期《申报》报道，上海高等法院检察官提交的公诉状称，“被告吴玥任伪申报馆总主笔，所为社评与陈彬龢沆瀣一气，同为敌伪张目妨害抗战，（中略）依处理汉奸案件条例第二条第七款之规定，应在厉行检举之列。”[2]

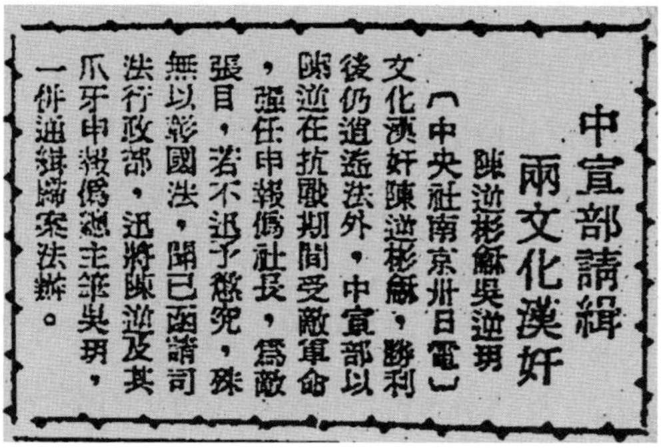
中宣部請緝
兩文化漢奸
陳逆彬龢吳逆玥
〔中央社南京卅日電〕文化漢奸陳逆彬龢，勝利後仍逍遙法外，中宣部以陳逆在抗戰期間受敵軍命，強任申報偽社長，爲敵張目，若不迅予懲究，殊無以彰國法，聞已函請司法行政部，迅將陳逆及其爪牙申報偽總主筆吳玥，一併通緝歸案法辦。

通緝陳彬龢吳玥
高檢處起訴書詳陳兩逆罪狀：
攻擊中央矇蔽陷區人民
同爲敵偽張目妨害抗戰

图 2.8　上海《申报》有关吴玥“汉奸案”的报道

另一方面，留日期间的吴玥曾与早稻田大学的青年教师安藤彦太郎（中日关系史学者）交往密切，而据安藤本人的回忆录《虹之墓碑》的记述，1987 年 9 月他担任日本学术访华团团长到上海参加“中日关系史”研讨会之际，时隔近 40 年又一次见到了吴玥，此时安藤发现吴玥已经改名为吴杰，任职于复旦大学历史系从事日本研究[3]。吴杰（1918 ～ 1996）是新中国成立后的著名日本学研究者，曾经担任过复旦大学人文学院历史系教授、上海市日本学会副会长和中国日本史学会名誉会长。1996 年吴杰去世后，复旦的后学曾为他写作了一篇《吴杰先

[1]《文奸陈彬龢吴玥　高院昨缺席开审》，上海：《申报》，1946 年 11 月 29 日，6 版。
[2]《通缉陈彬龢吴玥》，上海：《申报》，1946 年 11 月 7 日，5 版。
[3] 安藤彦太郎『虹の墓標——私の日中関係史』、東京：勁草書房、1995 年 1 月、103 頁。

生中日关系史与日本史研究述评》，文中介绍“吴杰先生早年留学日本，1942 年毕业于日本京都大学经济学部，1945 年毕业于日本东京大学法学部大学院，1945 年回国。1951 年起先后在复旦大学外语系、经济系、历史系任教。”[1]从这段简历不难推断吴杰与“吴玥”确系同一人，但遗憾的是此文并没有介绍吴玥留日期间的具体活动，而有关如何评价二战时期吴玥的对日言论也还是历史悬案。

据堀田善卫回忆，在上海伪《申报》任总主笔期间的吴玥“尽管表面上声称对日军绝对信赖，其实私底下常对我暗示他对日本的看法并非那么单纯”[2]。实际上通过调查吴玥留学期间的著述也可以发现他对日本既合作又抵抗的双重立场，其中最值得讨论的是 1943 年吴玥与“京都学派”哲学家高山岩男进行的一场文化笔战。

这次笔战的导火索，是 1942 年 10 月时任京都帝国大学文学部助教的高山岩男在东京《中央公论》月刊发表的长篇论文《历史的推动力与道义生命力》。文中高山岩男借用 19 世纪德国历史学家兰克（Ranke，1795 ～ 1886）提出的“道义生命力”（Moralische Energie）的概念解释近代以来日本获得发展而中国却日渐衰退的原因。高山将历史的发展定义为不断发现“道义”的创造性建设过程，认为明治维新以来日本受惠于“万古仰天皇、皇风洽六合”的皇国精神，它构成日本民族的“道义生命力”推动近代日本的发展，培育了日本人“敢于否定不惧破坏的野性生命力”[3]。另一方面，高山岩男又认为中国自古以来盛行现世享乐主义和以中庸之道为基础的世俗伦理，“虽然我们在汉民族的古代历史中也能找到一些证明中国曾经具有‘道义生命力’的例子，但是近世以后

［1］张翔《吴杰先生中日关系史与日本史研究述评》，上海：《近代中国》第 9 辑，1999 年 6 月，312 页。

［2］『わが文学わが昭和史』、東京：筑摩書房、1973 年 8 月、126 頁。

［3］「歴史の推進力と道義的生命力」、東京：『中央公論』1942 年 10 月、26 頁。

由于汉民族信仰以福禄寿为目的的现世享乐主义、天命的理念和中庸的原则，‘道义生命力’就从中国的历史中完全消失了。从这个角度来说我们不得不认为汉民族从根本上缺乏像日本一样真正意义上的‘道义生命力’。”[1]

据吴玥回忆，1942 年春天他曾作为友人和高山岩男同游苏州，当时已经听高山谈论过有关“道义生命力”的详细看法，但是“作为汉民族以及中国国民的一员，我不得不对其错误的观点做出回应”[2]。另据《高山岩男年谱》的记述，高山在 1942 年“受东亚同文书院邀请到上海讲学，之后游历中国大陆”[3]，到访苏州之际他曾与吴玥合影留念，收录于高山去世后出版的全集之中。

1943 年 6 月，吴玥在东京《中央公论》发表了旨在批判高山的论文《中国的历史推动力和道义生命力》。文中，吴玥以文天祥的《正气歌》为例指出中国自古以来一贯传承着“天地之正气、道义为之根”的民族理念，而高山有关中国缺乏“道义生命力”的看法“充其量只是对中国的无知所导致的肤浅见解”[4]。吴玥强调中国的“道义生命力”具有其独特的内涵，认为它体现在与日本截然不同的“异姓革命和异族斗争这两大推动力之中”[5]；吴玥采用各种实例论证异姓革命和异族斗争作为中国的“道义生命力”推动历史发展的独特轨迹，强调中国文化自身不同于日本的主体性价值，最后批判高山无视中国文化特质的言论是“一种落入了俗套的日本对华优越感”，“因为偏离了考察对象的实际情况，作为对中国的批评甚至可以说是丧失了意义和价值”[6]。

[1]「歴史の推進力と道義的生命力」、東京：『中央公論』1942 年 10 月、28 頁。
[2]「後記」、東京：『中央公論』1943 年 6 月。
[3]『高山岩男全集巻 6』、東京：玉川大学出版部、2009 年 7 月、745 頁。
[4]「中国の歴史推進力と道義的生命力」、東京：『中央公論』1943 年 6 月、36 頁。
[5]「中国の歴史推進力と道義的生命力」、東京：『中央公論』1943 年 6 月、34 頁。
[6]「中国の歴史推進力と道義的生命力」、東京：『中央公論』1943 年 6 月、39 頁。

图 2.9　东京《中央公论》月刊的“道义生命力”论争特辑

从当时日本的政治环境来看，吴玥与高山岩男的这次笔战本质上是留日中国知识分子与日本文化界的意见领袖围绕所谓“大东亚战争”的合法性问题进行的话语权争夺战。高山岩男在阐述近代日本相对于中国的优越性之时，反复强调“道义生命力”的缺失正是中国没有能力参与“世界史大转折进程”的根本原因，而拥有“道义生命力”的日本则获得了进行大东亚建设的使命自觉；高山一方面将日本描绘为“西方殖民反抗者”的英雄形象，试图以此来洗脱日本对外战争的侵略罪名并赋予其“东亚解放战争”的合法性，另一方面又指责中国“不能尽力协助日本参与世界史的大转折进程”，要求以汪伪政权为代表的所谓“新生支那”在日本的领导下“树立大东亚战争的责任自觉，以此来完成‘大东亚共荣圈’建设的共同使命”[1]。

留日期间，吴玥一直谋求在日本言论界的发言权，除了《中央公论》之外，他还是东京《朝日新闻》以及当地一份中文期刊《大东亚公论》的撰稿人。作为一名接受日本政府奖学金资助的留学生，身份上的限制使得吴玥没有从正面全盘否定“大东亚战争”的意识形态合法性。

[1] 高山岩男「道義的生命力について」、東京：『中央公論』1943 年 6 月、49 頁。

与高山岩男笔战时他所采用的策略是退而求其次，在承认近代以来日本对华影响的同时强调中国文化自身的独立性和主体性，以此来对抗日本文化界普遍存在的对华优越感和话语霸权，这也是留日期间吴玥一贯坚持的言论立场。

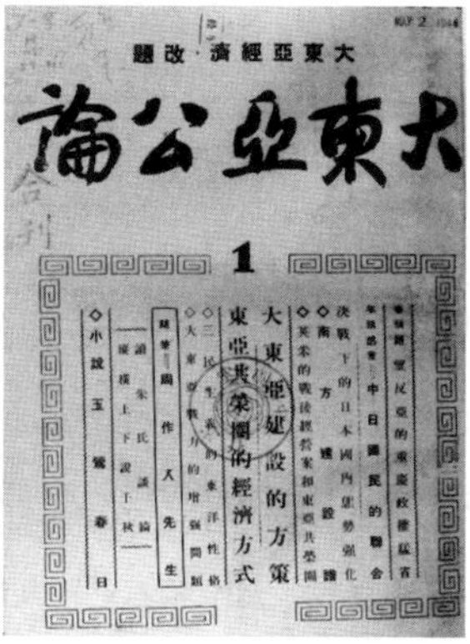

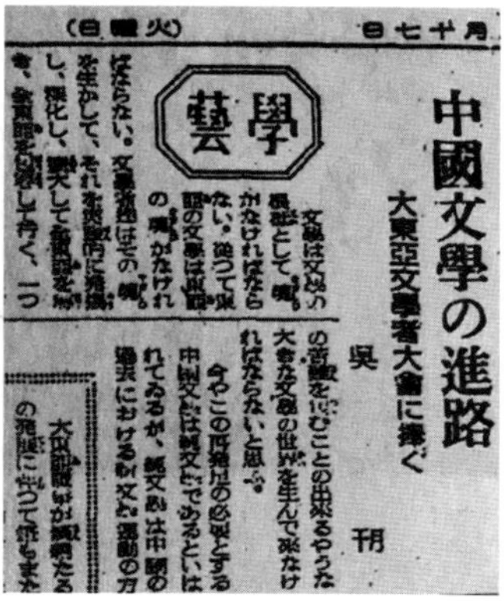

图 2.10 留日期间吴玥参与撰稿的《大东亚公论》月刊（左）和《朝日新闻》学艺栏（右）

早在赴日留学初期的 1940 年 10 月，吴玥就在一篇有关日本教育的译文附记中强调，“我希望事变之后的教育界更必须要有强烈的责任感，负起教育我们中华民族子子孙孙的重任”，“我在这里提出一个问题：如何建设中国本位的教育。”[1] 1943 年 8 月，吴玥又在东京《朝日新闻》的“学艺栏”发表评论《中国文学的前进方向：寄语大东亚文学者大会》。文中吴玥主张“文学家不应当只将视角局限于作为客体的文学，而应当去追求具有主体性的文学”，“中国文学在向‘大东亚文学’发展的同时，首先应当明确的是作为中国自身的主体自觉性，这才是中国文学今天必须追求的前进方向”[2]。另外在 1945 年 3 月，即将结束留日生

[1]《附记：日本教育之将来观》，《江苏教育》第 3 期，1940 年 10 月 25 日，49 页。

[2]「中国文学の進路：大東亜文学者大会に捧ぐ」、『朝日新聞』、1943 年 8 月 17 日、4 版。

活的吴玥发表了一篇题作《怀祖国》的抒情散文。文中他写道，“我将踏出异国学问的殿堂，我将鼓棹归到乡土的怀抱，祖国的怀抱。现在不是追求崇高的哲理，制造理想的计划的时代。我觉悟了。我不能离开祖国，也不能离开乡土。乡土是我生命之根源，祖国是我献身的处所。”[1]

四、小说《汉奸》的战争责任与战后责任意识

1945 年 8 月 13 日，堀田在上海圆明园路最后一次见到了吴玥。当时日本政府同意接受波茨坦公告的消息已经传遍上海，堀田觉察到日本战败之后吴玥处境危险，两人简单交谈后吴玥匆匆离去，此后就没有了音讯[2]。1945 年 10 月 18 日的日记中堀田又一次提及吴玥，此时上海文化界正在进行声势浩大的汉奸检举运动，在当天的日记中堀田写道，“听朝岛雨之助说路易士已经穷得吃不上饭了，也不知道吴玥现在的处境到底怎么样了。”

1951 年 9 月，已经从上海回到东京的堀田善卫在月刊《文学界》上发表了中篇小说《汉奸》。《汉奸》是堀田的战后文学代表作，这部作品不但为他赢得了 1951 年度的“芥川奖”，同时也是战后日本文坛第一部以“汉奸”为题名的小说作品。

作品中，堀田设计了一位名叫“程仲权”的留日中国学生作为小说的主要人物登场。据堀田身后所留下的作品手稿的记述，“程仲权”这个名字借用自汪伪《新中国报》的编辑程仲权，而人物造型则是以吴玥为原型设计[3]。小说中的程仲权是一名在日军占领下的上海工作的中国

[1]《中华月报》，1945 年 3 月号，第 3 页。
[2]『わが文学わが昭和史』、東京：筑摩書房、1973 年 8 月、126 頁。
[3]「漢奸・創作ノート」、神奈川近代文学館「堀田文庫」所藏。

青年文人，他曾留学日本，因为发表了一篇有关“道义生命力”的论文而获得日本文化界的关注，回国之后被委任为侵华日军在上海的一家傀儡报社的总编。和程仲权一起工作的同事中有一位叫匹田的在华日侨。匹田从程仲权的留日时代开始就与他相识，在匹田的眼中程仲权一直是“忠诚的对日合作者”。然而在日本投降的消息传到上海的当天，程仲权却在报纸上发表了一篇充满左翼色彩的抗日宣言，此时匹田才意识到“程仲权在日本所学到的根本就不是什么所谓的道义生命力”，“对程仲权来说与日本的合作关系不过是他进行抗日抗战的手段罢了”[1]。

图 2.11　最初刊载小说《汉奸》的东京《文学界》月刊（左）和堀田的芥川奖获奖通告（右）

堀田在小说《汉奸》中将程仲权设计为对日本既合作又抵抗、具有双重矛盾性格的留日学生形象。这种形象设计最重要的意图是为了追究战时日本对华文化工作的战争责任和战后责任。小说中，程仲权在日本投降之后销声匿迹，而更多曾经在沦陷区从事文化工作的中国文人则被当作“文化汉奸”受到同胞的道德责难和法律制裁。堀田善卫一方面刻画这些“文化汉奸”的潦倒境遇，另一方面又描写小说的日本主人公匹田对“汉奸的制造者是谁”这一问题的内心思考；小说的叙述者从匹田

[1]『堀田善衞全集卷 1』、東京：筑摩書房、1993 年 5 月、386 頁。

的视角描述在华日本文化人和“文化汉奸”们之间的相互联系，以此来追问日本对华文化工作机构及其从业人员在“汉奸制造”问题上的战争责任和战后责任。

《汉奸》的主人公匹田以堀田本人为原型，他将包括自己在内的所有日本对华文化工作者统一定义为“汉奸制造业的从业人员”。匹田发现，日本战败之后这些“汉奸制造者”们非但毫发无伤，有的还进入了国民党政权的宣传部门继续从事所谓的“中日文化交流事业”；匹田还发现，这些日本的“汉奸制造者”们普遍缺乏战争责任意识，而这又恰好与战后日本政府在“汉奸”问题上的责任意识缺失现象形成对应关系。在这些不合理的现实面前，匹田开始思索个人伦理与政治权力之间的荒谬背离。小说末尾处堀田写道：“匹田始终无法释怀。一方面他怀疑在利己主义的政治权力面前个人是否有能力确立自身的责任主体性，另一方面他又意识到参与政治的每一个人都必须建立自己的个人伦理，而建立个人伦理的关键一定在于个人的责任意识之中。”[1]

小说《汉奸》追问日本对华文化工作者们在“汉奸制造”问题上的责任，这种追责意识长期贯穿于堀田善卫的战后作家生涯。早在1947年6月，当时刚从上海回国的堀田就在期刊《中国文化》上发表了一篇论述“汉奸”问题的评论作品《在上海的思考》。《中国文化》是留日中国留学生战后创办于京都的一份文化研究杂志，1947年6月的创刊号上主编邱玉成写道，“现在留日中国学生身价贬值了，大家普遍开始轻视留日学生，我不想过多抱怨这种现象，只希望各位读者能明白，我们留日学生有自己的文化责任感，我们都希望能尽力完成自己的文化交流使命。”[2] 日本战败后，留日中国学生群体陷入了身份危机，抗战时期他们生活在日本，如今存在被贴上“汉奸”标签的可能性，因而对“汉

[1] 『堀田善衞全集卷1』、東京：筑摩書房、1993年5月、391頁。
[2]「留日学生」、京都：『中国文化』第1号、1947年6月、119頁。

奸”的话题讨论十分敏感。《在上海的思考》从一个日本对华文化工作者的视角描述他在中国观察到的“汉奸”问题。文中堀田写道，“日本战败之后，在上海的我陷入一种自闭的状态，这一时期唯一能触动我的是阅读上海报刊上登载的各类有关汉奸审判的文章”，“现在大家都说抗战才是帮助日本最正确的方式，这对于今天被谴责为‘汉奸’的中国人来说可能是最残酷的客观事实。但是如果从个人道义的角度来说的话，我觉得自己首先应当对这些‘汉奸’表达最沉重的歉意。”[1]

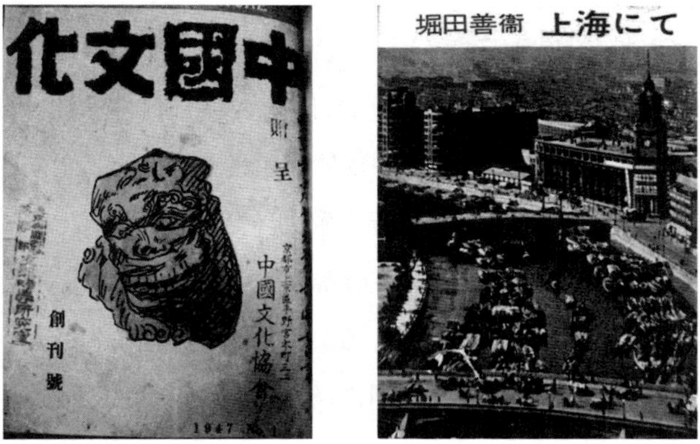

图 2.12　战后留日中国学生在京都创办的杂志《中国文化》(左)、堀田的杂文集《在上海》(右)

在堀田发表小说《汉奸》的 1951 年 9 月，日本和美国签署了《旧金山和约》，该和约于 1952 年 4 月生效，由此战后持续了 6 年半之久的美国对日占领时期宣告结束，日本重新恢复了国家主权。3 年之后的 1955 年，日本的国民生产总值恢复并超过了 1945 年战败当时的水平，社会各界开始庆祝和总结日本“战后十年”的轨迹，堀田善卫也在这一年的 11 月发表了他自己的“战后十年”纪念小说《阴天》[2]。在这

[1]「上海で考へたこと」、京都:『中国文化』第 1 号、1947 年 6 月、115 頁。
[2]『曇り日』、東京:『新潮』1955 年 11 月号、『堀田善衞全集巻 2』収録、東京: 筑摩書房、1993 年 5 月。

部自传体性质的作品中，堀田再次描写了1945年自己在上海经历日本战败的过程。小说中，堀田借助第一人称主人公“我”的视角，将战后日本政府在“汉奸”问题上的责任意识缺失与它对美国的追随态度进行对比，反思两者之间共通的“主体性丧失”问题，并强调“在明确自我的主体责任之前，日本人没有资格将曾经的对日合作者们蔑视为民族叛徒，更不能忽视汉奸问题对于日本的存在意义”[1]。1959年出版的杂文集《在上海》中，堀田又一次抨击战时日本的对华文化工作者们作为“汉奸制造者”的主体责任感缺失。书中堀田首先详细回忆了自己在上海期间目睹汉奸枪决现场的经历，随后写道，“当年组织筹办所谓‘大东亚文学者大会’等对华文化事业的日本文人们战后在汉奸问题上一致沉默，直到现在我依然能感到这种集体沉默的荒谬。”[2]

具有讽刺意味的是，当堀田善卫致力于追究日本对华文化工作的战争责任之时，他曾经就职的国际文化振兴会却在同一问题上表现出冷漠和责任意识的缺失。1945年12月26日，国际文化振兴会召开了日本战败后的首次理事会议，此时被美国占领军当局认定为战犯的原会长近卫文麿已经自杀，振兴会总部所在的明治生命大楼亦被没收。国际文化振兴会随即组建了新的理事会，并决定在东京涩谷另设新的事务所，重整旗鼓开始战后的文化工作[3]。1946年10月，振兴会编写了旨在总结战败前后会务工作的文件《国际文化振兴会近况》。文中称“由于日本战败以来国内外形势发生剧变，本会的运营方向也不得不随之做出调整。鉴于目前已经无法得到来自政府的财政支持，本会进行了管理层的改组，并制定了新的事业方针。迄今为止，本会一直致力于日本对海外的

[1]『曇り日』、東京:『新潮』1955年11月号、『堀田善衞全集巻2』収録、東京:筑摩書房、1993年5月、583頁。

[2]『上海にて』、東京:筑摩書房、1959年7月、112頁。

[3]「国際文化振興会第139回理事会記録」(1945年12月26日)、国際交流基金東京四谷図書館所蔵。

文化宣传，今后国际文化振兴会将会调整工作方向，反过来面向日本国内读者介绍海外文化。本会还计划将工作重点放在促进东西文化融合的事业上，特别有志于协助驻日美军等外籍人士了解和研究日本文化。”[1]

日本战败后，在美国单独主导的对日占领之下，大量美军进驻日本[2]。所谓“日美文化交流”成为战后初期国际文化振兴会的文化工作新方向。1945 年 10 月 3 日，《朝日新闻》报道了战后首次“日美文化交流”的成果。本次活动首先由美国对日占领军情报教育部（CIE）向日本政府赠送一批展示美国人日常生活和科学发展成就的系列照片，作为回应，由国际文化振兴会负责协助内阁情报局收集介绍日本风土人情的系列照片回赠予美方[3]。

图 2.13 战后初期《朝日新闻》的“日美文化交流”报道（左）和国际文化振兴会的会务 PR（右）

1945 年 10 月 4 日，国际文化振兴会又通过《朝日新闻》公布了所谓“从新的世界视野出发从头起步的对外文化事业计划”[4]。报道称，国际文化振兴会战后主营的文化事业共有六项，依次为“向海外普及正确

[1]「国際文化振興会の近況」、1946 年 10 月、国際交流基金東京四谷図書館所蔵。

[2]「進駐米軍四六万」、東京:『朝日新聞』、1945 年 11 月 15 日、1 版。

[3]「写真で日米文化の交流」、東京:『朝日新聞』、10 月 3 日、2 版。

[4]「日本語普及や古典紹介　国際文化振興会の再出発」、東京:『朝日新聞』、10 月 4 日、2 版。

的日语”、“在世界各地设置文化情报机构”、“积极培养献身文化事业的青年人才”、“向海外发行英文的日本百科辞典”、“向海外发行英文日语词典”和“向海外译介日本古典”；同时振兴会还为自身设定了一个战后文化工作的总原则，“时刻不忘对外彰显日本作为‘文化一等国’的骄傲和矜持”。

对比本章开篇介绍过的《国际文化振兴会事业纲要》，不难发现相较于战前，国际文化振兴会战后对外文化事业的核心内容及工作原则几乎毫无变化，所谓“新的世界视野”实际上只是增强了服务于美国需要的工作偏向性。为了应对失去日本政府财政支持的危机，战后的国际文化振兴会一方面将文化工作的服务对象转变为“驻日美军等外籍人士”，另一方面几乎毫无变动地继承了战前以往的工作内容和宣传日本文化优越性的工作原则。这意味着日本的战败并没有促使国际文化振兴会从根本上反思自身的问题，战后的振兴会延续了其自成立以来一直采取的以文化服务强权、主动从属日本国家意识形态宣传的工作路线。另外，战败的现实虽然迫使国际文化振兴会放弃了此前一直推进的对华文化工作，但是有关这段历史的评价和责任认识在《国际文化振兴会近况》一文中完全未被提及。从这个角度来说，国际文化振兴会在战后实行的所谓“事业转向”同时具备了帮助振兴会消解和遗忘过往历史的功能。

与之相对，作为国际文化振兴会的原职员，堀田善卫一直在用文学书写的方式追问战时对华文化工作者的战争责任和战后责任。1964年4月，国际文化振兴会在机关杂志《国际文化》上组稿了一期“创立30周年纪念特辑”，此时已经是“战后派”代表作家的堀田善卫在特辑上发表了一篇随笔《国际文化振兴会的往事》。在这篇文章的结尾处堀田略带戏谑地写道，“等我从上海回到日本的时候，振兴会已经不见了踪影。作为振兴会的职员我似乎有去提交工作报告的义务，但因为音讯不明最后也就马马虎虎地完事了。不久又有传言说振兴会解散了，我也没把它当回事。但仔细想一下，或许在振兴会的职员表上，我到现在还依旧是调查部的成员也说不定。”[1]

根据振兴会 1945 年度的《事业概况》，堀田外驻的上海资料室实际上在日本战败后不久就被总部遗弃[2]。堀田的玩笑或许可以看作是对国际文化振兴会的一种警示，战时日本的对华文化工作虽然已经成为过去历史的一部分，但是有关日本对华文化工作者们的战争责任与战后责任的讨论却还在继续。正如晚年的堀田善卫警告日本年轻读者的那样，“今天的日本读者们在阅读《汉奸》这部作品的时候也许会对它所描写的内容感到陌生，但即便是在 40 年后的今天，我们依然不能忘记日军曾经发动的侵华战争和军事占领导致了许多中国人成为所谓的‘对日合作者’。日本战败之后，这些‘对日合作者’中的许多人受到来自中国同胞的审判和惩罚，作为日本人我们是有责任记住这一历史的。”[3]

图 2.14　国际文化振兴会的战后首次会务报告（左）、国际文化振兴会成立 30 周年之际会刊《国际文化》的纪念特辑（右）

[1]「国際文化振興会での思い出」、東京：『国際文化』118 号、1964 年 4 月、26 頁。

[2]「国際文化振興会昭和 20 年度事業概況」(1945 年 9 月～12 月)、国際交流基金東京四谷図書館藏。

[3]「著者あとがき　生と死のあわいから」、『堀田善衞全集巻 1』、東京：筑摩書房、1993 年 5 月、644 頁。

第三章

武田泰淳与上海东方文化编译馆

一、堀田善卫与武田泰淳的上海交友

堀田善卫最早从 1945 年 1 月开始计划前往上海工作[1]。但是由于二战末期日军实行严格的航空和海运管制，作为民间人士的堀田一直无法解决前往上海的交通问题。1945 年 3 月 22 日，堀田从一位在日本海军军令部工作的朋友处得知两天之后将会有一架朝日新闻社的自用小型机飞往上海。他立即向朋友小山弘一郎筹集了 300 日元旅费，并通过国际文化振兴会调查室申请到外派上海的公函，最后赶在 24 日成功买到了一张从东京羽田飞往上海大场镇的机票[2]。

据日本在华殖民企业“华中铁道股份有限公司”的记录，战时日本到上海的航空线路主要有三条，分别为“东京—上海线”（飞行时间 9 小时），“大阪—上海线”（8 小时）和“福冈—上海线”（3.5 小时）[3]。

[1]「新春記」、東京:『批評』1945 年 2 月号。
[2]『わが文学わが昭和史』、東京：筑摩書房、1973 年 8 月、123 頁。
[3]『華中鉄道沿線案内』、華中鉄道株式会社、1939 年 7 月、90 頁。

以此推测堀田善卫到达上海的时间应当在 24 日当天下午至晚间左右。另外据堀田回忆，在前往上海的飞机上他还遇到了朝日新闻社的中国问题专家和田齐。和田齐当时是朝日新闻社新任的所谓“中支”总局长，他负责前往上海撤送朝日新闻社的驻华职工及其家属返回日本[1]。在同时期上海《大陆新报》的告示栏上，可以查询到“朝日新闻中支总局长宫崎世龙先生离任，其后任局长和田齐先生已于本月 25 日到任”的讯息[2]。另据和田齐本人回忆，在上海期间他和伪《申报》社长陈彬龢及报社总主笔吴玥交往密切，日本战败后还协助过陈彬龢等人逃离上海[3]。

1945 年 3 月 24 日，堀田善卫与和田齐一同乘坐的飞机降落在了上海北部的大场机场。大场机场是侵华日军于 1938 年 4 月在上海大场镇修建的陆海军航空飞行基地，该机场占地 1000 亩，当时日军还在机场附近修建了纪念阵亡士兵的所谓“表忠塔”[4]。因为是日军的重要军事设施，战争期间有关大场机场的报道和照片很少见于报刊。讽刺的是，在日本投降之后大场机场转变为内地中国军政人员胜利归沪的主要通道，

图 3.1　二战时期的上海大场机场，修整中的跑道和起降飞机

［1］『めぐりあいし人びと』、東京：集英社、1993 年 1 月、25 頁。
［2］「人事往来」、『大陸新報』1945 年 3 月 27 日、2 版。
［3］『この途をゆく』、東京：中央公論社、1982 年 5 月、60 頁。
［4］《日在大场机场完成》，上海：《实用英语半月刊》1938 年 5 月 1 日号，24 页。

其身影频繁见于上海当地的新闻和画报[1]。

来到上海的第一周，堀田结识了日后和他一样成为“战后派”小说家的武田泰淳。武田泰淳比堀田年长6岁，1912年出生于东京的一个僧侣家庭。1931年武田考入东京帝国大学“支那”文学科，同年因为参加左翼运动被捕入狱，次年退学后开始独立进行现代中国文学的研究和翻译，1934年又与同为中国文学研究者的竹内好、饭塚朗、小野忍等人一起创立了日本“中国文学研究会”。1943年武田泰淳因为出版长篇评论《司马迁》（日本评论社）而获得文坛关注，1944年他成为文学期刊《批评》的成员，正式踏入文坛，同年6月为躲避兵役来到上海工作[2]。

到上海之前，堀田善卫没有见过武田泰淳，但因为两人同为文学期刊《批评》的同人成员，相互之间并不陌生[3]。上海时代的堀田善卫在自己的文学创作和中国认知方式上都受到过来自武田泰淳的多方面影响。堀田留下了一份题作《致武田泰淳》的手稿，文中写道，“与你相识至今已经整整15个年头，我还记得最早和你认识是在1945年3月末的上海。从那以后，我们的人生轨迹就不断重合在了一起。”[4] 1945年3月刚到上海之时，堀田既不了解当地的社会环境又不熟悉中国的语言和文化；武田泰淳侨居上海的时间虽然只比堀田善卫早了9个月，但是由于之前长年研究中国文学又是中文系出身，到上海后不久就在《大陆》《上海文学》《大陆新报》等沪上日文报刊发表了众多作品，当时已经是上海日侨言论界的文人意见领袖之一。上海时代的武田泰淳居住

[1] 《大场飞机场花絮》，《上海图画新闻》1945年9月30日号。《第一架抵沪之巨型机降落大场机场》，上海：《特写图画杂志》1945年11月号。

[2] 「作家に聞く・武田泰淳」、『文学』1952年10月号、『武田泰淳全集巻18』収録、東京：筑摩書房、1979年7月。

[3] 『わが文学わが昭和史』、東京：筑摩書房、1973年8月、112頁。

[4] 「武田泰淳へ」、神奈川県近代文学館「堀田文庫」所蔵。

在租界以西一个叫“福世花园”的别墅住宅区。福世花园位于现在上海长宁区安化路200弄内，20世纪40年代曾经是沪上富裕阶层居住的高级住宅区。堀田善卫则住在福世花园东侧直线距离900米远处的愚园路749弄7号，从住址的空间距离也能看出上海时代两人的关系密切程度。

图 3.2　左右图分别为 1945 年日本战败前武田泰淳和堀田善卫在上海的居住场所（2019 年现景）

据堀田回忆，1945年3月他初到上海之时，由于战局恶化，日伪统治下的上海出现了非常严重的通货膨胀，他任职的国际文化振兴会上海资料室也因此陷入了经费不足无法正常运营的困境[1]。武田泰淳一方面为失去经济来源的堀田善卫介绍临时性的工作，另一方面作为文化向导帮助他熟悉上海当地的风土人情，其中给堀田留下深刻印象的是观看话剧《党人魂》的经历。《党人魂》又名《徐锡麟与秋瑾》，它改编自中国戏剧家梅阡写作的剧本，1945年初最早由综艺剧团公演于日军占领下的上海。堀田善卫来到上海的1945年3月，朝日新闻社在华销售的中文杂志《大陆画刊》刊载了一篇《党人魂》的剧评，文中称“最近话剧界风行的清末民初史剧之中，《党人魂》和苦干剧团的《云南起义》

[1]『わが文学わが昭和史』、東京：筑摩書房、1973年8月、124頁。

是最有气骨的作品，前者把革命的巾帼英雄秋瑾女士的苦斗史搬上舞台，唤起民众的爱国家爱民族的热情，回想到革命先烈建国的劳苦和牺牲，实在是一个极好的题材"[1]。1945 年 5 月，中共地下党领导的一青剧团又将《党人魂》作为革命剧重新排演，"先后在上海的皇后、大光明和金都三大戏院演出了大型历史剧《党人魂》10 个场次，观众超过 13000 人，演出激发了观众抗日爱国的热情，也受到了观众热烈的欢迎。"[2]

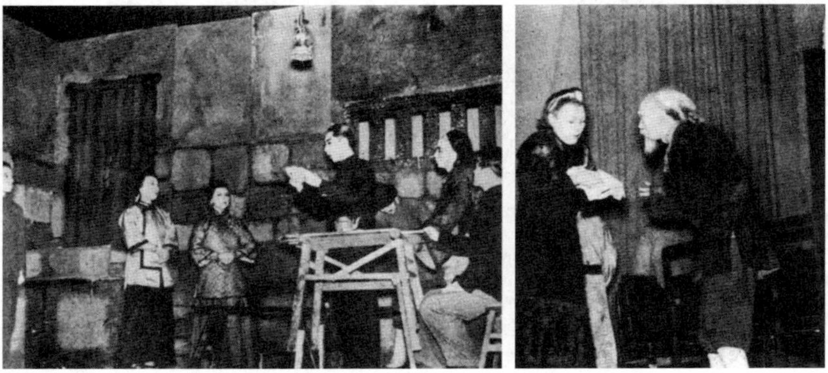

图 3.3　1945 年日军占领下上海演出的话剧《党人魂》剧照

为了便于操控公众舆论和垄断战争资讯，日军占领上海期间在陆军报道部、海军舰队报道部和日本"大使馆"上海事务所分别设立了言论审查机构，1945 年 8 月 1 日又在静安寺路日本陆军部分馆新建弘报部，用于统筹管控上海的新闻、期刊、电影、电台等社会公共资讯媒体[3]。但是即便如此，总体上来说上海的言论环境相比日本国内较为宽松，特别是在文艺领域有更为自由的言论表达可能性，这也是武田等日本左翼文人纷纷在战争末期逃离东京来到上海的原因之一[4]。话剧《党人魂》

[1] 郑料《话剧党人魂》，上海：《大陆画刊》1945 年 3 月号，32 页。

[2]《抗日战争时期上海学生运动史》，上海翻译出版社，1991 年 7 月，359 页。

[3]《日在沪报道机构今日起合并设立上海弘报部》，上海：《申报》，1945 年 8 月 1 日，2 版。

[4]「連載インタビュー　堀田善衞のこと（1）」、『堀田善衞全集月報 9』収録、1975 年 2 月。

刻画了秋瑾从立志推翻清政府到留学日本参加同盟会、再到归国投身革命直至浙江起义中被捕遇害的过程。这部作品带有明显的反抗强权的革命文艺色彩，却能够在日军占领下的上海公演，这也反映了同时期沪上文化界内在的言论张力。据武田泰淳日后回忆，“在日军占领下的上海居然能够公演那样的革命话剧，当时真是让我大吃一惊。”[1]

受到武田泰淳的影响，堀田善卫也对话剧《党人魂》产生了浓厚的兴趣，在回国后发表的中国题材小说《齿轮》(1951）中，他特意将女主角的名字设定为“秋瑾”，借用女侠的形象刻画小说中出场的一位中国女特工。而在武田去世后的一篇悼文中堀田善卫还写道，“武田走后，他经常还会出现在我的梦里。梦中我俩总是反复出现在同一个场景之中。那是1945年春天，我俩在日军占领下的上海一起去看话剧《秋瑾传》的场景。……那是一出描写秋瑾的革命剧，梦中我俩总是在看这部剧结尾处的高潮部分。秋瑾身穿红色囚服，披着一头黑色长发，拖着脚链走上舞台，这时候武田总会戳一下我的手臂，小声但急切地提醒我注意听秋瑾接下来要说出口的台词，就是那句‘秋风秋雨愁煞人’的著名台词。梦中的武田总是带着一脸兴奋而又非常幸福的表情。”[2]

二、从日本出版会到东方文化编译馆

和堀田善卫一样，武田泰淳来到上海前也在日本国内一所隶属于政府的文化机构工作。1944年赴上海之前，武田泰淳一直就职于“日本出版会”下设的文化局海外课“支那”班，专门负责处理与中国相关的

[1]「人民間の文化交流」、『日中文化交流』1969年5月号、『武田泰淳全集巻16』収録、東京：筑摩書房、1972年8月、318頁。

[2]「彼岸西風—武田泰淳と中国」、『世界』1977年6月号、『堀田善衞全集巻13』収録、東京：筑摩書房、1994年5月、404～405頁。

翻译出版工作[1]。根据日本政府战时发布的《官报》记述，“日本出版会”成立于太平洋战争爆发后的 1943 年 3 月，该会隶属于日本内务省，设立的意图在于“促进国家对于出版业的统一运营管理，制定有利于完成国家使命的出版方针及政策”[2]。

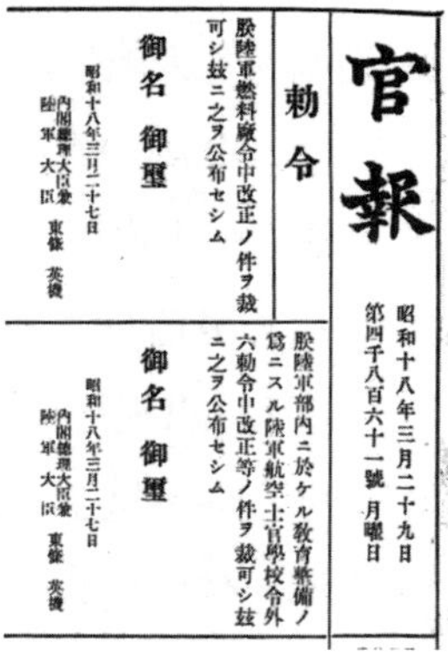
官報

昭和十八年三月二十九日　月曜日
第四千八百六十一號

勅令

朕陸軍燃料廠令中改正ノ件ヲ裁可シ茲ニ之ヲ公布セシム

御名　御璽

昭和十八年三月二十七日
内閣總理大臣兼
陸軍大臣　東條英機

朕陸軍部内ニ於ケル教育整備ノ爲ニスル陸軍航空士官學校令外六勅令中改正等ノ件ヲ裁可シ茲ニ之ヲ公布セシム

御名　御璽

昭和十八年三月二十七日
内閣總理大臣兼
陸軍大臣　東條英機

图 3.4　日本出版会成立时的政府官报（左）和战后该会编著的《日本出版年鉴》(1944 ～ 1946 年版)(右)

日本出版会第一任会长由内阁情报局副局长久富达夫担任。内阁情报局是 1940 年日本政府设立的言论审查机构，受其管辖的日本出版会也拥有着充当政府言论管控工具的职能。该会在战后改名为日本出版协会，在其战后发行的《出版年鉴 1944 ～ 1946》对二战期间的工作内容有详细总结。据其记述，日本出版会成立初期的 4 项主要工作为“分配出版用纸张”、“审查出版计划”、“整顿出版企业”和“制定出版文化政策”；1944 年 3 月，日本出版会又增加了“查禁违反时局要求的不良书籍”和“生产战时特需出版物”两大职能，此后日本出版会致力于推动所谓“战时出版文化政策”直到 1945 年 8 月日本战败[3]。另外，根据

[1] 川西政明『武田泰淳伝』、東京：講談社、197 頁。
[2] 『官報』第 4861 号、1943 年 3 月 29 日、日本国立国会図書館蔵、第 12 頁。
[3] 「日本出版協会概要」、『出版年鑑　昭和 19～21 年度』収録、東京：日本出版協会、1947 年 7 月、104 ～ 106 頁。

战时担任过日本出版会学艺课长的翻译家河盛好藏的回忆，日本内阁情报局的官员每周会定期出席出版企划会议，“情报局内部自备有黑名单，一旦不慎出版黑名单上所列作家的著述，就会遭遇严厉呵斥甚至是人身威胁。”[1]

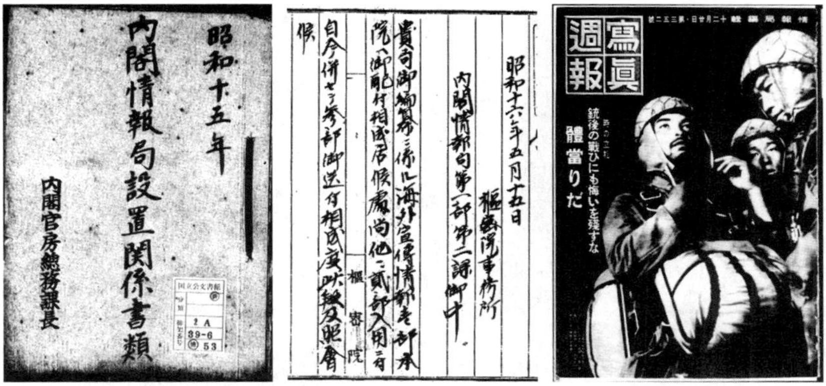

图 3.5　日本内阁情报局内部机密文件和情报局编辑的战时宣传画报《写真周报》

日本出版会除了面向日本国内的文化工作之外还设有海外事业部，主要负责外文译著的出版许可审查。1943 年 11 月，日本政府在东京举行所谓的“大东亚会议”并发布了旨在将侵略战争合法化的《大东亚共同宣言》。由于《大东亚共同宣言》名义上倡导“发展东亚各民族之创造性以弘扬大东亚之文化”[2]，此后日本各大出版社纷纷加大了中文图书译介事业上的投入，这使得二战末期日本出版界出现了一股畸形的中文图书翻译热潮。据武田泰淳回忆，他在日本出版会海外课“支那”班工作期间主要负责审查日文译著的翻译质量，“当时中国图书的译著在日本出版市场上大量泛滥，我的工作就是鉴别这些译著的质量以便出版会决定是否提供印刷纸张。我审查过的译著中有很多翻译质量非常低劣

[1]　河盛好蔵「悲憤の学芸課長」、東京：『潮』1971 年 3 月号、78 頁。
[2]　日本情報局記者会編『大東亜共同宣言』、東京：新紀元社、1944 年 2 月、3 頁。

的译本，有的译者简直就像是完全看不懂中文一样。”[1] 在日本出版会的工作给予了武田泰淳接触战时体制下的翻译出版和言论审查内幕的机会。这为他之后赴上海担任东方文化编译馆翻译部主任一职提供了必要的经验。

图 3.6　1943 年 11 月日本东京举行所谓的“大东亚会议”参会人员合影

三、日本馆藏《东方文化编译馆事业概况》

1944 年 5 月，武田泰淳辞去日本出版会的职位计划前往海外工作。这一时期武田得到了两个前往中国工作的机会，一个是来自日本东亚研究所北京调查员土方定一（美术史学者），另一个来自上海东亚同文书院大学小竹文夫教授（东洋史学者）。在综合考虑职位和薪资待遇等条件之后，武田泰淳选择了前往上海。由于之前有参加左翼运动被捕的经历，武田花费了近一个月的时间向日本警视厅申请出国许可证，最后终

[1]『わが文学わが昭和史』、東京：筑摩書房、1973 年 8 月、71 頁。

于在同年 6 月顺利获得了一张前往上海的船票[1]。

侵华战争时期，日本到上海的民间海运线路主要有两条，一是“长崎—上海线”，海上航行时间为一天一夜；另一条为“神户—上海线”，航行时间约 54 小时[2]。1944 年，由于日军在太平洋战场节节败退，上海航线的途经水域已经成为战场，为了躲避盟军潜水艇攻击，武田所乘坐的船舶选择了从九州西边的五岛列岛迂回行驶的路线，全程航行了 5 天后终于到达了上海。当时武田父亲的一位僧侣朋友在上海虹口区宝乐安路（现多伦路）一处叫“知恩院”的寺院工作，在其向导之下，刚到上海的武田找到了位于旧法租界亚尔培路（现陕西南路）的马勒公馆，这里是他之后工作的“东方文化编译馆”所在地。

图 3.7 《华中铁道沿线案内》（左）和东方文化编译馆原址所在地“马勒公馆”现景（右）

武田到达上海的 6 月 7 日，当地唯一的日文报纸《大陆新报》刊载了一则题为“中日双语翻译出版机构在沪成立”的新闻报道。该报道称“为解决上海读书界目前存在的图书荒，近日沪上新开设了一所专业从事中日书籍翻译及出版的机构”，“该机构由上海中日文化协会资

[1]『わが文学わが昭和史』、東京：筑摩書房、1973 年 8 月、116 ～ 117 頁。
[2]『華中鉄道沿線案内』、華中鉄道株式会社、1939 年 7 月、91 頁。

助运营，旨在翻译出版有助于中国新文化建设和中日文化交流的学术书籍”[1]。文中提到的上海“中日文化协会”是总部设于南京的汪伪“中日文化协会”的在沪分会，1941 年 1 月作为汪伪“中日文化协会”的第一个地方分会设立于上海极司菲尔路（现万航渡路）15 号。1943 年，为了解决成立最初两年文化工作开展不力的问题，上海分会在同年 10 月实施了强化改组并于次月开始发行综合文化杂志《文协》，同年 12 月又将会馆移至亚尔培路 30 号日华俱乐部所在的马勒公馆 3 楼[2]。

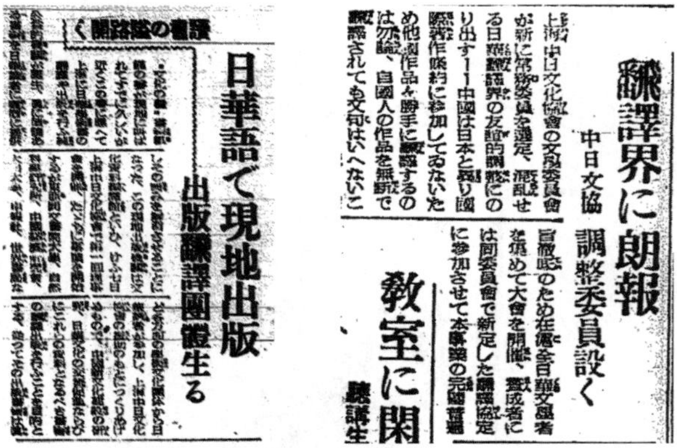
日華語で現地出版
出版飜譯團體生る

飜譯界に朗報
中日文協 調整委員設く
上海中日文化協會の文[illegible]委員會が新に常務委員を選定、[illegible]せる日[illegible]飜譯界の友誼的調整にのり出す——中國は日本と異り國際著作條約に参加してゐないため他國作品を勝手に飜譯するのは勿論、自國人の作品を無斷で飜譯されても文句はいへないこ
[illegible]のため在滬全日華文學者を集めて大會を開催、賛成者には同委員會で新定した飜譯協定に参加させて本事業の完[illegible]

教室に開
聽講生

图 3.8 《大陆新报》有关东方文化编译馆成立的报道

据当时负责招聘武田到上海工作的小竹文夫回忆，改组后的上海“中日文化协会”是中日民间文化界人士合作管理的机构，日方代表是小竹本人，中方代表是伪《申报》社长陈彬龢。在陈彬龢的建议下，上海“中日文化协会”决定以当地中国读者为受群开展日本文艺类、学术类图书的翻译出版事业。小竹文夫回忆，当时他考虑到“进行这项工作

[1]「日華語で現地出版　出版翻訳団体生る」、『大陸新報』1944 年 6 月 7 日、3 版。

[2]《中日文化协会上海分会改组经过》，上海:《文协》1943 年 11 月号，4～5 页。《中日文化协会会务报告》，载《文协》1944 年 1 月号，31 页。另外有关上海“中日文化协会”的成立经过，参考趙夢雲「武田泰淳『上海の蛍』から見た「中日文化協会」」、『東大阪大学短期大学部教育研究紀要』第 2 号、2004 年。

需要既精通中文又具备良好的文学素养，并且还要能够代表日本文化人水平的人才。我在东京文化界物色合适的人选，最后确定了由武田泰淳担任翻译部门的负责人”[1]。

1944年6月12日上海伪《申报》报道，“中日文化协会沪分会为研究东方文化新建设，沟通中日文化，近特聘请沪地中日文化界知名人士，组织东方文化编译馆，从事出版事业。”[2]东方文化编译馆是二战末期日伪统治下沪上规模最大的翻译出版机构。有关东方文化编译馆的翻译出版事业，2017年日本学者木田隆文曾试图撰文对其进行考察，但因为搜集不到相关一级史料，最终只能借助同时期的报纸资讯概述东方文化编译馆成立前后的周边情况[3]。2018年底，笔者在日本神奈川近代文学馆查询武田泰淳文献时，意外发现了一份制作时间为1944年10月的手稿资料，题作《东方文化编译馆事业概况》。这份手稿原本是日本明治大学教授佐藤正彰（1905～1975）的私人藏品，佐藤正彰过世后，1996年其子佐藤弦交托给了神奈川近代文学馆收藏管理[4]。

手稿《东方文化编译馆事业概况》（以下简称《概况》）由19张B4版稿纸构成，采用铅笔手写，正文为繁体中文，同时附有相应的日文对照，手稿第一页写有“民国三十三年十月”的制作时间。《概况》的正文部分共六章，依次为“东方文化编译馆设立缘起”、“章程”、“设立经过”、“事业体系”、“事业进展情况”和“附录职员名单及编译书目”；《概况》最后另外单独附有一张《东方文化编译馆在日本办事处预算表》，记录有“翻译费”、“图书费”、“编辑费”、“派遣费”等具体开支

[1] 小竹文夫「上海にいた作家たち」、東京：『群像』、1956年6月、190頁。

[2]《东方文化编译馆　昨开成立会　即日起开始编译工作》，上海：《申报》，1944年6月12日，2版。

[3] 木田隆文「中日文化協会上海分会と戦時上海の翻訳事業：武田泰淳『上海の螢』を手掛かりとして」、『アジア遊学』、2017年2月。

[4] 馆藏编号 810/501。

金额。据其记载，东方文化编译馆日本办事处一年的支出总预算达到了惊人的393200日元，按照1944年的日元购买力[1]，约合今天2600万人民币，足可窥见该机构规模之庞大。

从内容上看，《概况》涵盖了有关这所日伪编译出版机构的成立意图、组织构成、工作方式、翻译书目、收入开支等方方面面的详细介绍，对于研究东方文化编译馆及沦陷期间上海地区的日伪翻译出版活动具有一级史料的重要参考价值。《概况》手稿没有作者署名，具体撰稿人不详，这意味着该手稿需要通过史料批判确认其记述可信度之后才能使用。幸运的是据中国图书馆学者吴永贵的调查，原北京图书馆（现国家图书馆）收藏的《教育部清点文物A636号》中保存有制作时间同为"民国三十三年十月"的《东方文化编译馆事业概况》的油印稿[2]。由此可见日本神奈川近代文学馆收藏的《概况》手稿既不是孤本，也不是私人擅自制作的文件，而应当是东方文化编译馆正式馆务文件的手写稿副本。

根据《概况》第一章"东方文化编译馆设立缘起"的记述，1944年6月东方文化编译馆在上海成立的原因主要有两个，第一是因为"中国专念于英美苏联等欧美诸国文化之吸收，而于日本文化之研究吸收少有此意，偶有编译之书籍，亦多玉石混淆，只为第二流以下之特殊书籍"；第二是因为"当今之秋，翻译日本清新优秀学术以介绍于中国，对于东亚共荣圈之建设，新中国之建设贡献之处极大，此为刻下文化人所应尽职责之一端"。从《概况》的内容来看，东方文化编译馆的成立既有学术上的考量，亦有意识形态宣传的需要，而这两者之间又相互构成一对矛盾体。一方面，东方文化编译馆的创立者试图通过译介具有一流学术价值的日文图书改变中国日本学研究的资料匮乏和以往日文图书

[1] 週刊朝日編『値段史年表』、東京：朝日新聞社、1988年6月。
[2] 吴永贵《民国时期出版史料汇编》，国家图书馆出版社，2013年10月。

翻译品质低劣的问题；另一方面，东方文化编译馆的创立者又刻意迎合日本所谓“建设大东亚共荣圈”的战争口号，将翻译工作视作强化日本对外意识形态输出的必要手段。译介一流的日本学研究书籍要求译者首先从纯学术的立场挑选翻译对象，而作为意识形态输出手段的译介则必然导致翻译工作服务于特定的政治目的。这两者之间的矛盾也是之后东方文化编译馆的翻译出版事业一直无法解决的悖论式困境。

根据《概况》第三章《设立经过概略》的记述，东方文化编译馆最早由改组后的上海“中日文化协会”企划，恰逢同时期伪《申报》社长“陈彬龢氏以编译出版日本近代优秀图书为目的欲设立日本文化研究所，东亚同文书院大学教授小竹文夫氏亦尝企图以相同趣旨编译”，三方协商之下决定联合建立一所编译出版机构。1944 年 6 月，由陈彬龢和小竹文夫作为沪上“中日文化界”的代表兼共同发起人，与上海“中日文化协会”合作创立了东方文化编译馆。成立之初，“得赵正平、李权时、吴湖帆、陶晶孙、中田丰千代、吉田东祐、林广吉等诸氏就任理事，推荐陈氏为馆长，小竹为副馆长。”

理事長に陳公博氏
中日文化協會 上海分會改組大會

中日文協改組に際して
吾々の仕事 (上) 林 廣 吉

文化創造の勇猛心
生活の中から新しい飛躍

图 3.9 《大陆新报》有关“中日文化协会”上海分会改组的报道

从创办经过和馆长理事会的成员结构来看，东方文化编译馆是改组后的上海“中日文化协会”与陈彬龢领导的伪《申报》集团以及小竹文夫所在的东亚同文书院集团三方合作，通过集结上海沦陷区的中日文化界力量联合创建的大型翻译出版机构。前述东方文化编译馆的7名理事中，林广吉（上海市政研究会事务局长）与中田丰千代（日本“大使馆”书记官）是1943年10月新当选的上海“中日文化协会”常务理事，陶晶孙（上海自然科学研究所员）则是1944年5月协会新任干事长，3人是改组后管理上海“中日文化协会”日常运营的实际负责人[1]。

另一位日籍理事吉田东祐是陈彬龢领导的伪《申报》集团的中国问题专家。吉田东祐从1943年开始在《申报》发表大量中日关系评论，1944年1月就任《申报》自营的中日文化研究所主任[2]，他是二战末期上海日侨言论界最有影响力的文人意见领袖之一[3]；而担任编译馆馆长的陈彬龢本人除了直接控制伪《申报》之外，当时还依靠日本“驻华大使馆”上海事务所和日本驻沪海军武官府的支持掌控着沪上文化出版界[4]。担任编译馆副馆长的小竹文夫是上海东亚同文书院大学附属专门部教授[5]。东亚同文书院大学是华中地区历史最悠久、同时也是规模最大的日系高等教育机构[6]。除了小竹本人之外，同为东亚同文书院大学教授的铃木择郎，助教授山口左熊、内山正夫、金丸一夫等人也在编译馆工作人员之列（名单附后）。

[1]「理事長に陳公博氏　中日文化協会上海分会改組大会」、『大陸新報』1943年10月5日、3版。另外参考《人事简讯》，上海：《申报》1944年5月2日，3版。

[2]《中日文化研究所将扩充工作》，上海：《申报》，1944年1月24日，3版。

[3] 有关吉田在上海的言论活动，参考関智英「“中国人の代弁者”吉田東祐の活動と議論—日中戦争末期占領地における意識」、『現代中国研究』39号、2017年7月。

[4] 陈彬龢口述，胡叙五笔录《我和伪申报》，收录于《杜月笙秘书见闻录》，台北：独立作家出版社，2015年4月，192～200页。

[5]『支那在留邦人人名録　第35版上海版』、上海：金風社、1945年8月、73頁。

[6]『東亜同文書院大学史』、東京：滬友会、1982年5月、744～771頁。

图 3.10　小竹文夫战后出版的回忆录《上海三十年》（左）、上海东亚同文书院大学教授合影（右）

据《概况》记载，东方文化编译馆成立后除了担任编译主任的武田泰淳以外，截至 1944 年 10 月还聘用有专任编译员 4 名、外部兼职编译员 26 名、翻译校阅 8 名、监修 2 名（名单附后）；同时编译馆还在日本东京设立了驻外办事处，聘请关口泰（朝日新闻评论员）、田中耕太郎（东京帝国大学法学部长）、矢代幸雄（日本美术研究所所长）担任编译馆日本办事处的常任委员，岩波茂雄（岩波书店社长）、石田幹之助（国学院大学东洋史学教授）、原田淑人（东京帝国大学考古学教授）、谷川彻三（法政大学哲学教授）等人担任一般委员，青年文人新村猛（冈书院出版社辞书编辑）担任联络员。

东方文化编译馆的管理层和实际负责编译的工作人员以中日两国的民间报人、出版社编辑、文坛作家和高校学者为主，这说明编译馆成立之初宣传的“纯学术型翻译机构”的自我定位并非完全虚言。但是另一方面，如果从机构内部的实权分配方式来看，东方文化编译馆虽然标榜“中日协同合作”，但是最核心的翻译出版事业却是由日籍人员垄断着经营主导权。

根据《概况》的记述，东方文化编译馆聘用的共 30 名编译员由编译部主任武田泰淳统一领导，而译著的出版发行工作则由业务部主任中岛俊一全权负责；译著初稿完成后，译文质量的审查工作由8名校阅和2名监修负责，其中有8位是日籍人士；编译馆在东京设有办事处，主要负责挑选有翻译价值的日文原著，办事处委员会成员全部由日籍人员担任。而伪《申报》社长陈彬龢、伪教育部长赵正平、复旦大学经济系主任李权时、上海书画家吴湖帆等所谓“沪上中国文化界名人”虽然也名列编译馆理事，但实际上并不参与管理具体的翻译出版事业。也就是说从最初的翻译对象的选择到译著的成稿、校稿和定稿，再到最后的出版发行工作全部由日籍人员主导。这意味着东方文化编译馆最核心的翻译出版事业首先体现的是日方对华译介需要的意志。

四、东方文化编译馆的翻译偏向和工作策略

由于日伪东方文化编译馆成立于二战末期，编译馆当时所译书稿大多在日本战败过程中遗失，正式出版的译著目前确认有实物的仅有5册[1]。幸运的是，前述《概况》一文除了记录编译馆的成立经过和人员构成以外，还附有已翻译书籍的《译了书目》和待翻译书籍的《编译着手予定书目》，这为后人分析东方文化编译馆的翻译实务提供了重要的一级史料。根据《译了书目》和《编译着手予定书目》的内容，截至1944年9月编译馆已完成中文译稿的日文图书共有20册，计划翻译中的有52册（具体书目附后）。结合对这些译著书目信息的分析，可以归纳出东方文化编译馆在日文图书的翻译选择上体现出以下三点特征。

第一，文化时局意识。从翻译对象的出版时间和类别来看，东方文化编译馆挑选的日文原著多为1937年卢沟桥事变后在日本发行的文

[1] 书名分别为《青年人生观》《日本文化史讲话》《再寄中国青年》《一个日本女人的日记》《中国史学》。

化类战时热门图书。以《译了书目》为例，截至 1944 年 9 月编译馆已完成中译本的 20 册日文图书中，原著发行时间为 1937 ～ 1944 年的总计 16 册（包括初版和再版新装本）。其中除了 3 册理科类著作外，其余 13 册为日本历史、日本政治、日本哲学、日本文学和日本汉学相关著作。这 13 册文化类图书中包括 3 册东京创元社发行的“日本文化名著丛书”，2 册由日本政府文部省编纂发行的官制史书，2 册日本首席学术出版社岩波书店发行的图书，2 册战时日本学界的意见领袖团体“京都学派”的代表论著。《译了书目》的内容表明，编译馆的翻译工作主旨在于介绍 1937 年全面侵华战争爆发后日本文化出版界的流行图书，所选择的翻译对象要求既能彰显日本文化特质，又能体现战争期间的日本时局特点。

第二，日本国民本位意识。《译了书目》统计了截至 1944 年 9 月编译馆已完成中译本的书目，其中日文原著的出版时间与统计截止日最相近的是德富苏峰写作的《必胜国民读本》[1]。从翻译时效性的角度来说，这是最能够体现编译馆的时局意识特征的对象文本。《必胜国民读本》于 1944 年 2 月由东京每日新闻社发行，全书正文部分由 3 篇论文构成，依次为《必胜之必须》《必胜之基本》和《必胜之方策》。据德富苏峰本人自述，《必胜国民读本》的写作及出版意图在于“为国民解答我们皇国日本为何必须战胜英美，我国有哪些必胜的基本条件以及我国究竟如何取得胜利这 3 个问题的答案”[2]。该书初版即发行了数量惊人的 50 万部，它是为了安定民心面向日本国内读者制作的政治宣传用图书，明显不符合中国读者的阅读需求，实际上不存在译介的必要性。

另外，同样名列《译了书目》的《国史概观》[3] 和《概观维新史》是

---

［1］ 前述《概况》书目的中译名是“战时国民读本”。
［2］『必勝国民読本』「緒言」、東京：每日新聞社、1944 年 2 月。
［3］《译了书目》中的译名是“日本史概说”。

日本文部省主持编纂和发行的官制史书。前者用于向日本国民宣扬“万世一系的天皇从皇祖天照大神开始统治大日本帝国的历史”[1]，后者则是为了唤醒日本国民“在此皇国多事之秋以明治维新为鉴坚定共赴国难的决心”[2]。和《必胜国民读本》一样，这两册图书无论是出版意图还是实际内容都偏重于服务日本国内读者的需要，并不适合译介给中国读者阅读。而在《译了书目》中，《国史概观》的书名还被改写为“日本史概说”，显然是译者本人也意识到了“国史”一词包含的日本国民本位倾向不符合中国读者的阅读立场。另外，《国史概观》和《概观维新史》均为 500 页以上的长篇著作，全本中译需要耗费大量的人力和时间，这种不合理的翻译对象选择从另一个角度反映了东方文化编译馆的运营主导权掌控在日方手中。

第三，东亚一体“共荣”意识。手稿《概况》称“当今之秋，翻译日本清新优秀学术以介绍于中国，对于东亚共荣圈之建设，新中国之建设贡献之处极大。此为刻下文化人所应尽职责之一端。吾等设立本馆，抑亦有鉴于斯本馆”。由此可见，东方文化编译馆的馆名之“东方文化”四字实质上指涉“东亚共荣文化”之意，编译馆自成立之日起就将宣传所谓“大东亚一体共荣”的意识形态理念作为翻译出版事业的工作目标。根据《译了书目》的记述，编译馆最早完成中译本的 20 册图书中，书名包含“东亚”字样的就有 4 册，分别为小牧实繁著《由地政学上来观察大东亚》、滨田耕作著《东亚文明之黎明》、谷川彻三著《东亚与西洋》和栗屋三四二著《东亚传染病》；无论是在内容还是表述形式上，这些“东亚”系列图书都强调所谓“大东亚文化”不可分割的一体性和接受日本“领导”实现“共荣”的必要性。

---

［1］ 文部省編『国史概観』、東京：内阁印刷局发行、1943 年 8 月、1 頁。
［2］ 文部省維新史料編纂会『概観維新史』、東京：明治書院、1940 年 3 月、1 頁。

图 3.11　东方文化编译馆计划翻译的日本文化类图书原著书影

以《由地政学上来观察大东亚》一书为例，该书的日文原著是京都帝国大学地政学教授小牧实繁在东京广播电台所做系列讲座的口述稿整理而成。这次讲座是为配合日本偷袭珍珠港后的战争合法性宣传而举办，1942 年 12 月讲座的口述稿由日本放送协会（NHK）收入其“大众电台丛书”予以出版。《由地政学上来观察大东亚》一书的主旨在于否定英领马来、荷领印度、东印度群岛等“象征西方白人国家的殖民统治和亚洲民族耻辱的地名符号”，号召东亚各国“立足于在地理上和文化上的天然一体性”，采用“大东亚海之类能够体现亚洲主体性的新地名”，“呼应日本之八纮一宇的建国理念，实现皇国之荣光普照世界的理想”[1]。《由地政学上来观察大东亚》要求日本及东亚各国的读者将美洲大陆改称为“东亚洲大陆”，将澳洲大陆改为“南亚洲大陆”，非洲大陆改为“西南亚洲大陆”，并将印度洋和太平洋重新定义为“亚洲内海”。该书与西方国家争夺世界大陆和海域的命名话语权，试图通过在公共言论空间重构亚洲版图，为日本所谓“大东亚共荣圈”的意识形态输出寻找合法化依据。这种“东亚一体共荣意识”在《译了书目》所列图书中频繁出现。它与前文所述的“文化时局意识”、“日本国民本位意识”相互依存，共同构成了东方文化编译馆对华翻译工作的策略核心。

五、《东方学报》的编辑策略和话语空间

作为沦陷区的日伪文化机构，东方文化编译馆服务于日本战时体制的事实或许并不令人感到意外。真正出乎意外的是，尽管东方文化编译馆的经营主导权掌握在日方手中，但是这座上海的文化机构依旧保留了一定程度的中国本地化属性，甚至在部分工作内容上体现出十分强烈的中国主体意识。

据《概况》记述，1944 年 6 月东方文化编译馆成立之后在核心翻译事业以外，同时“决定刊行《东方学报》，编辑委员会业已成立，不日即可发行”。《概况》中，《东方学报》被定位为“东方文化综合学术杂志乃至本馆机关杂志”，可见该期刊的编辑发行是东方文化编译馆除了翻译事业之外的另一工作重心。

[1] 『地政学上より見たる大東亜』、東京：日本放送出版協会、98 頁。

据笔者调查，《东方学报》正式创刊于1944年10月，至1945年5月为止前后共发行了4期；期刊采用B5版16开本，每期50页左右，主要刊载中国、日本、印度三国的文史哲研究论文及书评。另外，笔者所获《东方学报》每期封面均盖有“国立中央图书馆”藏书印，最后第4期封面还可见“东亚同文书院大学东亚研究部”藏书印，推测原本应当是小竹文夫当时任教的上海东亚同文书院大学所藏期刊。1945年8月日本战败之后，上海东亚同文书院大学的校舍作为敌产被国民政府没收，学校原有的各类东亚研究文献也随之流散各地，除了南京国立中央图书馆（现南京图书馆）之外，笔者在上海图书馆、北京国家图书馆、东京日本国会图书馆、华盛顿美国国会图书馆也发现了盖有“东亚同文书院大学东亚研究部”藏书印的报刊图书资料。

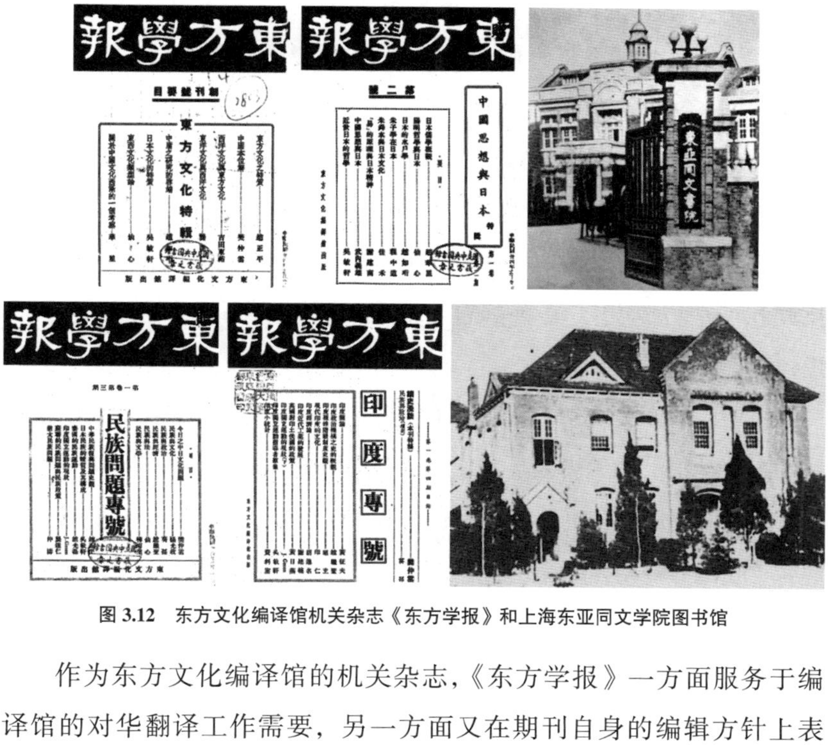

图3.12　东方文化编译馆机关杂志《东方学报》和上海东亚同文学院图书馆

作为东方文化编译馆的机关杂志，《东方学报》一方面服务于编译馆的对华翻译工作需要，另一方面又在期刊自身的编辑方针上表现出一定程度的独立性。例如《东方学报》第1号的《卷头语》主张，“本刊既名为《学报》，所谈所写当然只限于学术范围之内，至于本刊范围以外的时局论文，八股文章等类，本非《学报》所能兼顾的及。”[1]而同期刊载的《编者的话》又写道，“我们身处战乱的世界，还能够静下心来办我们‘不识时务’的杂志工作，的确使我们十分欣慰十分兴奋。”[2]《东方学报》将“不识时务”视作自身的言论立场，拒绝刊载时局论文，强调期刊的纯学术性。从期刊的实际内容来看，其主张的“不识时务”的编辑方针并非完全虚言，与《文协》《文友》《新世纪》《新生命》《大陆画刊》《华文每日》等上海其他一样有日系背景的中文期刊相比较，同时期的《东方学报》不存在直接谈论战争时事的“时局栏”板块，并且较少刊载主动迎合日伪意识形态宣传的文章。例如《东方学报》第3号（即“民族问题专号”）载有樊仲云写作的《今日之中日文化问题》。樊仲云虽然担任着汪伪中央大学校长，文中他却称“对于日本所主张的东亚解放，我们诚无可非议，但是这一语句，必须以中国的自由解放为其前提要件，否则今日的中国人是不能理解的”[3]。这样一种“反时局意识”与东方文化编译馆主动迎合日本战时体制的翻译工作偏向形成鲜明对比，它反映出《东方学报》具有其自身相对独立的编辑方针和言论空间设计。

另外，东方文化编译馆的翻译事业主导权虽然掌控在日方手中，但是《东方学报》的编辑人员和撰稿人群体却是以中方为主体。《东方学报》的主编赵继圣和主要撰稿人赵正平、赵华星、汪吉人、吴敏轩、胡逸名、喻毓秀等均为编译馆的中方理事和中国籍编译员，编译馆的日籍

[1]《卷头语》,《东方学报》第1号，1944年10月，1页。
[2]《东方学报》第1号，1944年10月，21页。
[3]《东方学报》第3号，1945年2月，2页。

馆长小竹文夫和理事吉田东祐虽然也在撰稿人之列，但仅各自发表了一篇短文，参与度明显不高[1]。另外，《东方学报》所载文章内容上整体偏向于强调中国文化的独特性、自主性以及在东方文化圈中的核心主导地位。例如《东方学报》创刊号的卷首刊载了赵正平的论文《东方文化之特质》，文章一方面主张"东方各国有最悠久而完整之历史者，惟我中国，故中国实为东方之核心"，另一方面又暗讽日本"为控制领导等意识所支配形成一大痴结，则凡爱护东方文化者，固应深长考虑者也"[2]。《东方学报》创刊号的卷首论文强调了期刊立足于中国本位的东方文化研究态度。这样一种"中国本位意识"对于同时期日本文化界强调的"亚洲自古以来以皇国日本为中心"[3]的话语霸权形成明显的挑战。

作为东方文化编译馆的机关杂志，《东方学报》自然也承担着宣传编译馆翻译出版事业的职能。例如同样是在《东方学报》创刊号，刊载有一篇题为"东西文化类型论——译高山岩男氏《文化类型学》后"的译著书评，作者署名"仙心"。《文化类型学》是日本"京都学派"哲学家高山岩男的代表著作，1939 年初版发行之后曾创造过一年重版 19 次的惊人热销纪录[4]。书中，高山岩男一方面将中国文化与日本文化视为东方文化的两种主要类型，同时又试图强调两者之间的所谓"本质区别"。高山认为中日两国文化虽然存在许多共性，但是日本文化扎根于万世一系的天皇统治，不存在易姓革命等国体变更的事态，也不存在王道与霸道的对立，因而是比中国文化更优越的文化类型，更有资格成为指导东方民族的文化。据前文《译了书目》的记述，《文化类型学》是编译馆最早完成中译稿的日文图书之一，从内容上来看，显然是为迎合

[1] 小竹文夫《释"家"》，《东方学报》第 1 号，23 页；吉田东祐《西方文化与东方文化》，同前 12 ～ 13 页。

[2]《东方学报》第 1 号，1944 年 10 月，5 页。

[3]『地政学上より見たる大東亜』、東京：日本放送出版協会、9 頁。

[4]『文化類型学』、東京：弘文堂、1940 年 8 月第 19 版、神奈川近代文学館藏。

战时日本所谓“大东亚共荣”的意识形态宣传而翻译的作品。

《东方学报》作为东方文化编译馆的机关杂志，按照常理应当对编译馆发行的译著进行正面宣传。但是事实上，《东方学报》刊载的《文化类型学》书评却是以“译后记”形式进行的译著批判。书评的作者“仙心”本名喻毓秀，时任编译馆专职译员，同时还是一位女性教育家[1]。作为《文化类型学》的译者，喻毓秀在书评中首先介绍了《文化类型学》作为“日本哲学权威高山岩男的名著”的译介价值所在。随后她以自问自答的形式提出对高山岩男的质疑，直言“他的思想是否纯客观？是否足以指示我们？这又是译者译完此书后曾经多次涌出思潮而促使写此书后的动机”[2]。喻毓秀认为高山所谓的万世一系的神裔皇权实质上只是一种宗教信念，讥讽“究竟此种宗教信念是否对于日本永远决定有利，因为我不能理解，不敢妄加评论，不过它只能作为一国的文化基体，而不能为全世界人类的文化基体，即不能为创造新文化的指导原理，无容讳言”[3]。高山岩男在《文化类型学》中主张日本文化的优越性体现在能够担当东方文化指导原理的王道精神，喻毓秀则回应“我的结论是东方的本位文化，尤其是孔子的中心思想实为创造新文化的指导原理，并且这个指导原理不仅存于东方，就是在西洋的精神文化中也具有此种观念”[4]。喻毓秀的书评不但抨击《文化类型学》的日本中心论，同时还试图消解贯穿《文化类型学》全书的东西文化二元对立叙述；喻毓秀的书评表现出以译评为手段对日文原著进行批判的译者主体意识，它与前述的“反时局意识”、“中国本位意识”相互呼应，共同构成了《东方学报》期刊版面的话语空间特质。

[1] 参考《概况》所附编译馆职员表和译者列表。另外，喻毓秀的个人履历参考她本人写作的《女子中等教育之我见》，南京《教育建设》1940年11月号，33页。

[2]《东方学报》第1号，1944年10月，34页。

[3]《东方学报》第1号，1944年10月，36页。

[4]《东方学报》第1号，1944年10月，36页。

六、二战末期编译馆的事业转向

1945年5月5日下午3点，东方文化编译馆为庆祝成立一周年举行了招待上海各界人士的茶话会。据《大陆新报》的中文子报《新申报》报道，此次茶话会“到市中日各有关当局长官，各有关团体代表以及文化界陈彬龢等共百余人”[1]，由此可见东方文化编译馆在上海文化界的受关注程度。

但是随着德国的投降和美军登陆日本冲绳，中国大陆的抗日战场在1945年5月实际上已经开始进入最后的总反攻阶段。受战局影响，日伪统治下的上海自1945年初开始出现恐慌性通货膨胀，沪上的各类日伪文化宣传机构也因为经费短缺纷纷陷入停业危机。在此情况下，东方文化编译馆的会刊《东方学报》于1945年5月10日发行第4期后停刊，同时期编译馆的翻译出版事业也逐渐陷入停滞。1945年5月26日，《大陆新报》刊载了一则副标题为“编译馆结束第一阶段翻译工作”的新闻，报道称“作为中日文化的交流机构，东方文化编译馆在馆长陈彬龢与副馆长小竹文夫的领导下一直致力于日文书籍的编译事业，目前已结束第一阶段的翻译工作，总共完成34册日文书籍的中译本，包括人文社科类23册，自然科学8册和文艺类书籍3册”[2]。这是《大陆新报》上最后一次出现有关东方文化编译馆的报道，所谓“结束第一阶段翻译工作”实际上可以看作是编译馆宣告停业的委婉言辞。

---

[1]《东方文化编译馆庆祝成立一周年》，上海：《新申报》，1945年5月6日，2版。

[2]「日本科学書の紹介　編訳館第一期の翻訳終る」、『大陸新報』1945年5月26日、2版。

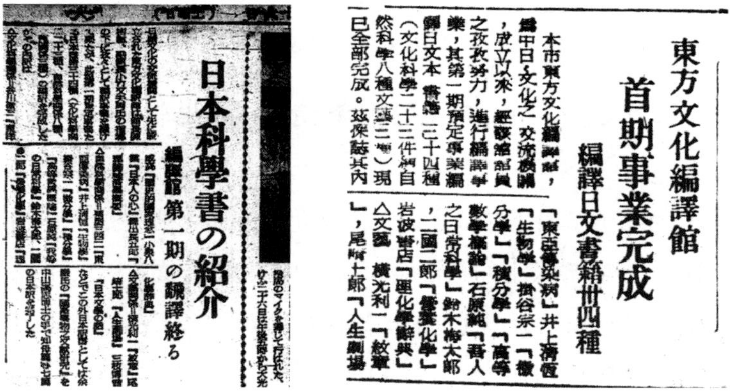
日本科學書の紹介
編譯館第一期の飜譯終る

東方文化編譯館
首期事業完成
編譯日文書籍卌四種

图 3.13 《大陆新报》和《新申报》有关东方文化编译馆“首期翻译工作结束”的报道

据笔者调查，停业前夕的东方文化编译馆曾出版过一册日文图书，书名《重新认识中国》(中国の再認識)，它是《申报》日籍评论员吉田东祐写作的评论集。吉田东祐是原日本共产党员，1936 年侨居上海后自学中文从事中国研究，1943 年开始在《申报》的“星期评论”专栏发表大量批评日本对华政策的文章，因此引起沦陷区中国文化界和言论界的关注[1]。《重新认识中国》收录了截至 1945 年 4 月吉田东祐发表在上海各类报刊上的时事评论。

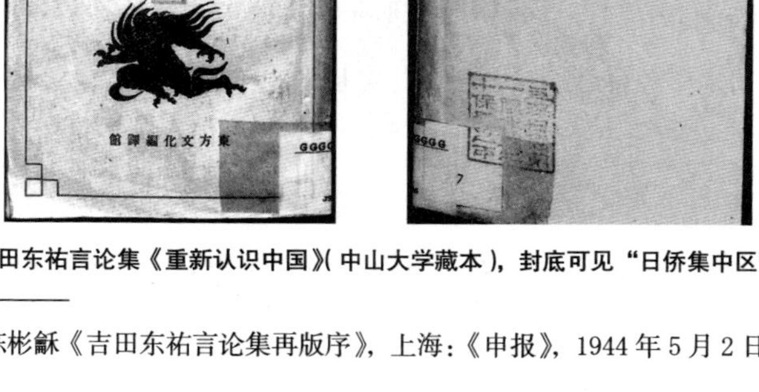

图 3.14 吉田东祐言论集《重新认识中国》(中山大学藏本)，封底可见“日侨集中区”保甲印章

[1] 陈彬龢《吉田东祐言论集再版序》，上海：《申报》，1944 年 5 月 2 日，1 版。

据吉田自序称，此书“期望与中国人一起探求解决大东亚战争的真正办法，从某种意义上来说是从日本人的角度对中日战争所做的自我批判”[1]。在《重新认识中国》收录的吉田作品中，对日本批判最激烈的是《文化人的任务》(文化人の任務)一文。文章开头吉田首先指出，“现在日本和中国有共同的文化现象，那就是报纸上每日发表的都是令人头疼乏味的大东亚宣传八股文。”[2]吉田抨击造成这种文化凋敝现象的言论审查制度，强调“文化人为打动人民心弦把握现实，纵使触犯当局而被捕入狱，也总比写形同废纸的宣传八股文要好得多”[3]。吉田还激进地主张“军人在必要时随时都准备用刀破腹，而文化人也应当在必要时随

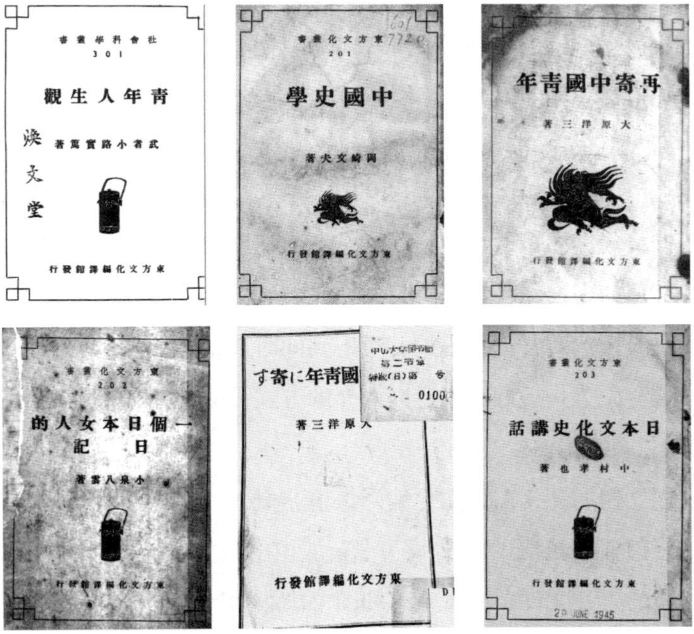

图 3.15　二战末期东方文化编译馆出版的各类中日文图书

---

［1］『中国の再認識』、上海：東方書局、1945 年 4 月、4 頁。
［2］『中国の再認識』、上海：東方書局、1945 年 4 月、97 頁。
［3］『中国の再認識』、上海：東方書局、1945 年 4 月、98 頁。

时准备用笔切腹"[1]。文章的最后吉田总结道，“我的文章没有华丽的词藻，逻辑也粗糙，即便如此依然能够得到一些中国读者的欢迎，或许唯一的理由只是我有文化人的良心和诚意，努力地在种种言论限制之下寻找着表述中国现实的方法。”[2]

吉田东祐极力推崇从“中国人的感觉”出发反思日本的对华政策，这一立场是吉田在上海期间的言论著述能够引起当地中国读者关注的原因，但同时也导致了他的作品受到日本文化界的排斥。1943 年 12 月，有一封《申报》的读者来信质疑“为什么吉田东祐先生的文章，总不在上海出版的日文报纸或杂志上刊载”，对此吉田自嘲，“我写的东西和本地的日本人的感情并不完全相符合，所以我并不急于用日本文发表。”[3]而在《东方学报》1945 年 2 月出版的第 3 号上，汪伪中央大学校长樊仲云又讥讽道，“吉田东祐的文字虽可刊登申报，据说在日本却有的是不许发表的”[4]。实际上，《重新认识中国》收录的文章大部分是吉田东祐之前在《申报》等上海中文报刊已经发表过的作品的日文版。也就是说，东方文化编译馆通过日文版《重新认识中国》将吉田东祐原本为中国读者书写的中文作品转化为日文作品，试图以此向日本读者传递来自上海日侨文人的对日批判言论。考虑到同时期日本国内严酷的言论管制环境，这实质上是一种通过逆向译介的方式挑战日本文化界言论壁垒的行为。

从创立初期的《东方文化编译馆事业概况》到中期的《东方学报》，再到临近停业前出版的日文版《重新认识中国》，东方文化编译馆各个不同时期的馆务文件、机关杂志和图书出版物展示了这所日伪翻译出版

[1] 『中国の再認識』、上海：東方書局、1945 年 4 月、101 頁。
[2] 『中国の再認識』、上海：東方書局、1945 年 4 月、102 頁。
[3] 《答复一读者》，上海：《申报》，1943 年 12 月 28 日，4 版。
[4] 《今日之中日文化问题》，《东方学报》第 3 号，1945 年 2 月，2 页。

机构的内在矛盾和临近日本战败过程中的事业转向轨迹。成立初期，东方文化编译馆的核心翻译事业虽然名义上服务于中国读者，但实际上却偏向于译介迎合日本读者趣味，同时能够满足战时日本对外意识形态宣传需要的图书。与之相对，中期编译馆主办的机关杂志《东方学报》主张“不识时务”的反时局立场，强调中国文化在东方文化圈中的核心主导地位，并尝试通过译评的方式对编译馆前期翻译的日文原著进行作品批判。日本战败前夕，原本专职中文译著出版的编译馆开始发行日文图书，尝试以日本读者为受众，通过逆向译介的方式传播原本被日本文化界所排斥的在华日侨文人的对日批判言论。也就是说伴随着日本战败的临近，东方文化编译馆的工作方向总体上呈现出由“日本主体意识”向“中国主体意识”的渐进转变，而这种趋势不但见于二战末期，并且还延续到了战后。

七、东方书局刊《随笔中国》的遣归日侨文人圈

据笔者调查，编译馆晚期出版的所有图书版权页均写有“发行者东方书局、上海咸阳路三十号”的字样。咸阳路 30 号是东方文化编译馆所在地亚尔培路 30 号的别称，由此可推测前述“东方书局”应当是 1945 年前后编译馆内部自建的出版机构[1]。据武田泰淳回忆，日本战败后东方文化编译馆的日籍工作人员陆续撤返回国，其中最早一批遣归人员中有编译馆的原理事林广吉。林广吉是日本左翼活动家，战时侨居上海期间受到过日本政府的秘密监控[2]。除了东方文化编译馆理事之外，

[1] 至 1935 年为止，上海福州路曾有过一家经营中国文学类书籍的东方书局。该书局于 1935 年并入九州书局，和编译馆的东方书局没有关系。

[2]「昭和 19 年 6 月 30 日現在・在華中左翼転向者略名簿」、日本国立公文書館、3A/15/11-9。

林广吉还担任过伪上海市政研究所的事务局长，专业从事中国租界和上海文化研究[1]。1946 年林广吉回到日本之后，在东京建立了一家同样叫做“东方书局”的出版社，继续从事与中国相关的翻译出版工作[2]。

1948 ～ 1949 年间，林广吉与日本中国文学研究会的小野忍、千田九一合作，翻译出版了中国古典长篇小说《金瓶梅》的 4 卷本日文译著，这是日本最早的《金瓶梅》全译本。据武田泰淳回忆，这套《金瓶梅》的全译本为东方书局带来了可观的经济利益，借助于书局的译著收入和出版平台，林广吉得以有能力为其他从上海遣归的日侨文人提供作品发表的舞台[3]。

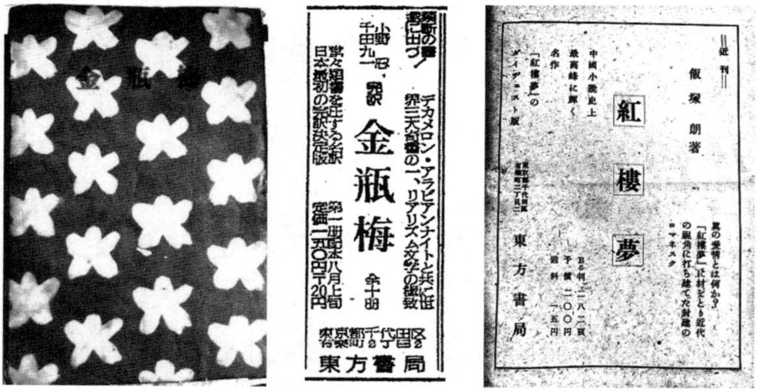

图 3.16　东方书局出版的《金瓶梅》全译本、开售广告和《红楼梦》日译本发售预告

1947 年，在林广吉和东方书局的支持下，武田泰淳等人在东京成立“日华文化协会”，并于同年 4 月创办了会刊《随笔中国》。《随笔中国》采用了综合文化杂志的编辑样式，主要发表与现当代中国相关的评论、翻译、书评和文学作品。《随笔中国》的期刊版面由时事栏、译介

[1] 林広吉編『上海共同租界公共事業特約』、上海：上海市政研究所、1942 年 1 月、中山大学図書館蔵。同『上海の文化』、1944 年 3 月。

[2]「東方書局のこと」、『武田泰淳全集巻 16』収録、1972 年 8 月、575 頁。

[3]「東方書局のこと」、『武田泰淳全集巻 16』収録、1972 年 8 月、576 頁。

栏和创作栏三部分构成，其中时事栏刊载针对战后中国政局动态的时事观察，译介栏介绍中国抗战文学作品，创作栏发表日侨遣归文人基于在华经历的文学作品。也就是说，林广吉等人从上海返回日本后，利用他们在东方文化编译馆工作时期积累的经验和人脉，重新在东京打造了一个由日侨遣归文人构成的小型文化圈。

1947 年 9 月发行的《随笔中国》第 2 号刊载有武田泰淳的短篇小说《才女》。《才女》以武田自身的上海经历为蓝本，通过日本主人公“杉”的视角描写沦陷区中国知识分子的生存状态。“杉”是上海一家日系企业的文化研究所职员，他住在一栋名叫“F 花园”的洋房里，这座洋房里另外还居住着在日伪机关上班的中国人“周女士”和她的男友“黄先生”。三人共同居住的“F 花园”被设定为日军占领租界后强制征用的豪华民宅，小说的叙述者试图通过“F 花园”三位居住者之间的力量对比描绘日军占领下上海的权力空间缩影。

日本人杉是“F 花园”名义上的主人，平常自认为是与人无害的老好人，一旦酒醉就会面目全非，变身蛮不讲理的暴徒；周女士曾经留日多年，回国后游走于日伪官场和商界，为人处事精于计算，对待杉则是表面迎合暗地捉弄；黄先生是周女士的恋人，平日里对杉和周女士唯唯

图 3.17　东方书局和日侨遣归文人在东京创办的综合文化杂志《随笔中国》刊影

诺诺，但他的真实身份却是一名地下抗日工作者。三人的身份设定隐喻了日军占领下上海的三派力量。小说一方面刻画三人之间的角力，另一方面又叙述日本战败后主人公杉对自己在华生活的反思过程。

杉一直自我定位为“无能的好人”，认为作为一个手无寸铁的日侨文化人，自己与日本军人有本质区别，对于周围的中国人来说自己只是一个完全没有任何威胁的外国人。日本战败之后，日军在上海的统治体系随之瓦解，此时杉才发现自己这个“无能的好人”实际上一直在分享着侵华日军的“权力”。同时杉还发现，供职于日伪机关的周女士原本自诩为“才女”，但她的“才华”随着日本的战败瞬间凋零，反倒是之前处处表现懦弱的黄先生在战后恢复了他作为抗日工作者的强硬本色。日本的战败不仅重塑了上海的权力结构，同时带给上海日侨群体重新审视自身社群职能的契机；《才女》不仅描绘武田泰淳本人对上海侨居经历的反思，同时也体现了期刊《随笔中国》作为遣归日侨文人言论舞台的职能。

《随笔中国》第 1 号的“创刊词”称，“日本长年对华侵略的责任不能仅仅推卸在军国主义者和帝国主义者身上，广大日本同胞们还必须反省以往我们对于中国的了解不足和认识错误”，“对中国的亲近感和爱意是深入了解这个邻国的必要前提，今天我们创办《随笔中国》，就是冀望这份杂志能成为日本同胞亲近中国的纽带。”[1] 作为东方文化编译馆的战后衍生品，武田等人创办的《随笔中国》希望通过重构日本读者的对华认知，来弥补他们各自战时对华文化工作的失误。这是《随笔中国》的办刊宗旨，它在这份期刊的译介栏板块也有充分体现。

1947 年 9 月《随笔中国》组稿了一期“中国抗日文学特辑”。特辑开篇的《卷头语》称，“直到日本战败为止，曾有多达数百万日本人或

[1]「発刊のことば」、東京:『随筆中国』第 1 号、1947 年 4 月。

以侨民、或以军人的身份在中国留下过他们的足迹。这些在大陆生活过的日本人中至少有一部分人是真心实意地在反省自己，希望重新去认识一个真实的中国。”[1]包括武田泰淳在内，竹内好、堀田善卫、饭冢朗、齐藤秋男、菊池租、石上玄一郎、可东弥之助、上条宽雄等《随笔中国》的主要撰稿人均为战后从中国回到日本的遣归日侨文人知识分子。他们在返回日本的过程中不仅带回了各自在中国的战争经历，同时也带回了对中国抗战的新认识。《随笔中国》的译文栏主要借助这些日侨遣归文人之笔介绍最新的抗战文学作品，其中尤以堀田善卫写作的书评《Loo-Pin-Fei：*It Is Dark Underground*》最具时代特色。

《黑色地下》(*It Is Dark Underground*）是一名叫罗宾飞（音译）的留美中国学生于 1946 年在纽约出版的长篇抗战回忆录。罗宾飞原本是上海沪江大学的学生，1941 年赴美国留学，《黑色地下》叙述了他从 1937 年到去美国留学之间参加一个代号为“火神”的学生地下抗战组织的经过。尽管罗宾飞只是一名没有任何文坛资历的业余作家，但是有赖于战后新任美国驻华大使的司徒雷登为其书作序，《黑色地下》在纽约出版后引起美国文化界的广泛关注。同时期的《太平洋历史评论》《远东调查》《太平洋事务》等美国的亚洲地域研究期刊上均刊载有书评。美国文化界对《黑色地下》的评价褒贬不一，但无一例外都承认该书作为中国抗战史叙事文本的重要性[2]。

另一方面，《随笔中国》的“抗战文学特辑”主要介绍中国大陆出版的中文图书，堀田善卫的《Loo-Pin-Fei：*It Is Dark Underground*》

---

[1]「巻頭のことば」、東京：『随筆中国』第 2 号、1947 年 9 月。

[2] Daniel H. Lew. “It Is Dark Underground by Loo Pin-Few.” *Far Eastern Survey*, Vol. 15, No. 12 (Jun, 1946), p. 192; Chen Han-Seng. “It Is Dark Underground. by Loo Pin-fei.” *Pacific Affairs*, Vol. 19, No. 4 (Dec, 1946), pp. 435 ～ 436; Earl Cranston. “It Is Dark Underground by Loo Pin-Fei.” *Pacific Historical Review*, Vol. 16, No. 2 (May, 1947), pp. 216 ～ 217.

是特辑刊载的唯一一篇介绍美国图书的书评，也可以说是其中最能反映日侨遣归文人在美国对日占领时期的文化交涉立场的作品文本。

1945 年 8 月日本战败之后，美国假借联合国的名义对日本实施了长达 6 年半之久的军事占领。在此期间，日本出现了全社会范围的美国文化热潮。1945 年 11 月，东京成立了由美日双方政府支持“旨在传播美国民主文化”的“日美文化协会”[1]。进入 1946 年之后，东京大学、早稻田大学等日本著名高校又相继开设了各类形式的美国文化讲座。

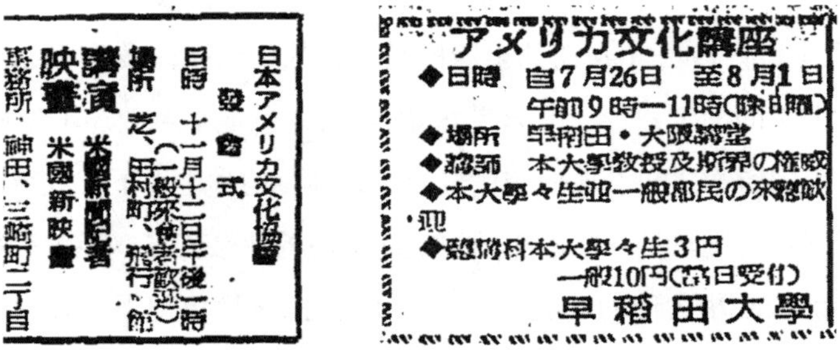
日本アメリカ文化協會
發會式
日時 十一月十二日午後一時
場所 芝、田村町、飛行館（一般來會者歡迎）
講演 米國新聞記者
映畫 米國新映畫
事務所 神田、三崎町二丁目

アメリカ文化講座
◆日時 自7月26日 至8月1日
午前9時—11時（除日曜）
◆場所 早稲田・大隈講堂
◆講師 本大學教授及斯界の權威
◆本大學々生竝一般都民の來聽歡迎
◆聽講料本大學々生3円
一般10円（當日受付）
早稲田大學

图 3.18　东京《读卖新闻》有关“日美文化协会”成立仪式和美国文化讲座的告示

1946 年 5 月 13 日开始，东京大学举办了长达 5 周时间的“日美文化交换会”。期间学校邀请了美军士兵向东大学生介绍美国文化、进行英语指导，同时由 8 位东大教授向美军士兵讲解日本的美术、文学、宗教等文化发展历史[2]。同时期，美国的文学、电影、绘画、舞台剧、流行歌曲等文化产品大量涌入日本，美国对日占领军总司令部（GHQ）还以官方名义推动美国对日本的文化输出事业，战后初期经由占领军许可翻译到日本的外文书籍主要以来源于美国市场的图书

[1]「日米文化協会発会式」、東京：『読売新聞』、1945 年 11 月 13 日、2 版。
[2]「東大で日米文化交換会」、東京：『読売新聞』、1946 年 5 月 6 日、2 版。「早稲田大学アメリカ文化講座」、東京：『読売新聞』、1946 年 7 月 18 日、1 版。

为主[1]。

另一方面,《黑色地下》在纽约出版后,美国文化界对该书的讨论集中在作者罗宾飞采用谍战小说的风格书写离奇抗战经历的手法。与之相对,堀田善卫的书评更为关注的则是罗宾飞如何借由一个抗战故事的书写论述国共对抗下中国国家命运走向的战后问题意识。书评中,堀田首先摘译了《黑色地下》的序言和第一章的部分段落,用于介绍作者罗宾飞的履历和他参加地下学生抗战组织的经过。随后,堀田善卫又采用译评的方式向日本读者解说罗宾飞等人在国共政权之外组建独立抗战团体的根本原因。堀田分析罗宾飞等人的抗战理念,解释中国青年们发起自主抗战运动源于对国共矛盾弱化抗日统一战线的担忧;堀田试图向日本读者强调,《黑色地下》所描写的不仅是已经成为过去时的中国抗战史,更重要的还有战后中国青年们对于当下日趋激化的国共内战以及祖国命运走向的忧患意识。

在书评的最后堀田写道:"当他们的地下组织被日本间谍机关破坏后,罗宾飞和他的好友一个去重庆,另一个则要去往延安继续抗日。这些中国青年们为各自的爱国心赌上性命,但是今天他们中的很多人却很可能要在国共相争的战场上兵刃相见,这不得不让人感到心痛……作者罗宾飞后来去了美国留学。不知道当他从美国学成归来的时候,会如何看待现在的中国乃至整个东方民族的当前状况呢。我期望罗宾飞依然拥有着抗战时期的那种斗志和爱国热情。他作为抗日斗士的人生篇章已经伴随着日本的战败而结束,但是他作为一个中国人的斗争历程还远远没有完结。"[2]

根据堀田善卫的日记,他最早接触《黑色地下》是在战后滞留上海时期。1946 年 11 月 8 日,堀田善卫在日记中写道,"最近我每天都在翻译 *It Is Dark Underground*。虽然这本书其实写得一般,但是我觉得它能

---

[1]「翻訳出版に米書四十冊割当」、東京:『読売新聞』、1946 年 1 月 16 日、1 版。

[2]「Loo-Pin-Fei: *It Is Dark Underground*」、『随筆中国』第 2 号、1947 年 9 月、12 頁。

够让更多人了解现在中国青年的想法，所以就硬着头皮尝试翻译，这或许会成为我的第一本书。”

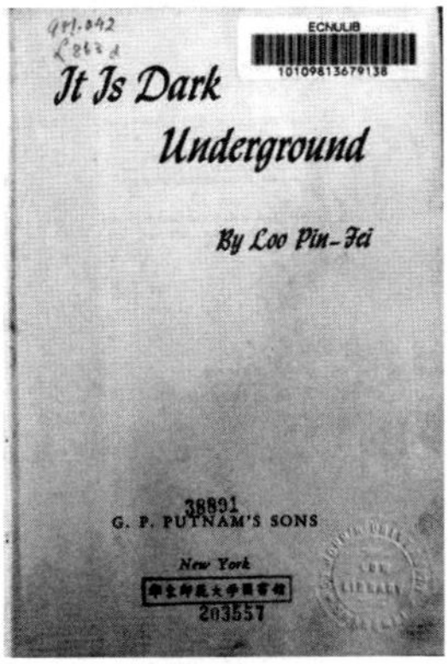

图 3.19 《黑色地下》(*It Is Dark Underground*)，中国华东师范大学藏本（右下角可见“圣约翰大学”藏书印）(左)、日本琉球大学藏本（右）

二战结束后，伴随着美国文化产品的对华大量输出，《黑色地下》也出现在了上海的出版市场。堀田善卫从 1946 年 11 月开始尝试将《黑色地下》译成日语，希望通过自己的译介为日本读者建立与同时代中国青年相互对话的文字渠道。在《黑色地下》的书评中堀田还写道：“日本战败后，我作为国民政府的日籍留用人员在上海工作。当时我有一个强烈的心愿，希望能有机会结识一些出于对日本的仇恨坚持彻底抗战的中国抗日勇士。但是很快我就意识到了自己的无知，我发现中国人的抗战经历并非我想象的那样简单。”[1] 和日本一样，战后的中国同样在政治、军事、经济、社会等各个方面受到来自美国的强势影响，作为中国文化出版业中心的上海成为美国文化产品的倾销地，这引起了中国文化界和言论界对丧失话语权的警觉[2]。战后滞留上海期间，堀田发现中

[1]「Loo-Pin-Fei：*It Is Dark Underground*」、『随筆中国』第 2 号、1947 年 9 月、11 頁。

[2] 黄裳《美国文化在中国》，《上海文化》第 9 期，1946 年 10 月，25 页。《国际文化动态》，《上海文化》第 11 期，1946 年 12 月，11 页。

国虽然取得了抗战的胜利，但言论界的意见领袖们对战后国内外局势的判断普遍冷静。中国知识分子们将抗战的胜利称之为“惨胜”，强调国共内战危机下战后重建的任重道远以及对日本军国主义死灰复燃的警惕[1]；言论界的意见领袖们一方面感谢美国盟军对中国抗战的帮助，另一方面又对西方殖民主义势力的卷土重来严阵以待[2]。这种危机意识和对西方既接受又抵抗的双向视角为堀田善卫审视日本自己的“战后”提供了重要的参考依据。

堀田善卫离开上海遣归日本的时间是1946年12月。1946年11月堀田开始尝试翻译《黑色地下》的时候，他的上海生活已经到了即将结束的阶段。在上海期间堀田并没有能够完成《黑色地下》的译著，他希望将中国青年的声音传递给日本读者的计划直到他遣归日本之后才真正得以实现[3]。无论是堀田善卫还是武田泰淳，当他们离开上海遣归日本的时候，不仅是从一个国家移动到另一个国家，同时也是从一种言论环境转移到了另一种言论环境之下；这些日侨文人知识分子们从上海遣归日本之际，带回的不仅是在上海的生活体验，更重要的是包含上海视角的言论表述方式；他们在上海构设了不同于日本的在华日侨言论空间，又在遣归过程中将其带回了战后日本。

本章附录：《东方文化编译馆概况》（1944年10月）

一、设立趣意书

二、章程

[1] 王少燕《惨胜与惨败》，重庆：《民主》，1945年10月27日，3版。恪父《瘦长人与胖矮子　中国和日本的比照》，上海：《大公报》，1946年9月22日，10版。

[2] 陈衡哲《美国文化在中国》，上海：《大公报》，1946年6月9日，2版。

[3] 有关堀田善卫遣归日本后的著述活动，具体可参考陳童君著『堀田善衞の敗戦後文学論—「中国」表象と戦後日本』（東京：鼎書房出版社，2017年10月）。

三、设立经过概略

四、事业体系

五、事业进展情况

六、附录

（一）役员及职员

（二）校阅监修者

（三）编译者

（四）在日本委员

（五）译了书目

（六）编译进行中书目

（七）编译着手予定书目

第一～五章略

六　附录

（一）役员及职员

理事长兼馆长：陈彬龢、小竹文夫

理事：李权时、赵正平、吴湖帆、陶晶孙、中田丰千代、吉田东祐、林广吉

编译主任：武田泰淳

业务主任：中岛俊一

事务员：岩井澄子、吴倬然、龚连生

嘱托：高桥良三、林春晖

监修兼嘱托　赵华星

（二）校阅并监修

校阅者

东亚同文书院大学教授　铃木择郎

东亚同文书院大学校助教授　山口左熊

东亚同文书院大学校助教授　内山正夫

东亚同文书院大学校助教授　木田弥三旺

东亚同文书院大学校助教授　金丸一夫

自然科学研究所所员理学博士　东中秀雄

自然科学研究所所员医学博士　小宫义孝

自然科学研究所所员理学博士　沈浚

监修者

赵华星

东亚同文书院大学教授　山田厚

（三）编译者

专任编译员

陈杰、喻毓秀、夏斗寅、夏明

编译员

陆熙黄、黄铭、黄韬、龚连生、包望秋、陶涤亚

陈景行、吴敏轩、赵如璜、汪吉人、蒋绍元、胡逸名

睦绍铭、欧阳可亮、孔禄卿、曾颂贤、赵承轩、倪文宙

阮方、朱维之、郭芝英、顾时济、褚雁端、张忠饶

周振钧、胡达聪

（四）在日本委员

关口泰（常任）　田中耕太郎（常任）

矢代幸雄（常任） 太田正雄

务台理作 谷川彻三

岩波茂雄 八坂浅太郎

朝比奈贞一 原田淑人

和田清 田中丰藏

石田干之助 新村猛（连络员）

（五）译了书目（九月末现在）

	著者	译者
近世的日本	内田银藏	喻鯍秀
日本经济史概要	内田银藏	胡逸名
由地政学上来观察大东亚	小牧实繁	陈杰
日本文化史概论	村冈典嗣	汪吉人
中国史概说	冈崎文夫	倪文宙
东亚文明之黎明	滨田耕作	吴敏轩
东亚传染病	栗屋三四二	夏斗寅
统制经济之原理	杉本荣一	顾时济
文化类型学	高山岩男	喻鯍秀
积分学	挂谷宗一	胡通明
概观维新史（第一章）	维新史料编纂会	陈杰
我们的日常科学	石原纯	黄铭
营养化学	铃木梅太郎	包望秋
历史国家的理念	铃木成高	龚连生
东亚与西洋	谷川彻三	郭芝英
微分学	挂谷宗一	胡逸名
纹章（第一卷）	横光利一	陶荻涯

日本史概说（第一卷）	文部省	东亚同文书院翻译研究部
海军	岩田丰雄	洪杨
战时国民读本	德富苏峰	申报社

（以下略）

第四章

南京之行和长篇小说《时间》

一、从上海到南京

1945年3月堀田善卫刚到上海时，当地日侨和中国居民共同关心的一个话题是有关通货膨胀带来的恶性物价上涨。1944下半年后，由于日本在太平洋战场的节节败退，沦陷区日伪政权发行的货币逐渐丧失信用购买力，导致上海地区出现严重的恶性通货膨胀。这不仅危及中国民众的生存环境，同时也引起了沪上日侨社群的普遍不满。1944年12月，日本"驻华大使馆"上海事务所通过《大陆新报》号召当地日侨"增加家庭货币储蓄以助国家强化战争能力"，然而同一天《大陆新报》的匿名记者却从日侨平民的角度质疑"在上海当前的通货膨胀状况下个人的货币储蓄几乎是毫无意义的行为"[1]。而到了1945年1月，《申报》又刊载了吉田东祐撰写的时事评论《安定物价的一个提案》。文中吉田感叹"近一个月来的上海物价是在超速度地飞涨着"，"业已达到不是薪水阶

[1]「功利的考へを捨てて　戦力増強に蔭の力　大海の一滴も物価昂騰の抑制辯」、『大陸新報』、1944年12月17日、3版。

级和工人停止做人，就是企业家停止营业的日暮途穷阶段了”[1]。

据堀田善卫的回忆，他当时任职的国际文化振兴会上海资料室原本计划在华编辑发行中文期刊《日本文化》，但是由于恶性通货膨胀的影响，不但期刊的发行计划被迫中止，振兴会上海资料室也陷入了停业的困境[2]。实际上根据同时期的报刊资讯，进入1945年后，国际文化振兴会上海资料室除了在6月份“近编《人生二十五》手册，针对上海青年当头棒喝”[3]以外，没有进行其他文化出版活动的迹象。这意味着到上海后的堀田善卫一直处于实质上的失业状态。

国际文化振兴会上海资料室设立在今南京东路66号的别发洋行大楼内[4]。据伪《申报》社长陈彬龢回忆，侵华日军占领上海期间实行了陆军、海军分区管辖的言论审查体制[5]。振兴会上海资料室所在的南京

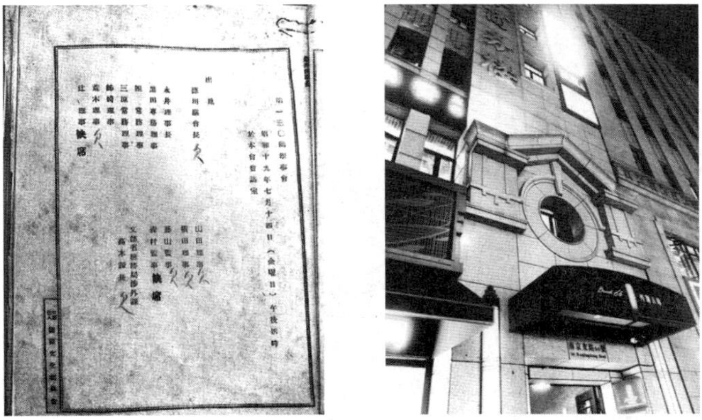

图4.1　国际文化振兴会决定开设上海资料室的《第130回理事会决议书》(左)和上海资料室原址所在地现景(南京东路66号)(右)

[1]《安定物价的一个提案》，上海：《申报》，1945年1月8日，1版。

[2]『めぐりあいし人びと』、東京：集英社、1993年1月、26～27頁。

[3]《简讯》，上海：《新闻报》，1945年6月1日，2版。

[4]「国際文化振興会130回理事会議録」、1944年7月14日、国際交流基金東京四谷図書館所蔵。

[5] 陈彬龢口述，胡叙五笔录《我和伪申报》，收录于《杜月笙秘书见闻录》，台北：独立作家出版社，2015年4月。

路一带属于日本海军管辖范围，在黄浦滩路（现中山东一路）的海军武官府，堀田善卫获得了一个名义上的外聘顾问的身份，这为他解决了一部分生活开支上的困难。总的来说，到上海最初的两个月堀田善卫碌碌无为，过着一段日后被他自嘲为“上海国际流浪汉”的潦倒生活。

1945 年 5 月，堀田善卫在朋友名取洋之助的资助下前往南京旅行。名取洋之助是在华日侨文化界著名的出版策划人，他本职为摄影师，曾经留学德国学习现代摄影报道技术。1937 年卢沟桥事变后，名取洋之助开始为日本政府和侵华日军报道部策划发行各类画报形式的文化宣传产品，先后制作过《SHANGHAI》《CANTON》《MANCHOUKUO》《华南画报》等以中国为主题的画报类期刊。名取同时还是国际文化振兴会的特约摄影团队“日本工房”（后改名“国际报道工艺株式会社”）的领导人，二战期间，他协助国际文化振兴会先后编辑发行了《NIPPON》《JAPAN A CLOSE-UP》《CINEMA YEAR BOOK OF JAPAN》等多种西文

图 4.2　二战期间名取洋之助以中国为主题编辑发行的各类画报出版物

画刊出版物，主要用于面向欧美国家读者宣扬日本文化的优越性[1]。

名取洋之助与堀田善卫一样毕业于庆应大学。在华期间，他一方面受聘于南京汪伪政府担任宣传部的日籍顾问，另外还在上海负责运营日本陆军报道部管辖的文化宣传机构“太平出版印刷公司”[2]。除了策划发行各类日文出版物以外，名取洋之助还在上海拥有一家中文图书出版社“太平书局”，二战末期发行了大量日本文化类图书的中译本、沦陷区中国文人的著作和各类中文杂志。名取洋之助在沦陷区的中日文化界拥有广泛的人脉和影响力，在国际文化振兴会上海资料室陷入停业困境的情况下，他为堀田善卫提供了生活资助[3]。

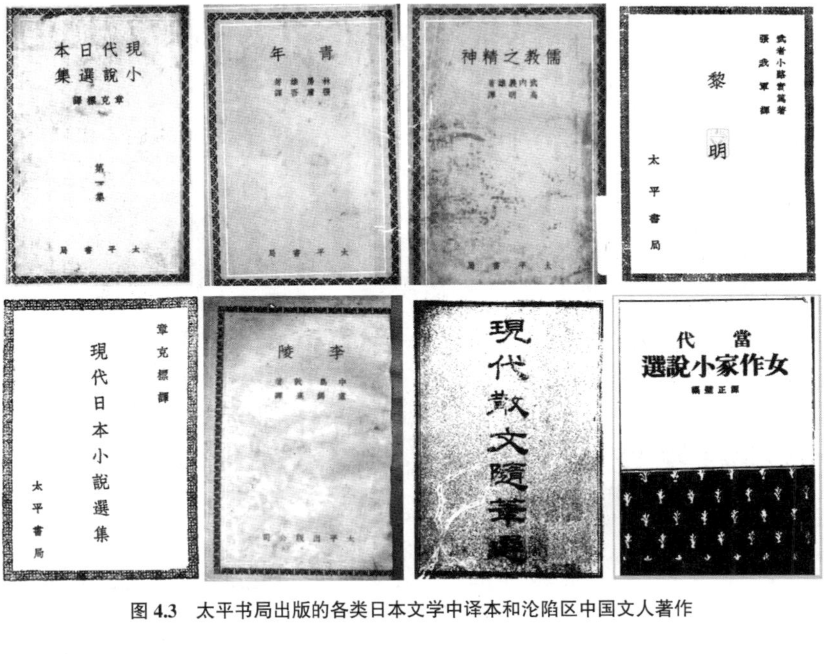

图 4.3　太平书局出版的各类日本文学中译本和沦陷区中国文人著作

[1]　白山眞理『名取洋之助と日本工房』、東京：岩波書店、2006 年 2 月、125～155 頁。

[2]「太平出版印刷公司ノ現状ニ就テ」、支那派遣軍報道部文書、1942 年 5 月 11 日、日本国立公文書館所蔵、3A/14/79-7。

[3]『めぐりあいし人びと』、東京：集英社、1993 年 1 月、26 ～ 27 頁。

二、草野心平和堀田善卫

1945年5月，堀田善卫在名取洋之助的资助下前往南京旅行。为了节省有限的旅费，他借宿在了友人草野心平家中。草野心平是日本“历程”派诗人，1921～1925年曾留学广州岭南大学。1940年，草野心平在岭南校友林柏生（时任汪伪宣传部长）的邀请之下到南京担任汪伪宣传部的日籍顾问[1]。在南京期间，草野心平主要负责编辑《中日文化》《黄鸟》等日文期刊以供在华日侨阅读；同时他还与池田克己、会田纲雄等日侨诗人共同创办了诗歌杂志《亚细亚》，另外还协助沦陷区中国文坛的知名诗人路易士（后改名“纪弦”）编辑发行了中文诗刊《诗领土》[2]。

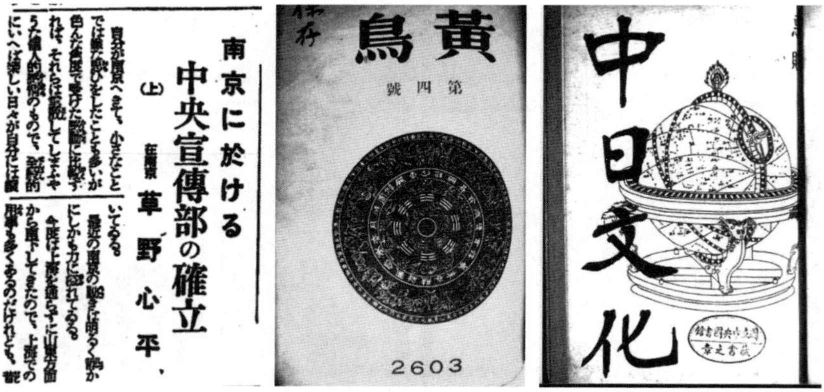

图4.4　草野心平发表于东京《读卖新闻》的“在南京”系列随笔、草野在南京创办的日文期刊《黄鸟》和《中日文化》

［1］草野心平「中央宣伝部の確立　在南京」、東京:『読売新聞』夕刊、1940年11月16～17日、20日。

［2］《诗坛消息》，上海:《诗领土》第2号，1944年4月。

在讨论近代中日文史关系之时，1937 年侵华日军制造的南京大屠杀毫无疑问是需要重点关注的对象。日本全面侵华战争期间，名取洋之助和草野心平虽然侨居南京多年并在当地文化界扮演了意见领袖的角色，但无论是战时在南京生活期间还是战后遣归日本之后，两人均没有发表过与之相关的言论，作为日侨遣归文人完全放弃了自身本来具备的针对南京大屠杀的表述职能。

以草野心平为例，1945 年 8 月日本战败之后，在南京的日本侨民由国民政府安排搬迁至兴中门外的“日侨集中区”居住。1945 年 10 月“日侨集中区”建立之初共收容有平民日侨 10742 人，草野心平也在其中，并且还作为日侨代表接受了中国《大公报》记者的采访[1]。南京日侨集中区建成后设立有自治会，草野心平当时担任了日侨自治会文化股长一职，继续在南京从事文化宣传工作[2]。在南京日侨集中区生活期间，草野心平参与了日文报纸《集报》(后改题为《更生日报》) 的编辑工作。《集报》是战后南京地区发行的唯一一份日文报纸。该报创刊于 1945 年 10 月 5 日，为节省经费采用简易誊写钢板印刷，每日 2 版，主

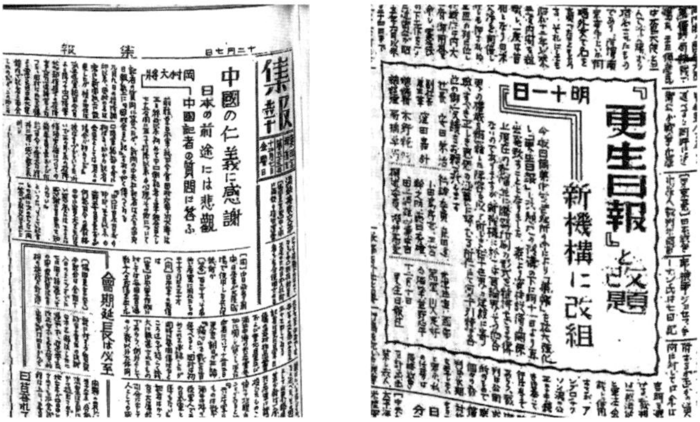
集報
中國の仁義に感謝
日本の前途には悲觀
中國記者の質問に答ふ
『更生日報』と改題
明十一日
新機構に改組

图 4.5　战后南京日侨集中区发行的日文报纸《集报》(后改题《更生日报》)

[1]《南京日侨》，重庆：《大公晚报》，1945 年 10 月 19 日，1 版。
[2] 山中徳雄『南京一九四五』、大阪：編集工房ノア、1988 年 4 月、53 頁。

要刊载南京日侨自治会的公告、日侨集中区的动态、日侨遣返资讯和中国政治局势相关的新闻报道[1]。

1945 年 12 月 11 日，《集报》改题为《更生日报》，次年 1 月 1 日，草野心平在《更生日报》发表了他的战后第一部作品《初次正月》。《初次正月》是一篇回忆录文体的随笔，文中草野心平描述了他在 1921 年到广州留学时第一次在中国过正月的经历；草野将 1921 年初次到中国时的感受和日本战败后自己的对华情感相比较，强调“当年 18 岁的我怀抱着对中国的爱和憧憬，今天虚年 44 岁的我依然在努力追寻梦想”[2]。1946 年 1 月 23 日，草野心平又在《更生日报》发表了另一篇随笔《告别南京》。此时草野正准备前往上海登船回国，《告别南京》是他在南京时期的最后一篇作品。《告别南京》记述了草野心平离别南京之际的一次公开讲话，文中草野宣称“我们日本人真心期望此后中国能发展成为名副其实的大国”，“同时也期望中日能够作为亚洲的两个大国同心协力一起实现世界和平”[3]。

图 4.6　草野心平的中国生活回忆录《点线天》、自传《我的青春记录》和《凹凸之路》

[1] 山中徳雄編『集報—南京日本人収容所新聞』、東京：不二出版、1990 年 2 月。
[2]「初めての正月」、南京：『更生日報』、1946 年 1 月 1 日新年特別版、6 版。
[3]「さようなら南京」、南京：『更生日報』、1946 年 1 月 23 日終刊特別版、6 版。

从内容上而言，《初次正月》和《告别南京》都是由所谓“中日亲善”的刻板套话构成的平庸作品。但是如果从分析草野作品的中国表述方式的角度来看，《初次正月》和《告别南京》又是两部具有代表意义的典型文本。这两部作品前者叙述草野在战前的中国留学生活，后者叙述他对战后中日关系的新期待，而介于战前和战后之间的“战时”经历则被完全省略。这样一种刻意消除战争记忆的作品书写自然不可能关涉南京大屠杀，而同样的问题也存在于草野心平遣归日本之后写作的各类中国题材作品之中。无论是1957年出版的新中国访问录《点线天》，还是1965年出版的在华回忆录《我的青春记录》，草野心平都把侵华战争时期的南京记忆尽可能地排除在书写对象之外。他本人在汪伪政府的工作经历也只是在随笔集《火之车》(1951)和自传体对谈录《凹凸之路》(1978)中有少量简单的回顾[1]。在草野作品的话语空间内，“中国”首先指涉战前的中国留学记忆，其次指涉战后重访中国时的所见所闻。对战前中国的怀旧和对战后中国的冀望构成草野书写“中国”之时的两大主题，南京大屠杀则完全被排除在这两大主题对象之外，处于表述失位的状态。

与曾经长期侨居南京的草野心平相比，1945年5月堀田在南京只逗留了短短几天时间，他于南京只是一个匆匆过客。但是在堀田之后的著述当中，这趟短暂的南京之旅却被反复不断地重述，构成了他日后的中国题材作品的主要书写对象。

1945年5月前往南京之际，堀田随身携带了一册日本华中铁道有限公司在上海出版的导游手册《南京》。导游手册《南京》旨在面向初次到京的日本读者介绍“南京概况”、“南京名胜古迹”、“南京游览路线”、“南京市内交通”和“南京地图”，其中贯穿手册前后反复论述的

[1] 例如1957年出版的新中国访问录《点线天》，副标题虽然写作“以前的中国和今天的中国”，但全书共收录的37篇随笔中仅有1篇回忆了草野在南京的生活片段。

对象是所谓“皇军南京攻略战”的经过。导游手册《南京》开篇首先详细回顾了 1937 年日军侵占南京时与中国守军激战的场景，要求导游手册的日本读者“必须秉承正确、强健的战时意识，认真、谨慎地考察南京”[1]。

导游手册《南京》特意为日本读者指定了两处必到景点，一是南京城墙，二是与城墙对望的紫金山。手册《南京》试图为第一次访京的日本读者预先规制“南京之旅”的意义所在，将“南京之旅”定义为确认日本对外战争“合法性”的爱国之旅。

图 4.7　日本华中铁道有限公司战时编辑发行的导游手册《南京》(左）以及日侨建造的南京神社（右）

受到导游手册《南京》的影响，城墙和紫金山也成为堀田善卫游历南京期间的主要关注对象。在结束南京之旅回到上海后，堀田善卫写作了一篇随笔《上海与南京》，发表在上海《新大陆》杂志的 1945 年 8 月号。文中堀田写道，“我登上南京的城墙，遥望对面的紫金山和玄武湖的美景。我将目光聚焦在远处山脉肩部的塔楼上，心头上涌出‘哀而不伤’这四个字，我痛感到中华民国的复兴大业将会是多么困难的一件事。”[2] 文中堀田提到的塔楼即今天南京紫金山风景区内的“中国革命

［1］『南京』、上海：華中鉄道株式会社、1944 年 3 月、7 頁。
［2］「上海・南京」、上海：『新大陸』、1945 年 8 月、92 頁。

军阵亡将士纪念塔”。该塔是中国国民政府定都南京后历时7年建造的烈士纪念塔，1936年建成之时是南京地区最高的传统式塔楼建筑[1]。

尽管随笔《上海与南京》对南京之旅的记述并不详细，但是已经可以看到堀田善卫试图重构导游手册《南京》的话语空间、构设全新“南京”意象的表述意愿。手册《南京》的叙述者通过构设“南京城墙—紫金山—皇军奋战之地”的意象组合，强调“南京之行”作为在华日侨进行爱国教育之旅的意义。堀田善卫的随笔《上海与南京》对“南京之行”的表述方式则是反其道而行之，将视角聚焦在中国革命军阵亡将士纪念塔之上，通过构设“南京城墙—紫金山—中国革命之地”的三者意象组合消解导游手册《南京》为日本读者规制的“南京之旅”的旧有意义，反之尝试从中国视角出发重新发现“南京”之于日本读者的意义所在。

图4.8 全面侵华战争时期华中铁道株式会社制作的南京城墙和紫金山的远景图（左）、革命军阵亡将士纪念塔的照片（右）

1945年5月访问南京之际，堀田善卫随身还携带有一册封面印有“临诊录”字样的记事本。《临诊录》中堀田写道，“我看到南京城墙上

[1] 卢海鸣、杨新华主编《南京民国建筑》，南京大学出版社，2001年8月，489页。

还保留着打仗时留下的防御碉堡，碉堡墙上乱涂着一些日本人写的和歌，当中有一首‘为君舍命何足惜，若樱散尽，生命有意’，真是拙劣透顶。”[1] 堀田称其为“拙劣透顶”的和歌，实际上是当时日本广为人知的所谓“军神辞世歌”。这首和歌的作者是日本海军青年军官古野实繁，他在1941年12月担任特攻队小队长参加了日本海军偷袭珍珠港的作战，阵亡后被海军报道部奉为“军神”进行舆论宣传。“为君舍命何足惜，若樱散尽，生命有意”是古野实繁出征之际写作的所谓“辞世歌”。这首和歌词句简单，直白表达日本军人为“君”即天皇舍命的意愿，在二战时期日本出版的各类“军神”系列作品中经常被引用，是当时军国主义意识形态宣传常用的文学言论道具[2]。

图4.9　二战时期日本出版的宣扬所谓“军神”精神的系列作品集

不管是对于导游手册《南京》，还是古野实繁的“军神”辞世歌，堀田善卫都表现出通过作家的个体书写重构社会公共言论空间的表述意愿。1945年5月的南京之行是堀田到上海仅两个月后的一次短暂旅

［1］『臨診録』、日本神奈川近代文学館「堀田文庫」所蔵。

［2］朝日新聞社編『特別攻撃隊—九軍神正伝』、東京：朝日新聞社、1942年5月。日本少国民文化協会編『九軍神の御靈に捧ぐ—少国民作品集』、東京：童話春秋社、1943年7月。

行。此时的堀田善卫对南京几乎一无所知，他对南京的了解一是通过旅行途中的现场体验，二是借由阅读各类与南京相关的言论信息，而后者对于在华时间不长的堀田来说尤为重要。堀田身处侵华日军占领下的中国大陆沦陷区，当地流通的各类言论信息大部分服务于侵华日军的政宣系统。要利用这些言论信息形成具有作家主体性的个人化书写，必然要求堀田具备融解和重构社会公共言论空间的能力。从南京回到上海之后，堀田善卫继续阅读了大量关涉南京的报刊书籍。他通过对社会公共言论信息的融解和重构，寻找自身表述南京的独特方式，最终写作了战后日本第一部正面描写南京大屠杀的长篇小说《时间》。

三、《时间》与战后日本的大屠杀言论空间

近年，"战后派"作家堀田善卫的长篇小说《时间》正在重新受到日本社会和学界的关注。《时间》是堀田善卫在 1953 ～ 1955 年之间创作的一部以南京大屠杀为题材的长篇小说。作品最早以 6 个短篇的形式分别刊载于《世界》《文学界》和《改造》这三份日本文坛的主流期刊上，之后又经过作者的整理和推敲，于 1955 年 4 月由日本新潮社发行了第一版单行本，初版第一次印刷发行了 8000 册[1]。两年之后，新潮社推出了更便于阅读的文库本，并在随后 30 年间不断再版重印了 23 次；20 世纪 80 年代中期虽然一度绝版，但在 2015 年又由日本岩波书店重新制作发行了新版文库本，2016 年还经过改编搬上了话剧舞台，是战后日本文学史上少见的对大众读者具有 60 年以上持久号召力的严肃类

［1］ 新潮社「『時間』出版契約証書」、1955 年 3 月 8 日、神奈川近代文学館「堀田文庫」収蔵。

文学作品。

图 4.10　1955 年《时间》初版本（左）和 2015 年文库版书影（右）

然而吊诡的是，日本社会对《时间》的关注一直存在着“民间热、学界冷”的反差现象。据笔者统计，迄今为止日本的文学类学术刊物上发表有关《时间》的专题论文共计 7 篇，按年份依次为 1960 年 1 篇、1969 年 1 篇、2017 年 1 篇和 2018 年 4 篇[1]。也就是说尽管在大众读者中拥有着长久不衰的口碑，但是出版后至今的 60 年中，《时间》几乎没有得到过日本学界的关注，针对这部作品的研究也只是到了 2017 年前后才正式起步。更为讽刺的是 2015 年《时间》的新版文库本出版之后，由于来自大众读者的反响热烈，岩波书店当年即加印了 3 版，但是同一时期的日本学界却已经有近 50 年没有发表过任何有关《时间》的专题

[1] 水谷昭夫「『時間』の文藝史的意義」(『日本文藝研究』1960 年 12 月号)，池田純溢「戦後文芸の変質—堀田善衞に於ける『時間』の問題」(『山梨英和短期大学紀要』1969 年 10 月号)、陳童君「堀田善衞『時間』と南京大虐殺事件」(東京：『日本近代文学』2017 年 5 月号)、野村幸一郎「堀田善衞『時間』論：歴史と実存」(東京：『昭和文学研究』2018 年 3 月号)、水溜真由美「堀田善衞『時間』：乱世を描く試み」(『北海道大学文学研究科紀要』2018 年 3 月号)、竹内栄美子「東アジアの終わらない戦—堀田善衞の中国観」(『アジアの戦争と記憶』収録、東京：勉誠出版，2018 年 6 月)、秦剛「堀田善衞『時間』が問いかけたこと」(『戦後日本を読みかえる　第 5 巻』収録、東京：臨川書店，2018 年 7 月)。

论文。从这一点来说,《时间》于当代日本文学是一部既“旧”又“新”的作品，它问世于半个世纪之前，却直到近年才成为日本学界研究讨论的对象。

图 4.11　改编自《时间》的日本话剧《南京》(2014 年) 的宣传页 (左) 和东京《金曜日》周刊连载的长篇评论《1937:〈时间〉为何被抹杀》(右)

《时间》之所以会在最近几年迅速进入日本学界的研究视野，其推动力一方面来自日本民间左翼文化界的关注和支持，另一方面得益于学界自身近年来在作家堀田善卫的文学专题研究上所取得的成果。2015 年，日本最有影响力的左翼人文周刊《金曜日》用半年时间连载了作家辺见庸的长篇评论《1937:〈时间〉为何被抹杀》。这篇评论试图通过探究《时间》在日本主流文学史记述中的失位问题，反思和批判战后 70 年来日本社会对于战争责任的遗忘现象[1]。2014 年开始，左翼剧作家岳本岸由美在日本全国各地巡演改编自《时间》的话剧《南京》，2016 年她还受邀参加了左翼学术团体“日本社会文学会”(现任代表小森阳一) 的专题座谈会，并针对《时间》长期以来被学界边缘化的现象提出了和

［1］ 辺見庸「連載評論　1★9★3★7・『時間』はなぜ消されたのか」、東京:『週刊金曜日』2015 年 1 月 30 日～7 月 31 日。

作家辺见庸相同的质疑[1]。这些来自民间左翼文化人的关注和支持反过来推动了日本学界重新去评价《时间》的文史价值，促使《时间》重新成为学界研究的对象。

另一方面，近年来日本学界在有关《时间》作者堀田善卫的文学专题研究上也取得了一定成果，特别是在作家手稿、创作笔记、作品原稿、创作素材等一手文献的基础研究上进展迅速。比如本书第一章提到的“堀田善卫展”以及神奈川文学馆相关资料的公开。

《时间》之所以能够在长时期受到学界边缘化的同时依旧拥有长久的读者号召力，一方面源于这部作品本身的艺术价值，另一方面更来自其题材的特殊性。《时间》采用日记体小说的形式，以主人公陈英谛在1937年11月30日～1938年10月3日的手记为内容，从第一人称“我”的视角刻画了陈英谛在南京陷落前后所经历的战乱屠杀以及日军占领南京之后“我”对沦陷地区的细致观察和所思所想。在《时间》问世之前，日本文坛并不存在真正意义上的南京大屠杀作品。例如石川达三的长篇小说《活着的士兵》(1938)虽然对南京大屠杀有一定程度的描写，但小说的内容主要涉及的是日军在向南京进军途中实施的种种暴行，而1937年12月13日南京沦陷之后所发生的血腥大屠杀在作品中只有寥寥数笔的简单描述。从这点来说石川达三有避重就轻的嫌疑，《活着的士兵》所描写的只是南京大屠杀的前奏。

战后日本文坛之所以能诞生《时间》这样直面大屠杀的作品，与作者堀田善卫在中国的工作经历有着密切关系。1945年3月，堀田善卫作为国际文化振兴会的外派员到上海工作，日本战败后同年12月又以日籍留用人员的身份受聘于中国国民政府对日文化工作委员会。在国民政府工作期间，堀田的主要职责是搜集整理《中央日报》《申报》《文汇报》

[1] 座談会「劇作家・嶽本あゆ美さんに聞く」、日本社会文学会主催、2016年2月13日東京共立女子大学。

《大公报》等上海当地报纸上登载的各类与日本相关的政治、文化评论，随后再根据对日文化工作委员会的需要将其中一些重要文章翻译成日语，以提供给滞留上海的几十万日侨日俘阅读。同时他还承担了一个对日广播电台的播音员工作，并且不定期地参加部门组织的中日知识分子座谈会[1]。

一直到1947年1月回国为止，堀田善卫都在上海协助国民政府开展战后对日文化工作。这一段特殊经历使他比起日本国内的其他作家更

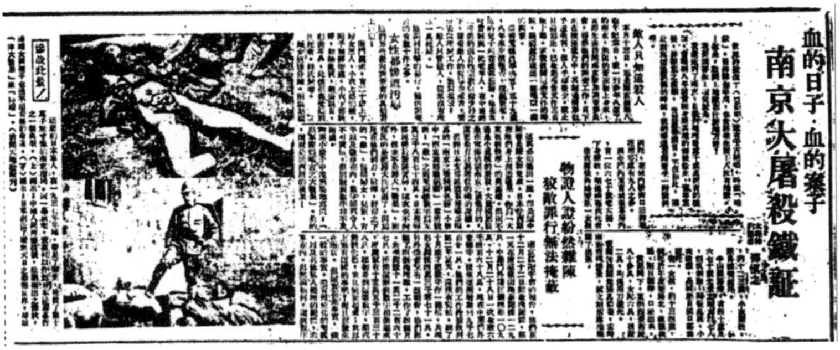
血的日子·血的案子
南京大屠殺鐵証

图 4.12　抗战胜利后上海《申报》第一次刊载的“南京大屠杀”纪念日专题通讯稿

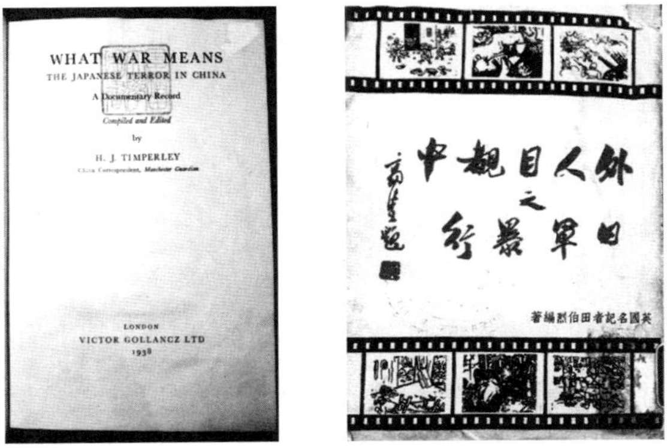

图 4.13　田伯烈《外人目睹中之日军暴行》的初版英文原著（日本早稻田大学藏本）（左）和最早的中译本书影（杨明译，1938）（右）

[1] 有关堀田旅华生活的详细研究，可参考本书其余章节及陈童君著『堀田善衞の敗戦後文学論—「中国」表象と戦後日本』（東京：鼎書房出版社，2017年10月）。

早地接触到有关日本战争罪行的讯息。例如上海本地发行的日文报纸《改造日报》早在1945年12月就有了关于南京大屠杀的详细报道，而同时期的《申报》《大公报》《中央日报》等中文报纸上也刊登了各类相关专题讨论[1]。

在早期大屠杀的言论传播中，最为公众所周知的田伯烈《外人目睹中之日军暴行》(*The Japanese Terror in China*，1938）一书主要采用了西方人士的视角介绍南京的惨状；而与之相对，不论是上海的日文报纸《改造日报》，还是《申报》《中央日报》等中文报纸，战后滞华期间堀田善卫接触到的大屠杀相关报道基本都采用中国受害人的视角叙述日军在南京的暴行。比起第三方的西方人士，从直接受害方的中国视角展开的大屠杀表述更加详细清晰有震撼力，自然更能够引起堀田善卫的关注。这些都成为他回国之后尝试创作《时间》的条件基础。

堀田善卫的《时间》不但是第一部全面刻画南京大屠杀的日语小说，同时也是第一部积极地将东京审判的中方证词运用到创作中，尝试利用战争受害方的言论表述书写南京大屠杀的日本文学作品。众所周知从1946年开始，由美国主导的远东国际军事法庭在东京对日本战犯进行了长达两年之久的审判。而作为二战期间日本的主要战争罪行，南京大屠杀自始至终都是东京审判的焦点。在各方努力下，远东国际军事法庭召集了威尔士、贝茨、许传音、尚德义、伍长德、陈福宝等大屠杀的亲历者，以当事人的直接证词为依据翔实还原了大屠杀发生的过程以及中国军民的受害情况。由于日本政府在战争期间实施了严

[1] 上海日文《改造日报》1945年12月24日头版刊载「専論　南京虐殺に関して」，同日报纸第2版刊载「特輯　宛らダンテの地獄篇　南京大虐殺」。这是目前已知发表时间最早的日文“南京大屠杀”特辑。另外，《申报》同年12月16日第2版面发表了记者邵慎之为纪念“南京大屠杀8周年忌”撰写的长篇通讯稿《血的日子血的案子　南京大屠杀铁证》。

格的言论审查制度，有关南京大屠杀的信息在日本社会一直处于被封锁的状态。东京审判因此就成为了南京大屠杀在日本社会第一次正式传播的渠道。在东京审判期间，朝日新闻、读卖新闻等日本主流媒体对南京大屠杀的审理过程进行了详细的同步报道[1]。这些报道震撼了整个日本社会，首次将关于南京大屠杀的讨论引入到了日本的公共话语空间。

作为东京审判之后日本出现的第一部南京大屠杀题材小说，堀田善卫的《时间》相当成功地将东京审判的大屠杀话语融入到了作品本身。《时间》的主人公陈英谛被设定为一位有留洋经历的中国政府职员，家人在南京陷落后惨遭奸淫和杀害，他自己则被当成战俘为日军所抓获。在经历了日军对中国战俘的集体屠杀之后，陈英谛身受重伤但侥幸逃生。随后他又被强征为随军苦力，在受尽磨难的同时近距离地观察了日军在南京的暴行。对比东京审判的相关史料不难发现，小说中主人公陈英谛的生平经历以及他对南京大屠杀的所见所闻大多参考了东京审判的法庭记录，其中尤以中方证人许传音和伍长德所提供的证词为主。许传音曾留学美国伊利诺斯大学，回国后在南京国民政府交通部任职。南京沦陷期间许传音为帮助处理难民问题出任国际安全区委员会委员，同时兼任南京红十字会副主席，参与了遇难者的尸体处理。伍长德原本是南京市的一名警官，南京陷落后不久被日军误当作中国士兵押往城外集体枪决。在西大门遭遇日军集体屠杀之后，伍长德身负重伤但最终侥幸逃过一劫，随后他成为了少数亲身经历大屠杀现场的幸存者，积极参与对日本战争罪行的控诉。

［1］ 例如朝日新闻 1946 年 7 月 26 日“东京审判专栏”刊载报道「幼な子にも暴行　ウイルソン氏　南京虐殺を暴露」、同年 7 月 27 日报道「あくなき暴行三ヶ月　人類の悲劇、南京の虐殺」、7 月 30 日报道「大学構内で連日暴行」、8 月 8 日报道「南京事件」、8 月 9 日报道「南京事件、師団長の責任」、8 月 30 日报道「描く戦慄の白晝夢　南京虐殺の証拠を提出」。

图 4.14　朝日新闻社和东京新闻社编辑发行的战后日本最早的《东京审判》系列丛书

作为东京审判法庭所传唤的中方主要证人，许传音和伍长德对于南京大屠杀的证词翔实并且极具震撼力。而在创作《时间》的过程中，堀田善卫巧妙地将两人的证词整合在了一起，并联系其他相关史料运用到小说主人公的人物塑造及作品对南京大屠杀的刻画中[1]。史料与小说的结合，使得《时间》成为了一部虚实相联的复合型文本——在小说虚构的外壳之下，内嵌了来自中国受害人对日军暴行的种种证言和有力控诉。从这点来说，《时间》于战后日本社会，是以文学书写的方式将南京大屠杀作为公共话题所进行的第一次正式讨论。

另一方面，如果从日本文学史的角度来看，《时间》又是一部试图通过内在视角的转变，突破日本文坛旧有的战争罪行叙事模式的革命性作品。在《时间》问世之前，日本文坛虽然也存在少量描写侵华战争罪行的文学作品，但因为这些作品大都采用侵略者一方的单一视角进行叙事，受侵略的中国人民往往以被动的客体形态出场，人物形象简单、呆

[1] 写作《时间》过程中，堀田参考的东京审判史料主要包括 1946 年朝日新闻东京法庭记者团编著出版的『東京裁判　軍閥大陸へ侵攻す』(东京：ニュース社) 和 1948 ～ 1949 年极东国际军事审判公判记录刊行会编写的『極東国際軍事裁判公判記録』(東京：冨山房)。

板缺乏生命力。例如石川达三《活着的士兵》完全采用了侵略者一方的视角描述日军的种种暴行，小说中出场的中国人除了一位叫做“老张”的日军帮工以外，全都以不带姓名的“无名氏”形象出现[1]。在作品中，这些没有名字的中国人没有特定的脸孔也没有特定的身份，几乎没有任何台词没有对话也没有内心情感的表现，从头到尾只作为被屠杀被侵犯的客体存在，与小说刻画的另一群个性多彩的日军士兵形成了鲜明的对比。

堀田善卫特意采用日记体小说的形式创作了《时间》这部作品，其目的之一正是针对日本文坛旧有的战争罪行叙事模式存在抹杀中国人主体性的缺陷。堀田试图借助主人公陈英谛的主观视角，以受害人的直接经历和感受刻画中国人的苦难以及中国主人公对大屠杀的思索。《时间》的创作与发表，意味着在日本文学的话语空间中第一次出现了由中国人的主体视角表述的南京大屠杀叙事。这打破了日本文坛旧有的战争罪行叙事缺少作为被害方的中国视角的局限性，为战后的日本读者提供了一种反思日本战争责任的全新角度和方式。

在创作《时间》的同一时期，堀田善卫还写作了另一部题为《夜之森林》(1955)的长篇战争小说[2]。与《时间》一样，这部作品也采用了日记体小说的形式，从第一人称“我”的视角审视日本的战争罪行。由此可见，这一时期的堀田善卫相当执着于从行为主体的直观视角反思战争的叙事方式[3]。但是，由于《时间》的主人公被设定为南京大屠杀的直接被害人，采用日记体小说的形式就不可避免地会带来叙事逻辑上的矛盾——主人公不可能在受到日军屠刀直接威胁的同时还能有机会详细

[1]『生きてゐる兵隊』、東京：河出書房、1945 年 12 月、128 ～ 129 頁。

[2]『夜の森』、東京：講談社、1955 年 3 月。

[3] 日本神奈川近代文学馆收藏的堀田手稿资料中，《夜之森林》和《时间》的小说构思及素材调查记录被作者写在了同一册创作笔记里（档案编号 H04/00093039）。由此可见当时两部小说在作者的写作计划中同属一个系列。

记录下自己的经历，更不可能在身负重伤性命垂危之际还能有余力书写每天的日记。

为了在保留日记体小说形式的同时防止日本读者质疑作品中有关大屠杀叙事的真实性，堀田善卫选择了将主人公陈英谛的日记分成“实况直播”和“倒叙闪回”的两部分。一方面通过陈英谛每天书写的日记实时地向读者们报告主人公当天的所见所闻，另一方面又通过他对大屠杀经历的回忆生动展现日军在南京的暴行。这种双重时间轴的叙事方式既能有效地保证《时间》为日本读者提供来自中国主体视角的大屠杀表述，又能够防止右翼的历史修正主义分子们恶意解释作品，质疑主人公所书写的日记内容的真实性。《时间》作为自揭民族伤疤的大屠杀文学能够无障碍地流通于日本文艺市场60年之久，巧妙的叙事技巧也是其中一个重要原因。

双重时间轴叙事手法的另一个效果在于将《时间》的大屠杀叙事细分为“体验”表述和“记忆”表述的两个层面，从而有利于小说的叙述者从多个维度去展现更为立体的大屠杀画面、探讨更为多元化的大屠杀话题。在日记体小说的“实况直播”部分，《时间》的主人公兼第一人称叙述者的“我”专注于将自身的大屠杀见闻尽可能清晰地传递给读者，力求在小说主人公“我”——一位大屠杀的中国受害者与小说的日本读者之间构设一个“体验”共同体，由此尝试将中国人的大屠杀体验内化于日本读者自身的阅读体验之中。而在小说的“倒叙闪回”部分，主人公“我”则站在大屠杀发生一年后的时间点上回忆往事，叙述者通过反复描述大屠杀的“记忆”对“我”本人及其他中国人所造成的心灵创伤，试图探讨如何处理大屠杀记忆的问题并以此唤醒日本读者的战争责任意识。

双重时间轴叙事的第三个效果在于避免针对日本侵略者的脸谱化描写和肤浅的二元对立图式设计。作为一部日记体小说，主人公“我”必须既担任小说的故事叙述者，又同时扮演作品中的日记的书写者。在作品中“我”写道：“如果不使用‘鬼子’一词来称呼日本人，我就觉得无法释怀。但是如果一味轻率地去使用‘鬼子’这个词，又可能会蒙蔽自己的眼睛，僵化自己的思维。”[1]而在堀田善卫身后所留下的《时间》手稿中，作家本人还写道：“如果将世间所有的东西都像切割金属那样去进行二元对立式的分析的话，似乎总是会最终带来流血的结果。一个国家的国民对抗另一个国家的国民，一个共同体对抗另一个共同体，一个组织对抗另一个组织，当这种二元对立成为世间主宰的时候，流血就变得不可避免。”[2]由于主题的特殊性，中国作家创作的南京大屠杀题材作品往往不会采用纯粹中立、客观形式的叙事视角，因为这种方式既不符合中国读者的需要，也会削弱大屠杀叙事自身的冲击力和感染力。但在另一方面，肤浅的脸谱化描写和简单的二元对立式故事结构又会大大降低作品的读者、特别是中国以外的读者的阅读意愿，这也是大屠杀题材的文学创作及其海外传播历来面对的难题。

实际上在《时间》之前，日本的出版社曾经译介过中国作家崔万秋的大屠杀题材小说《抗战第二年代》，但由于作品的叙事模式单一、描写刻板，读者反响不佳，遗憾地没有能够获得日本社会的关注[3]。与之相比，《时间》的双时间轴叙事模式赋予了这部作品更多元化的表现方式，这有利于小说的叙述者在“临场”与“事后”的两个时间维度之间进行灵活的转换，以获取更具弹性的话语空间。在“实况直播”的部分，主人公兼第一人称叙述者的“我”偏向于进行更具临场效果的感情化描述，以此来提供给读者更具冲击力的大屠杀叙事；而在“倒叙闪回”的部分，“我”则会转向更为冷静的事后思索，通过不断的

[1] 『時間』1955年4月初版、東京：新潮社、76頁。
[2] 手稿资料，收藏于日本神奈川近代文学馆，档案编号H04/00093039。
[3] 崔万秋著、大芝孝訳『抗戦第二年代』、東京：ジープ社、1950年8月。

提问和反思，尝试与作为叙事接受方的日本读者就大屠杀的话题进行对话。双重时间轴的叙事模式带给了作品更具包容性的话语空间，这也是《时间》能够在采用“中国视角”的同时又能获得日本读者广泛认可的原因。

图 4.15　崔万秋著《抗战第二年代》的日译本（左）、中文原著版权页的作者手迹（右）

自然，作为一部 60 年前的作品，《时间》也存在着时代的局限性，并不是一部完美无缺的作品。在《时间》所问世的 20 世纪 50 年代，有关南京大屠杀的历史研究远远没有达到今天的成熟程度，除了东京审判的证词以外，可供堀田善卫参考的史料也极其有限，日本史学界对于大屠杀的研究更是一片空白[1]。从今日历史学研究的成果来看，《时间》对南京大屠杀的描写并没有达到展现历史事实全貌的程度。特别是小说的后半段，作者采用了过多形而上的描写和独白讨论普遍人性的话题，这些内容抽象难懂，既不利于理解，也有可能分散读者对于大屠杀本身的注意力，削弱在战争罪行控诉上的具体性和批判力度。另外，作为一部

[1] 例如 1953 年日本历史学研究会编著出版的『太平洋戦争史Ⅱ　中日戦争』(東京：東洋経済新報社) 仅有 1 页内容与南京大屠杀有关。1967 年日本历史学家洞富雄的著作『近代戦史の謎』(東京：人物往来社) 出版之后，日本才有了第一部针对南京大屠杀的史学专著。

由日本作家为日本读者创作的日语小说，《时间》自然会在一定程度上融入日本的视角。例如小说的主人公陈英谛虽然设定为中国人，但是如果从中国读者的角度来看的话，这位“中国人”主人公的思维方式有时略显日本化。他对日本侵略者的内心矛盾了解得太透彻，对中国人民的观察很多地方又太肤浅；他眼中的日本侵略者有时显得过于人性化，他眼中的中国又过于灰暗无力；他体现的并不是一个纯粹意义上的中国人形象，无法代表中国人的气质和精神。

然而，《时间》初版问世的1955年正好是日本战败后的第10年，这一年是日本保守党派政权延续至今的所谓“五五年体制”正式成型的一年，也是日本社会开始沉醉于战后复苏的兴奋中而逐渐忘却战争罪行的一年。在堀田善卫留下的《时间》手稿中他写道：“陈英谛就是另一个我。《时间》取材自南京大虐杀事件，对于我来说，它代表的是一位艺术家的自我告白。和很多人一样，我常常觉得思考战争是一件很心累的事情。但是如果不坚持下去的话，思考战争的精神和意志就会萎缩。”[1]在“战后十年”这样一个日本历史的转折点上，堀田善卫试图借助战争受害方的视角重新审视日本的侵略罪行；试图将与受害者的对话作为一种反思自我的手段，由此提醒同时代的日本读者们不能遗忘历史。正是这样一种执着于通过自我与他者的对话思考战争的理念和责任感，成就了《时间》这部小说在日本60年长盛不衰的读者号召力。

从这一点来说，《时间》是一部带有浓厚时代问题特征的作品，脱离作品的时代语境去简单地讨论小说主人公于中国人形象的“像”与“不像”就没有了意义。借助中国视角的大屠杀叙事引起日本读者对战争受害方的关注，通过将中国人的大屠杀体验内化于日本读者自身的阅读体验之中，提醒读者意识到自身作为战争加害方的主体责任，这是堀

[1] 手稿资料，收藏于神奈川近代文学馆，档案编号H04/00093322。

田善卫为战后日本社会敲响的警世钟，也是今天日本社会的大众读者和学术研究界试图重读《时间》，重新去评价这部作品的文史意义的最根本原因。

尽管《时间》具有以上种种不可忽视的价值，但遗憾的是，由于以往中文译介工作中存在着重大缺陷，这部弥足珍贵的日本文学作品至今还没能在国内引起应有的关注。虽然早在 1989 年国内就出现了《时间》的中译本《血染金陵》，但是这个译本光是明显的误译就有超过一百处以上，有的地方甚至将译文翻成了与原文完全相反的意思。这客观上造成了国内读者对《时间》缺乏准确的了解，并且很大程度上影响了针对《时间》的讨论和研究的有效性。好的作品自然需要好的译介、好的阅读和好的批判。或许只有当《时间》以其真正的面貌出现在中国读者面前时，才是我们可以开始真正审视它的时候。

图 4.16 《时间》最早的中译本《血染金陵》（左）和最新译本（秦刚译，人民文学出版社）（右）

第五章

上海日侨的战败期言论空间

一、战败前夜的沦陷区中日论争

1945年6月，堀田善卫在他的随身记事本《临诊录》中写道，“冲绳失陷，他们都在等待着一些事情的发生。飞机——美国的飞机？还是日本的飞机？痛苦烦恼，隐身埋名。”[1] 1945年6月，美军在经过3个月的激战后占领了日本九州南部的冲绳岛屿。冲绳战役摧毁了日军在太平洋战场的最后抵抗力量，日本的战败就此成为定局。伴随着冲绳战役的结束，上海开始流传有关美军即将登陆的消息，日侨言论界的战败气息日益浓厚。上海大陆新报社发行的日文月刊《大陆》6月号的卷首写道，“由于冲绳战役的重大变故，神州日本面临旷古未有的困境，并且情况还在进一步恶化。今年秋天，我等日本一亿草莽势必日夜冥思祖国的安危存亡。……我等在华日本人虽然无法参加日本本土的决战，但我们依旧应当担负各自的决死使命。可以预见，我等在华日本人接下来会

[1] 『臨診録』、日本神奈川近代文学館「堀田文庫」所蔵。

遇到和本土同胞不一样的难题，各种矛盾也会日趋激化。我等在华日本人应当团结一心，共同迎接挑战。”[1]

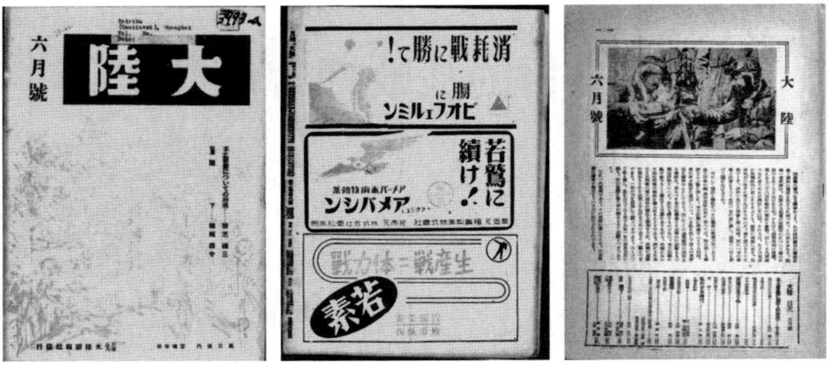

图 5.1　上海《大陆》月刊 1945 年 6 月号封面、封底和目录页

冲绳战役进行期间，日本逐渐失去了太平洋战场的制海权和制空权，对于同时期在上海的大多数日侨来说，此时撤归日本的现实条件已经不存在，并且放弃相对安全的在沪生活回到美军空袭下的日本也不是理想的选择。这一时期，上海日侨言论界开始注重从中国本地化的视角讨论在华日本人的战争使命和角色职能的问题；日侨言论界的意见领袖们更加重视与中国知识分子之间的对话，其结果是促使上海的言论空间出现了此前不常见的中日论争的声音。

1945 年 5 月 6 ～ 9 日，《大陆新报》连载了日侨文人中山优的长篇评论《随想录》。中山优是上海东亚同文书院第 16 期生，1932 年日本扶持建立伪满洲国后，先后担任了伪满洲国大学教授和驻南京“全权公使”。他从 1937 年开始发表了大量有关所谓“对支政策”的评论，在上海日侨言论界被称为“中国问题之第一流评论家”[2]。《大陆新报》刊发《随想录》的同时，还在它的中文子报《新申报》同步连载了《随想录》

[1]「巻頭言」、上海：『大陸』、1945 年 6 月、1 頁。
[2]“中山优简介”，上海：《新申报》，1945 年 5 月 7 日，1 版。

的中文版（5月7～9日）。显然是期望中山优的评论能同时引起当地中国读者的关注。

中山优的《随想录》共分5个部分，依次采用“关于满洲”、“关于中国问题”、“关于中日关系”、“关于对美战争”、“日本战争的将来”5个标题论述了他对中日关系及二战局势的看法。文中，中山优反复指责重庆国民政府是英美国家的傀儡，主张“重庆派的人们很详细地分析国际关系，可是他们不知不觉间失去了自己的意志，颠倒了主体与客体的相互关系”[1]。《随想录》一文的主旨在于否定重庆政权的抗战合法性，论证造成所谓“中日问题僵局”的主要责任在于重庆政府缺乏独立自主的中日关系认知能力；中山优强调日本的战争意图是“从英美霸权国家手中争取东亚解放”，指责“主张抗日的中国究竟何以能违背良心，要与英美呼应抹杀日本”。

奇异的是在《随想录》的连载结束一个月之后的6月11～13日，《大陆新报》又紧接着连载了一篇沦陷区中国知识分子批判中山优的文章。该文章题作《有关中山优氏的随想录》，在“前言”处特意注明了是“一位中国的忧国志士为了回应中山优先生亲自用日文写作而成”[2]。《有关中山优氏的随想录》作者署名为“吴中行”，这是当时上海伪《申报》总主笔吴玥使用的笔名[3]。

《有关中山优氏的随想录》一文中，吴玥试图通过他本人的日文书写与中山优展开直接对话，反驳《随想录》针对中国的各种责难。吴玥首先讥讽“日本的所谓‘支那通’们有很多人自称数十年来一直苦心研究中国，但事实上，他们当中很少人真正理解了中国五千年来历史道统

[1]「随想録（完）」、上海:『大陸新報』、1945年5月9日、1版。

[2]「中山優氏の随想録について（上）」、上海:『大陸新報』、1945年6月11日、1版。

[3] 有关吴玥的介绍详见本书第二章。

的生命力所在”[1]。吴玥接着又论述了他眼中的日本中国研究者们的两大弊病，一是“以日本对中国的优越感为前提的观察方式”，二是“单纯服务于日本政府对华政策的言论表述方式”。吴玥认为日本的所谓“支那通”们在指责中国之前首先应当反省自身的对华认知方式的局限性，他批评“近年日本的所谓‘支那研究’要么是服务于陈旧的帝国主义思想，要么是龟缩在狭隘的学术象牙塔里固步自封”[2]。文章的最后，吴玥还抨击日本的对外战争是“杀人剑”而不是“活人剑”，直言“今时今日要想拯救中日两国间的悲剧，唯一的办法就是尽力提高日本在中国战场的伦理水准”。

同样是在1945年6月，吴玥还以“吴中行”的笔名在上海《新世纪》月刊发表了另一篇评论《中国青年的人生观与国家观》。文中吴玥写道，“和平区域的青年是中国的青年，重庆区域的青年也是中国的青年，延安区域的青年也是中国的青年，青年胸怀中的祖国决不是分裂的，是统一的，是永远统一的。”[3]这篇文章和前述《有关中山优氏的随想录》形成呼应关系，两者的写作意图之一都是为了回应中山优在《随想录》中提出的所谓“中国三分论”的观点。中山优认为中国事实上已经分裂为重庆政府、延安政府和南京政府三个部分，声言“蒋介石或许是一个英雄，但要统一这样复杂的中国恐怕不容易”，“重庆和延安都只具备部分的政权合法性，以取消南京政府为前提的和平论调是不合理的。”[4]中山优强调承认重庆、延安和南京政权之间的相互独立性是讨论中日和平问题的所谓“现实基础”，对此吴玥则回应，“现在中国

[1]「中山優氏の随想録について（上）」、上海:『大陸新報』、1945年6月11日、1版。

[2]「中山優氏の随想録について（下）」、上海:『大陸新報』、1945年6月13日、1版。

[3]《中国青年的人生观与国家观》，上海:《新世纪》，1945年6月，5页。

[4]「随想録（一）」、上海:『大陸新報』、1945年5月6日、1版。

虽然存在三个政权，但是生活在这三个政权下的中国民众正在逐渐显示出精神上的统一趋势，在不久的将来一定能够形成一个国家的主体自觉。”[1]

吴玥强调中国不可分割的统一性，呼吁沦陷区的中国青年们“对于统一的祖国，既不是怀念，也不是期待，现代的中国必须青年去负责建设”[2]。1945 年 8 月日本战败前夕，吴玥还主持创办了一份政论期刊《民众周报》。该期刊以“让民众出来讲话，使民众发挥力量”[3] 作为办刊宗旨，将“站在中国人民之立场，发表真实公正之言论”[4] 作为征稿原则。《民众周报》创刊号的第一篇评论题作《中国往何处去》，该文同样由吴玥以“吴中行”的署名撰写。文章开头写道，“我们在惊涛骇浪中已过了八年多苦难的日子，但这反使我们焙起了热烈的祖国爱，历次的艰辛炼成了我们敏锐的判断力，我们对于未来自然抱着很大的希望。”[5]《民众周报》还策划了以抗战区图书出版物为对象的书评栏，专题讨论毛泽东著《新民主主义》《论联合政府》、蒋介石著《中国之命运》等抗战领袖的代表著作。

今天的读者如果重读吴玥的作品，或许会惊讶于沦陷区的中国知识分子公开发表对日批判言论的意愿之强。这种直白的对日批判一方面缘于吴玥个人的言论风格，另一方面则是因为伴随着战败的临近，侵华日军针对上海报刊舆论的言论管制能力在逐渐下降。侵华日军占领上海时期，针对报刊舆论的言论审查主要通过上海陆军报道部实行，例如战争末期上海唯一的日文大报《大陆新报》及其中文子报《新申报》最早就

[1]「中山優氏の随想録について（上）」、上海:『大陸新報』、1945 年 6 月 11 日、1 版。

[2]《中国青年的人生观与国家观》，上海:《新世纪》，1945 年 6 月，5 页。

[3] 本刊同人《民众的呼声》，上海:《民众周报》，1945 年 8 月 4 日，1 页。

[4]《本刊征稿启事》，上海:《民众周报》，1945 年 8 月 4 日，16 页。

[5] 上海:《民众周报》，1945 年 8 月 4 日，2 页。

是在陆军报道部的主导之下创办而成[1]。1945 年 5 月底开始，《大陆往来》《妇人大陆》《大东亚》等上海的主要日文期刊在陆军报道部的推动之下进行合并重组，最终于同年 8 月统合为一份新的月刊综合杂志《新大陆》。《新大陆》是日本战败前上海地区发行的最后一份大型日文期刊。该期刊自我定位为日本对外战争的“文化尖兵”，将“积极促进文人著述发挥言论战争的功能”作为其办刊的首要宗旨[2]。

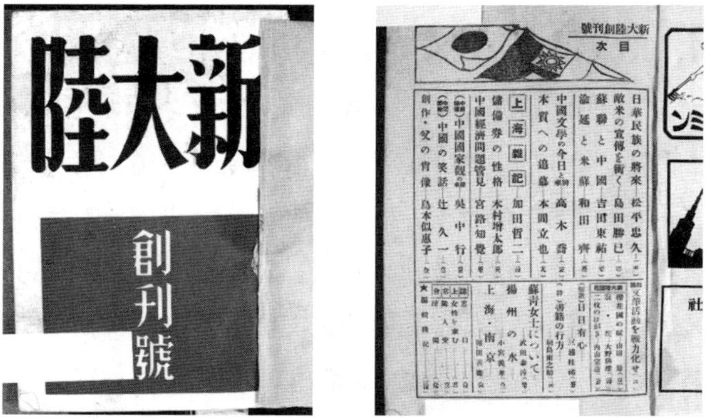

图 5.2　日本战败前上海最后一份日文期刊《新大陆》创刊号的封面和目录页

在《新大陆》的创刊号，上海最后一任日本陆军报道部长岛田胜已发表了一篇评论《敲击美军的宣传谋略》。文章从“变通性”、“威慑力”、“思想谋略”三个方面分析美国对日宣传的策略特点，强调“宣传工作是近代战争的重要武器”，“伴随着战局的发展宣传工作战场的战斗也会日趋激烈”[3]。岛田提醒在华日侨，“虽然我们已经在中国大陆准备好了与美军决战所需的铜墙铁壁，但是可以预见，接下来美国也会进一

［1］ 支那派遣軍報道部編『紙弾』、上海：太平出版印刷公司、1943 年 6 月、95 ～ 98 頁。

［2］「新大陸時論—文筆活動を戦力化せ」、上海：『新大陸』創刊号、1945 年 8 月、3 頁。

［3］「敵米の宣伝を衝く」、上海：『新大陸』創刊号、1945 年 8 月、10 頁。

步加强针对在华日本人的宣传战工作。”岛田胜已的危机感暗示了同时期侵华日军正在失去对沦陷区言论界的管控能力。这一点从《新大陆》同期刊载的另一篇吴玥的作品《中国国家观的探求》中也可见一斑。

《中国国家观的探求》是一篇对话体的时事评论，文中吴玥设计了两位中国知识分子采用一问一答的形式进行的对谈。这篇评论以“中国生命力论”、“中国革命论”、“中国统一论”、“中国复兴论”为主题，通过设计正反两种立场，以辩论的形式讨论中国此后理应选择的国家建设道路。由于发表之时距离日本正式投降只有不到两周的时间，《中国国家观的探求》一文的部分表述用词已经具有明显的“战后”模式特征。例如文中多次使用了“沦陷区”一词指称中国大陆的日军占领区及伪政府统治地区，而在日军占领上海时期，“沦陷区”的称谓是言论界的禁忌词汇，日伪统治地区通常被称之为“和平区”。另外，《中国国家观的探求》除了有一处引用橘朴的《中华民国三十年史》抨击日本帝国主义政策之外，全篇文章没有出现其他明显和日本相关的内容。这意味着处于战败前夜的日本实际上已经被排除在吴玥论述中国国家命运的主要考量要素之外。

伴随着日本战败之日的临近，1945年上海的日侨言论空间总体上呈现出中国本地化色彩逐渐增强的趋势。一方面，以中国读者为受众、或是以中国问题为对象的言论信息大量增加，另一方面来自沦陷区中国知识分子的对日批判的声音也在日益增强。上海的日侨言论空间原本更多扮演着日本本土言论空间的海外延长部分，但是由于战争失利造成了日本本土与海外占领地之间的交通隔离，这迫使在华日侨群体立足于中国本地化的视角观察和应对即将到来的战败事态。

同一时期，堀田善卫在他随身携带的记事本《临诊录》中写道，“上海似乎离我很遥远，但是我这个人不管做什么事都会不由自主地想要跑到现场去看看”，“我觉得自己和周围中国人的距离在一天天变大，在一堆中国人里面讲日语的时候，我有几分得意也有几分不安。”[1] 1945年堀田善卫从东京来到上海的时候，他不仅需要跨越空间上的距离，更重要的是必须面对两地的政治环境、社会环境以及言论环境上的差异。在到上海之前，堀田善卫对中国的了解有限，他不懂中文，在东京飞往上海的途中只带了一本岩波书店出版的日译版《论语》作为中国入门的指南书[2]。中文对他来说是不熟悉的异质语言，上海对他来说则是“每天都会迷失在街头”[3]的异质空间。如何与这些异质的文化他者进行对话是上海时代的堀田善卫需要面对的重要课题。

这一时期堀田善卫的著述呈现出很强的双城比较意识，他将上海与东京进行对比，通过寻找两者之间的差异，追求自身独立的观察视角；同时期堀田善卫的作品还表现出明显的双城叠影的表述特征，他在书写日军占领下的上海之时会加入对同时期东京的描述，反之在书写东京之时又会加入与上海的比较，针对东京与上海的城市书写相互关联在一起形成一组复合型意象。上海时代的堀田善卫用“东京”的视角观察着这座陌生的中国城市，同时他也在用“上海”的视角重新审视着隔海相望的日本。这种双城视角的交错和游动易于堀田突破一国文史观的局限性书写更为立体化的中国和日本，这也为他之后的文学创作提供了更加多元化的表述可能性。

二、1945年8月的东京与上海

1945年8月6日，美军在日本广岛投下了人类史上第一颗原子弹。

[1]『臨診録』、日本神奈川近代文学館「堀田文庫」所蔵。
[2]「上海・南京」、上海:『新大陸』創刊号、1945年8月、86頁。
[3]「上海・南京」、上海:『新大陸』創刊号、1945年8月、89頁。

尽管原子弹的破坏力震惊国际社会，但在日本国内，政府仍试图通过操控舆论尽力降低广岛原子弹事件带来的社会影响。例如东京《朝日新闻》次日仅发布了一则简讯，称“6 日 7 时前后 2 架 B29 在广岛附近投下炸弹，造成若干损害”[1]。8 月 8 日，《朝日新闻》刊登了第一篇有关广岛原子弹的正式报道，但是依然使用了“损害不可轻视”、“具体情况尚待调查”等暧昧词句回避了对核打击详情的介绍[2]。

朝日新聞
廣島へ敵新型爆彈
B29少數機で來襲攻擊
相當の被害、詳細は目下調査中
大本營發表（昭和二十年八月七日十五時三十分）
一、昨八月六日廣島市は敵B29少數機の攻擊により相當の被害を生じたり
二、敵は右攻擊に新型爆彈を使用せるものの如きも詳細目下調査中なり

敵美殘酷性完全暴露世界！
使用新型炸彈襲日
各處火災損害在調查中

图 5.3　东京《朝日新闻》有关广岛核打击的最早报道（左）、同时期上海《新申报》的报道（右）

而在日军占领下的上海，《新申报》同样在 8 月 8 日发布了上海第一则有关广岛核打击的报道。和《大陆新报》一样，《新申报》的版面设计一方面模仿东京《朝日新闻》，另一方面又具有作为上海报纸的本地化特征。

1945 年 8 月 8 日，《新申报》的广岛核打击报道题作《使用新型炸弹袭日　各处火灾损害在调查中》。尽管这则报道从标题到正文大部分翻译自同一天的东京《朝日新闻》，但是仔细观察也能发现两者之间存在的微妙差异。在《新申报》的广岛报道结尾，编辑特意添加了一段

[1]「広島を焼爆」、東京：『朝日新聞』、1945 年 8 月 7 日、1 版。
[2]「広島へ敵新型爆弾」、東京：『朝日新聞』、1945 年 8 月 8 日、1 版。

“合众社及路透社电”的内容，其称“美总统特鲁曼、英首相阿特里于昨发表联合公报，美航空队于星期日下午对日本广岛投下原子弹”。这是广岛核打击后“原子弹”的称谓第一次出现在日系报纸上。而在日本国内，由于欧美报刊及通讯社的资讯受到政府的言论管制，“原子弹”一词直到8月9日日本长崎再次遭遇核打击之后才被公之于众[1]。这种资讯传播时效性上的差异，根本上来源于当时上海作为国际大都市所具备的多元化言论环境。

尽管日军在太平洋战争爆发之后占领了整个上海，沦陷期间沪上文化界和言论界依然留有着一些“灰色”的自由地带。例如1940年纳粹德国占领法国以后，上海西南部的法租界名义上归属到了法国维希傀儡政权的名下。德日之间名义上的盟友关系限制了日军对法租界的管辖权，再加上该地区生活着大量被日军列为“中立国人”的白俄侨民，因此形成了相对自由的生活环境和文化环境[2]。1937年上海俄侨在法租界建立了一座普希金纪念雕像，据俄侨们的战后回忆，日军占领上海时期，“无数人曾在白天跑到那里去看望它，就好像望着自由一样。”[3]另外，二战爆发后大量欧洲的犹太难民流亡到上海，他们大部分群居在虹口东南部的提篮桥地区，虽然与同在虹口的日侨社区相邻，却形成了在生活空间、文化空间和言论空间上都相对独立的犹太社区[4]。

1943年2月，日军在杨树浦一带设立了“无国籍难民居住区”。无

[1]「原子爆弾の威力誇示　トルーマン・対日戦放送演説」、東京:『朝日新聞』、1945年8月11日、1版。

[2]《日军布告修改限制外人通行办法》，上海:《申报》，1942年4月1日，5版。《法租外侨迁址须领许可证　交战国及中立国办法不同》，同《申报》，1942年12月27日，5版。另外有关上海俄侨史的研究参考汪之成著《近代上海俄国侨民生活》(上海辞书出版社，2008年12月)。

[3]《普希金像重现上海》，上海:《大公报》，1947年12月29日，4版。

[4] 吕实名《上海的犹太难民》，上海:《西风副刊》，1942年1月16日号。贵司康人《上海犹太难民的政治活动》，上海:《政治月刊》，1943年12月号。有关上海犹太人史的研究还参考王健《上海犹太人社会生活史》(上海辞书出版社，2008年9月)。

国籍难民区实际上是日军在上海设置的“犹太人集中区”，为了便于管理，日军还在上海设立了“无国籍难民处理事务所”[1]。欧洲犹太难民的到来为上海增加了大量无国籍形态的人群。这些无国籍人群的生活方式和文化形态与战时高涨的民族主义文化形成反制关系，客观上丰富了日军占领下上海的文化空间，同时也是上海时代的堀田善卫最为感兴趣的沪上文化元素之一[2]。

图 5.4　从左到右依次为上海《字林西报》有关“普希金纪念碑”的报道、《大陆新报》有关日军设立“无国籍难民居住区”的报道、日本在上海领事馆有关“犹太人集中区”的机密文件

据堀田回忆，“1945 年我到上海之后，发现比起日本国内，信息的传播在这里更自由，渠道也更丰富，特别是苏联驻上海领事馆的存在极大便利了当地人获取到来自欧洲的国际资讯。”[3]苏联和日本在 1941 年签订了有效期为 5 年的《中立条约》，作为日本名义上的“友邦国家”，苏联被允许在日军占领下的上海开设领事馆办事处、侨民俱乐部等外事机构。苏联驻上海的外事机构拥有独立的电台、电影院、出版社并定期发行中文周刊《时代》。这些来自苏联的外部资讯渠道弱化了日军在上

[1]「移転の強制に非ず　進んで軍の意向に協力せよ」、上海：『大陸新報』、1943 年 2 月 19 日、3 版。

[2]「国なき人々」、『世界の動き』1949 年 5 月号、『堀田善衛全集巻 1』収録、東京：筑摩書房、1993 年 5 月。

[3]『めぐりあいし人びと』、東京：集英社、1993 年 1 月、35 頁。

海的言论管制。据堀田回忆，以苏联领事馆和苏商名义发布的资讯可以免除日军的言论审查，领事馆还定期使用英文和中文频道转播来自莫斯科的无线电通讯，“得益于此，在上海的日本人们很早就预见到了战败不可避免的前景。”[1]

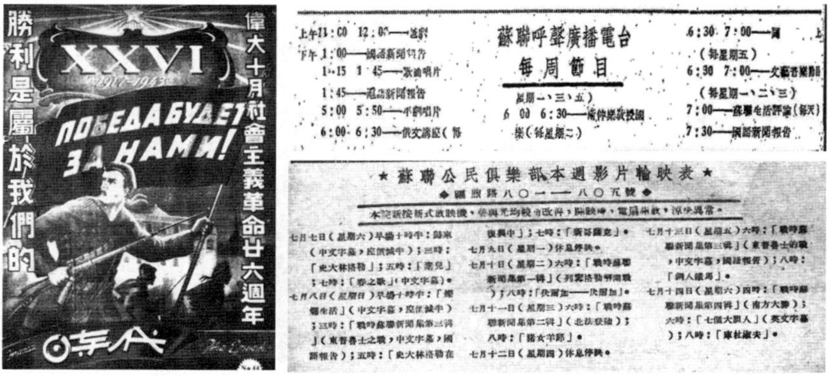

图 5.5　上海苏商时代杂志社发行的中文期刊《时代》、苏联在上海的定期中文电台广播、电影轮映节目表

有赖于上海这座国际大都市的多元化言论环境，在外地生活的日侨反而比国内的日本国民更容易认清战局的发展。1945 年 6 月，美军经过近 3 个月的激战占领了日本九州南方的冲绳岛，日军就此失去了防御本土的最后屏障。6 月 17 日，《大陆新报》头条报道了冲绳日本守军“在梅雨时节的恶劣天气和美军的狂轰滥炸之下陷入苦战”[2] 的危机局势，同一天东京《朝日新闻》的冲绳专题报道却依然在向国内读者强调“我军在敌人优势兵力的重围下奋勇杀敌，造成敌军损失惨重”[3]。6 月 18 日，《大陆新报》以冲绳的失守为前提警示上海日侨“为了应对接下来

[1]『めぐりあいし人びと』、東京：集英社、1993 年 1 月、36 頁。

[2]「敵の圧倒的火力邀へ　最後の勝利信じ苦闘」、上海：『大陸新報』、1945 年 6 月 17 日、1 版。

[3]「敵主攻撃を企つ　重囲下に挺進斬込」、東京：『朝日新聞』、1945 年 6 月 17 日、1 版。

盟军的大空袭，必须积极完善上海本地的防空态势”[1]；而在日本国内，《朝日新闻》直到6月25日依旧在宣传冲绳日本守军“展现皇军威武雄姿的辉煌战果”[2]。

图 5.6 《大陆新报》和《朝日新闻》1945年6月有关“冲绳战役”的各类报道

由于对战局发展有更清晰的认识，身处上海的日侨群体更早地产生了对日本战败的心理预期。尽管驻上海日本领事馆反复呼吁本地日侨“必须保持必胜的毅然态度”[3]，仓皇与绝望的情绪依旧不断地在日侨群体中蔓延。1945年7月26日，美英中三国联合发布了要求日本无条件投降的《波茨坦公告》。同时期，有关太平洋战场的美军将于1945年秋天登陆中国沿海的传闻开始流传，这进一步加重了上海日侨的心理恐慌[4]。

在广岛受到核打击的当天，堀田在日记中写道，“最近经常发呆，

[1]「不完全な資材整備　形式が抜け切らぬ　日華外一体防空即生活が肝要」、上海:『大陸新報』、1945年6月18日、2版。

[2]「皇軍の威武を宣揚」、東京:『朝日新聞』、1945年6月25日、1版。

[3]「裸になつて進まう　豊田さん官民必勝道を説く」、上海:『大陸新報』、1945年6月21日、2版。

[4]《美军必在大陆登陆　俾伸展侵略魔手》，上海:《中华日报》，1945年7月22日，1版。《大陆接岸作战须在秋间　军政家分析世界政局及军事动态》，上海:《新申报》，1945年7月27日，1版。

随之就会产生莫名其妙的迷失感。自来上海以后我到底有做过什么吗?自己也开始糊涂。总之，现在我唯一清楚的就是自己失去了做任何事情的意愿。”[1] 在同一天晚上的日记中，堀田还特意写下了一句中文，“秋到人间，遍体生寒”。此时距离 1945 年 3 月他刚到上海之时已经过去了近半年的时间。1945 年 8 月 1 日发行的《新大陆》创刊号上堀田写道，“人们到底是为何聚集到上海这座城市来呢? 在世界各地的大都会中，或许再没有像上海这样云集外地人、弥散漂泊气息的城市”，“大多数漂泊到上海的人或许都是为了寻求生计，但我却觉得也有很多人来到上海更像是为了让自己忘掉追问人生目的。”[2] 这一时期，原本游离于上海日侨社群之外的堀田开始加入当地言论界有关上海生活的意义和在华日侨职能的讨论。由于在上海生活的时间尚短，堀田善卫更倾向于从“漂泊者”的视角审视这座城市。这和长年居住上海的老日侨群体的“定居者”视角形成对峙关系，也是之后堀田偏向于针对日侨社群发表批判言论的原因之一。

1945 年 8 月 8 日，苏联单方面宣布中止与日本的《中立条约》并于次日凌晨进攻伪满洲国。8 月 9 日美国在长崎投下第二枚原子弹，当天晚上 11 点日本天皇紧急召集内阁大臣商议停战事宜，并于次日凌晨 3 点做出接受《波茨坦公告》的内阁决议，随后通过中立国瑞典和瑞士将《8 月 10 日帝国政府同意接受美英中三国宣言条款》一文电告了中美英苏四国政府[3]。8 月 10 日晚上 6 点，日本接受《波茨坦公告》的消息传至陪都重庆，当晚百万市民上街狂欢庆祝抗战胜利[4]。8 月 11 日，

[1] 神奈川近代文学館「堀田文庫」所蔵、下同。

[2]「上海・南京」、『新大陸』創刊号、1945 年 8 月、87 頁。

[3] 日本外務省「帝国議会に対する終戦経緯報告書」、朝日新聞社編『終戦記録：議会への報告書並に重要公文書輯』収録、1945 年 11 月、22 ～ 29 頁。

[4]《日本投降消息传来　重庆市民昨晚狂欢》，重庆：《大公报》，1945 年 8 月 11 日，3 版。

重庆《新华日报》、重庆《大公报》、重庆《中央日报》、延安《解放日报》、贵阳《革命日报》、西康《国民日报》、青海《国民日报》、西安《西北文化日报》、昆明《扫荡报》、太原《阵中日报》、江西铅山《前线日报》、乌鲁木齐《新疆日报》等中国抗战区的主要报纸纷纷在当天头版报道了日本接受投降的消息。尽管此时距离日本政府正式宣布无条件投降还有 4 天的时间，但是在中国大陆，由全国抗战区主流报刊构成的公共言论空间已经提前进入了“战后”模式。

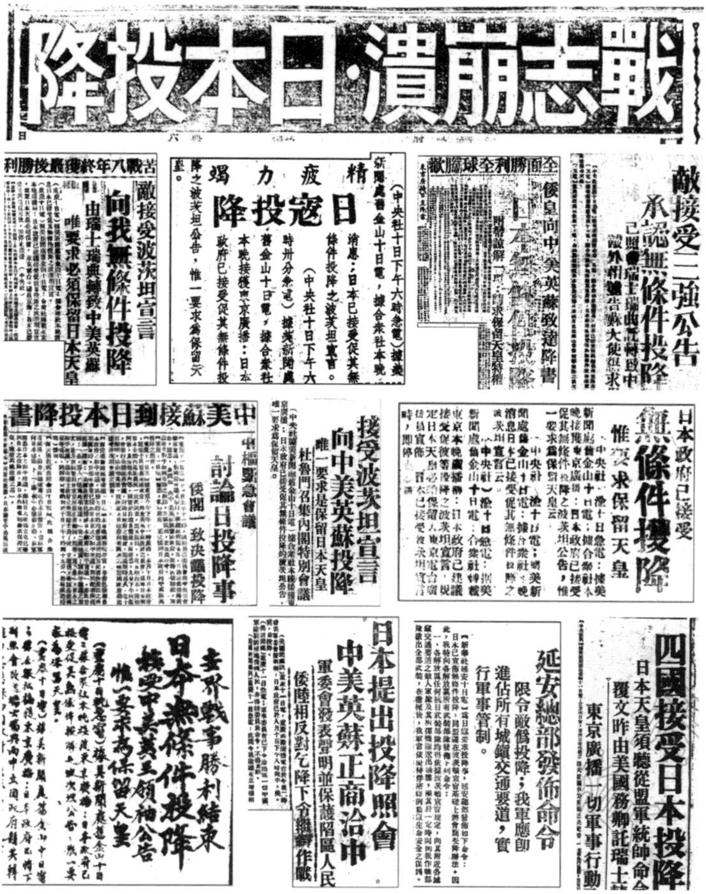

戰志崩潰·日本投降

苦戰八年終獲最後勝利
敵接受波茨坦宣言
向我無條件投降
由瑞士瑞典轉致中美英蘇
唯一要求必須保留日本天皇

精疲力竭
日寇投降

全面勝利全球騰歡
倭皇向中美英蘇致建降書

敵接受三強公告
承認無條件投降

中美蘇接到日本投降書
中樞緊急會議
討論日投降事
倭閣一致決議投降

接受波茨坦宣言
向中美英蘇投降
唯一要求是保留日本天皇
杜魯門召集內閣特別會議

日本政府已接受
無條件投降
惟須求保留天皇

世界戰事勝利結束
日本無條件投降
接受中美英蘇領袖公告
惟一要求為保留天皇

日本提出投降照會
中美英蘇正商洽中
軍委會發表聲明並保護陷區人民
倭陸相反對乞降下令繼續作戰

延安總部發佈命令
限令敵僞投降，我軍應即進佔所有城鎮交通要道，實行軍事管制。

四國接受日本投降
日本天皇須聽從盟軍統帥命令
覆文昨由美國務卿託瑞士
東京廣播一切軍事行動

图 5.7　1945 年 8 月 11 日中国抗战区各地中文报纸的“日本投降报道”

三、上海日侨文人的战败体验

据堀田善卫的回忆，1945 年 8 月 10 日晚上，上海的地下抗日组织通过苏联电台获悉了日本同意接受《波茨坦公告》的讯息。当晚地下组织调动所有人力在全市张贴告示，到了 11 日上午，日本接受投降的消息已经传遍了整个上海[1]。在 1945 年 8 月 11 日的日记中，堀田详细记录了自己这一天的经历。

“早上我一上公交，就碰到了同盟通信社的赤间先生。他坐到我旁边，自顾自地说道，该来的终究还是来了啊。他看我一副莫名其妙的表情，就又补充了一句，你还不知道吗，据说日本已经宣布投降了。”半信半疑的堀田随后来到了上海市中心的南京路。他惊讶地发现整个南京路的商店几乎全部停业，满大街都是奔走相告的中国人，马路上到处插满了中国国旗。随后堀田来到日侨集居的虹口地界，他发现虹口的中国商铺都在纷纷关门，原本热闹的街道一片萧瑟。午饭之后，堀田前往汪伪政府宣传部中央书报社上海分社打探消息，在那里他先是遇到了友人武田泰淳，随后又意外地碰到了中国诗人路易士。

堀田在日记中写道，“不一会儿，诗人路易士走了进来。他张开着双臂，表情兴奋，好像要拥抱在场的每一个人。他一走到我们旁边，就从兜里掏出一叠《和平号外》分发给所有人。路易士兴奋地喊着和平了，和平了，战争结束了，我是第一个拿到号外的。在场所有日本人的表情瞬间阴沉了下来，一种难以言状的苦涩涌上心头，每个人的眼神都变得迷离。武田睁大了眼睛盯着路易士给的《和平号外》，我也开始阅

[1]『上海にて』、東京：筑摩書房、1959 年 7 月、92 ～ 95 頁。

读号外的内容。我只看到它的第一行写着，根据十日夜东京广播，日本天皇陛下切欲世界和平。”

此时堀田阅读的《和平号外》刊发自当天上海的《中华日报》。《中华日报》是沦陷期上海的七大中文报纸之一[1]。该报由汪伪政府宣传部长林柏生担任社长，实质上是汪伪政权的官宣机关报。《中华日报》经常在头版刊载汪伪政府直属“中央电讯社”的海外资讯，由于“中央电讯社”在法理上具有和日本同盟通信社一样独立接收外媒资讯的权利[2]，再加上“中央电讯社”上海分社在发布国际资讯时倾向于采取“对于同盟社消息之不详者则采择其他各社消息”[3]的自主选择原则，《中华日报》得以在第一时间获取并发布有关日本投降的准确信息。

中華日報
日接受波茨坦三國宣言
世界全面和平實現
託瑞士瑞典向中英美蘇轉
特魯曼總統昨召集特別內

代論
敬告上海市民
羅君強

深望市民嚴守紀律
協力維持上海秩序
周市長兼財長昨發表談話

本市經濟治安
當局竭力維持
嚴防不良市民擾亂市情

图 5.8　从左到右依次为：上海《中华日报》1945 年 8 月 11 日的《和平号外》，此后上海《申报》《新申报》刊登的伪上海市政府的应对公告

1945 年 8 月 11 日，《中华日报》赶在日军封锁消息之前发行了一则《和平号外》。该号外使用了“日接受波茨坦三国宣言　世界全面和平实现”的大幅标题，通过“本报澳门十日专电”的形式，报道“日本

［1］七大中文报纸为：《中华日报》《平报》《国民新闻》《新中国报》《新申报》《申报》和《新闻报》。参考上海《新协会刊》创刊号，1945 年 2 月，13 页。

［2］林柏生《中央电讯社开幕词》，上海：《新东方杂志》，1940 年 5 月，92 页。

［3］“中央电讯社”调查处编《中央电讯社第二年》，南京：1942 年 5 月，86 页。

广播接受中英美七月二十六日波茨坦宣言，并谓已以正式照会托瑞士及瑞典政府托其转致中英美苏四国”。尽管11日上海日军司令部紧急发布告示，称“一切未经过军方承认之出版检阅机关许可之出版物，禁止其出版及散播，违反者处严罚”[1]，但是经由《和平号外》的传播，日本政府同意投降的消息当天已为上海公众所周知[2]。也就是说和重庆、延安等抗战区一样，日军占领下的上海的公共言论空间也在8月11日同步进入了“战后”模式。

然而在日本国内，由于日本政府通过内阁情报局对全国的报刊、图书、电台、电影等资讯传播渠道实施了严格的言论管制，有关日本已同意投降的消息在主流传媒渠道被官方所屏蔽。例如8月11日的东京《朝日新闻》头条报道了内阁情报局长的讲话，呼吁民众“万众一心，克服困难，守护日本的国体”[3]。而同一天东京另一份大报《读卖报知》（现《读卖新闻》）则用大幅照片介绍所谓“尊贵的天皇皇太子殿下的日常近况”[4]继续粉饰太平。12日，《朝日新闻》又通过当天头版头条强调日本国民必须“遵奉天皇陛下的圣心、尽责作为天皇赤子的本分”[5]，同样是在重复一直以来日本政府惯用的战时宣传用语。这意味着当在华日侨言论界已经进入“战后”模式之时，日本国内的公共言论空间还停留在“战时”的话语模式之下。

在8月11日的日记中，堀田善卫还记录了另一位日侨文人同时也是中国问题专家的林俊夫在得知日本战败后的行为表现。林俊夫是日本报人，二战期间作为朝日新闻社的驻外特派员侨居上海。1943年林俊

[1]《禁悬敌性国旗　出版物未受检决予严惩》，上海：《新申报》，1945年8月12日，1版。

[2] 罗君强《敬告上海市民》，上海：《中华日报》，1945年8月12日，1版。

[3]「一億困苦を克服　国体を護持せん」、東京：『朝日新聞』、1945年8月11日、1版。

[4]「畏し皇太子殿下の御日常」、東京：『讀売報知』、1945年8月11日、1版。

[5]「大御心を奉戴し赤子の本分達成」、東京：『朝日新聞』、1945年8月12日、1版。

一億、困苦を克服
國體を護持せん
下村情報局總裁談
戰局は最悪の狀態
情報局總裁談
讀賣報知

图 5.9　日本同意接受波茨坦公告之后，《朝日新闻》《读卖新闻》掩饰战败的报纸版面

夫开始担任上海日本海军的军属记者[1]，1944 年任海军舰队报道部顾问兼中国报界联络员，主要工作是负责监察上海七大中文报纸上刊载的中日关系言论[2]。1945 年 4 月，林俊夫又在海军报道部的支持下在上海编辑发行中文月刊《新世纪》。《新世纪》自我宣传为“上海唯一的大型综合豪华杂志”[3]，是二战末期流通于沪上的主流日系中文期刊。该期刊定位于“青年人编辑为了青年的刊物”[4]，杂志的目标受众主要是上海的中国青年读者。除了少量时事评论以外，《新世纪》较多刊载诗歌、散文、游记、小说、剧作、影评等文艺类作品，期刊版面的文学气息较为浓厚。林俊夫是该期刊的主要撰稿人，除了执笔每期开头的中国时局评论以外，他还在《新世纪》上连载有个人回忆录《新闻记者的回忆》和自传体小说《第三的人生》。

《新世纪》月刊当时在上海江西路 264 号新康大楼设有编辑部。8 月 11 日，堀田善卫在收到《和平号外》之后，为了确认消息的可靠性

[1] 林俊夫《在海洋中日华同生》，上海：《新闻报》，1943 年 7 月 20 日，2 版。
[2] 林俊夫《致中国报人书》，上海：《政治月刊》，1944 年 9 月，47 页。
[3] “《新世纪》广告语”，上海：《锻炼》月刊，1945 年 7 月，59 页。
[4]《创刊词》，上海：《新世纪》月刊，1945 年 4 月，1 页。

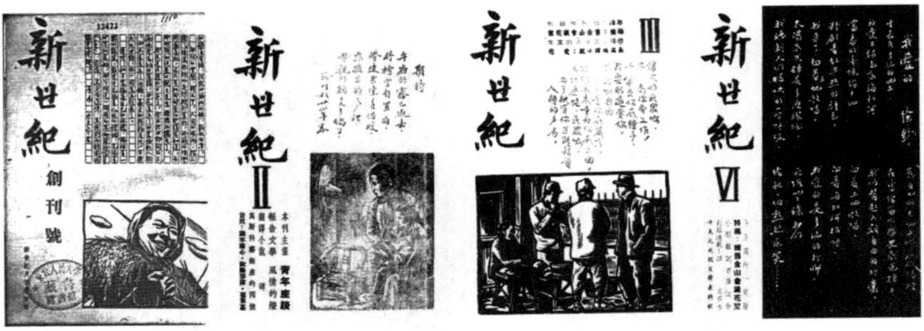

图 5.10　二战末期上海的日系中文杂志《新世纪》月刊第 1 ～ 4 号

前往江西路拜访了林俊夫。林俊夫首先惊讶于《中华日报》敢于无视日军的言论审查第一时间发布日本投降的消息，随后在堀田的建议下一同出门观察上海街头的实际情况。两人走到南京路之时街头已经四处响起了爆竹，大量中国民众涌向黄浦江岸，因为有传言当天下午美军的舰队将会登陆上海。随后两人沿着虹口的主干道四川北路来到日本宪兵队本部大楼。宪兵队本部大楼位于四川北路 181 号（现大桥大楼），是二战期间日军拘捕、刑讯抗日人士的中枢机关。日记中堀田写道，“之后我们去了虹口，当走到四川路的日本宪兵队本部大楼时，林俊夫先生好像一下子泄了气。他满脸铁青，额头挤满了皱纹，神情茫然地说，这就是日本‘对支’政策的最终下场。”

当天日记中堀田善卫还写道，“今天在《新世纪》编辑部的时候，我一直鼓动林俊夫一起上街头去看看。当时林俊夫显得一脸茫然，他满脑子都在纠结日本对华宣传政策为何失败的问题，仿佛完全不能理解我在说什么。”侨居上海期间，林俊夫长期担任日本海军舰队报道部顾问，在当地言论界他一方面扮演着日军的官方喉舌，另一方面又自负为中国民众的知心人。例如《新世纪》1945 年 6 月号的卷首刊载有林俊夫撰写的评论《驻兵与撤兵》。文中林俊夫极力论证日军驻留中国的合理性，强调中国大陆是英美对日作战的基地，“为了防卫日本本土起见，日本军对驻留的美军不能不加以空袭，或者是由于作战上的必要，在中国大陆上展开激战也是不得已的。”[1]同样刊载于《新世纪》的自传体小说《第三的人生》之中，林俊夫又自我描绘为“最喜欢听中国人的声音”[2]的日本人，强调自己具备与中国民众进行对话和接受中国视角的能力。

林俊夫长年在上海研究中国，他对自己有着“知中派”日本人的身份认同，甚至还自认为是中国青年的思想引路人[3]。对林俊夫来说，日本的投降等同于否定了他以往的对华言论和自我角色定位的合理性。也就是说，日本的投降对于在华日侨群体而言不仅仅意味着战争的失败，更重要的是对其旧有的中日关系认知产生来自中国现场的直接冲击，从而迫使日侨群体必须在战败后的第一时间重新寻找能够理解中国、构设战后中日新关系的方式与途径。

四、《告中国文化人书》与小说《祖国丧失》

在 1945 年 8 月 11 日的日记结尾处，堀田写道，“晚上和武田泰淳交谈时，我对他说，今天我们目睹了抗战胜利后中国人的行为变迁，这不是一个简单的政治问题，而是一个关乎人心的问题。作为旅居上海的日侨文人，我们有责任用最切身的语言记录下自己的经历和感受。”

8 月 12 日起，堀田开始策划一本题作《告中国文化人书》的日侨言论集。据堀田日后的回忆，他的设想是在日本投降之际能够摆脱政府的束缚，通过直接对话的形式将在华日本文化人的战败感想真实地传递给中国文化界的知识分子[4]。堀田认为过去日本的对华文化工作都是

[1]《驻兵与撤兵》，上海：《新世纪》，1945 年 6 月，3 页。
[2]《第三的人生》，上海：《新世纪》，1945 年 6 月，50 页。
[3]《中国青年的前途》，上海：《申报》，1945 年 5 月 13 日，1 版。
[4]「対談　上海時代」、東京：『海』、1976 年 12 月号、83 頁。

服务于政府和军队的宣传需要，为了告别这种政治服务型的文化工作方式，堀田希望能够集结上海日侨文化界的力量共同编写一册《告中国文化人书》。堀田向内山完造、小竹文夫、吉田东祐、武田泰淳、林俊夫等日侨文化界的意见领袖们约稿，同时又联系了在上海的日本翻译家室伏库拉拉，请她负责《告中国文化人书》的中译工作[1]。

为了能够将《告中国文化人书》分发给尽可能多的中国读者，8月13日，堀田又前往静安寺路的上海日军弘报部拜访了在那里工作的松本十郎。松本十郎毕业于东京帝国大学法学部，1945年2月任上海日军舰队报道部主计大尉，1945年8月日军上海弘报部成立后兼任第二班班长，主持负责一切宣传事务[2]。堀田希望能够在最短时间内大量印刷《告中国文化人书》，于是便向松本十郎寻求出版资金和设备的支持，同时还向他暗示可能会采取不经军方言论审查的地下发行方式。在松本十郎的协助下，堀田获得了上海太平出版印刷公司的使用许可。太平出

图 5.11　日本“支那派遣军”报道部有关在上海设立太平出版印刷公司的机密文件（左）、太平出版印刷公司原址所在地现景（香港路 111 号）（右）

［1］『上海にて』、東京：筑摩書房、1959年7月、109頁。

［2］《沪弘报部昨成立　全部机构已开始办公》，上海：《中华日报》，1945年8月2日，1版。

版印刷公司是日军在太平洋战争爆发后强占上海美灵登印刷公司、商务印书馆以及中华书局的设施后组建的军管出版机构。该机构拥有一日最多印刷百万张传单的顶级出版能力，当时在苏州河畔的香港路设有三层楼高的专用印刷车间[1]。

1945 年 8 月 15 日中午 12 点，当时正在香港路太平出版印刷公司协调纸张问题的堀田善卫听到广播里传来天皇亲自宣读的所谓“终战诏书”。尽管 4 天前就已经知道了日本战败的事实，堀田还是又一次感受到了历史转折点带来的冲击力。日记中他写道，“听完广播，协调完纸张的事情后，我走出了大门。上海 8 月的阳光是那么刺眼，我睁不开眼，也不知道应该如何面对大街上来来往往的中国人的目光。”当天傍晚，太平出版印刷公司发生了职员罢工，公司的中国职工拒绝继续从事和日本有关的出版工作。在协商无果后，堀田最终只能放弃《告中国文化人书》的出版计划，“无奈之下我只好将《告中国文化人书》的书稿一一退还给各位作者，而我自己写的文章就丢弃在了印刷公司的垃圾箱里”[2]。

《告中国文化人书》的出版流产让后人失去了一份解读在华日侨战败体验的一手文献。所幸借助于堀田日后写作的小说作品《祖国丧失》（1948 ～ 1950），今天的读者依然可以窥见《告中国文化人书》的部分内容。《祖国丧失》是堀田离开上海遣归日本后写作的第一部中国题材小说。作品以堀田本人为原型，描写了一位名叫“杉”的日本青年文人在战败前后侨居上海的经历。

杉在战争末期的 1945 年从东京来到上海，经由朋友的介绍他进入了当地一家杂志社担任编辑顾问的工作。因为反感上海日侨社群的军国

［1］ 支那派遣軍報道部「太平出版印刷公司ノ現況ニ就テ」、1942 年 5 月 11 日、日本国立公文書館、3A/14/79-7。

［2］『上海にて』、東京：筑摩書房、1959 年 7 月、110 頁。

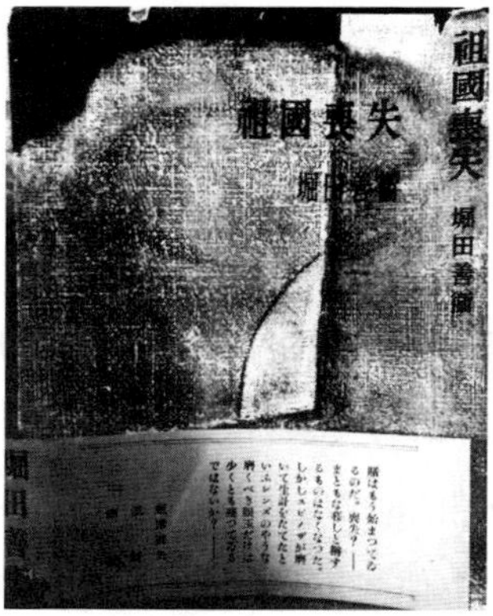

图 5.12 《祖国丧失》初版单行本封面（左）、改编自《祖国丧失》的同名戏剧剧本（右）

主义氛围和对华强权意识，杉和女友公子一起住在远离虹口的法租界。平日生活中杉也尽量回避与其他日侨接触，比起同胞的日本人，他身边更多聚集了沦陷区的中国青年学生、十月革命后流亡到上海的白俄侨民以及二战后逃亡至上海的无国籍犹太难民。然而当日本战败的消息传到上海之时，杉突然意识到过去自己在拒绝日侨在华特权的同时，也放弃了思考日侨群体在中日关系转折期应当扮演怎样的历史角色。

日本宣布投降之后，杉开始埋头写作《告中国文化人书》。小说中，叙述者借助杉的书写行为向读者介绍《告中国文化人书》的主旨内容。杉写道，“过去日军占领着中国，我们这些在中国的日本人狂傲地自认为是战争的胜利者，我们都习惯于站在日本占领军的角度去理解中国。这种方式毫无疑问是行不通的。因为要想真正理解中国，就必须首先将自己置于败者的境遇之下，只有那些遭遇过灭亡命运的民族才能真正理解中国。直到抗战胜利的今天为止，近代中国的历史可以说是一部不断书写失败和灭亡的历史。东西方的列强们联合起来想要灭亡中国，东西方列强的所谓中国研究者们不断描绘着中国灭亡的未来图景。但是现在，曾经自认为是东方胜利者的日本沦落成了战败国。日本和中国一样成为了面临灭亡命运的败者，如今东方成为了一群败者国家的聚集地。

但是，这也同时意味着东方各国在今天方才真正有机会构建彼此之间的命运共同体。能够将东方各国从混乱中解救出来的绝不会是西方列强。只有同样遭遇着灭亡危机的败者们联合起来才能拯救败者自己。”[1]

无论是文本内容还是表述方式，小说中杉写作的《告中国文化人书》都可以看作是对二战末期日本政府倡导的所谓《大东亚共同宣言》的话语重构。1943 年 11 月日本政府在东京召开了“大东亚会议”，会后又操控伪中华民国、伪满洲国、泰国、菲律宾、缅甸联合发布《大东亚共同宣言》，并将其宣传为所谓“东亚共同纲领”。《大东亚共同宣言》有意识地参考了 1941 年美英两国联合发表的《大西洋宪章》(Atlantic Charter),《宣言》提出东亚各国之间“协同维持区域稳定”、“相互尊重国家主权”、“相互尊重民族传统文化”、“相互协作经济发展”、“废除人种歧视实现世界民族平等”的五项原则。日本政府试图通过发布《大东亚共同宣言》与英美争夺国际社会有关国家主权问题、国与国关系问题、民族独立问题以及人种歧视问题上的话语权，以此来为 1937 年以来日本的一系列对外战争寻找合法性依据[2]。

《大东亚共同宣言》是二战末期日本对外文化宣传的意识形态依据。日本战败后,《大东亚共同宣言》理所当然被唾弃为美化日本侵略战争的言论工具。然而吊诡之处在于，该宣言所倡导的“将东亚从英美国家的殖民奴役中解放出来”的口号却又以各种形式存活于战后东亚反西方殖民主义的话语空间之中。

在《祖国丧失》中，堀田善卫使用了大段篇幅介绍主人公杉写作的《告中国文化人书》。和现实中的堀田一样，小说中的杉也试图通过地下出版的方式将《告中国文化人书》分发给尽可能多的中国知识分子阅读。堀田还在小说中描写了一段杉的自白，“从满洲到全中国，过去

[1] 『祖国喪失』、『堀田善衞全集巻 1』所収、東京：筑摩書房、1993 年 5 月、148 頁。
[2] 日本内閣情報局編『大東亜共同宣言』、東京：新紀元社、1944 年 2 月。

日本人长年侵华的恶果就是今天的战败结局。对于日本的战败，我觉得日本人要做的事情除了谢罪以外，还有面向未来的思考。在日本战败的历史事实之中，我希望能寻找到对于未来具有积极意义的东西。”[1] 杉的这段自白可以看作是堀田善卫对于他本人的战败期言论立场的自我总结。他试图消解并重构《大东亚共同宣言》等战时意识形态文本的话语空间，在否定日本侵略战争的同时，继续讨论东亚反西方殖民斗争的必要性。杉写作的《告中国文化人书》一方面解构《大东亚共同宣言》宣扬的所谓“大东亚圣战”的合法性，以此明确日本的侵略战争罪行；另一方面，它保留了《大东亚共同宣言》有关反对西方殖民主义的话语体系，并通过加入“战败”和“战后”这两个关键词，强调日本在战败之后才真正获得了加入东亚反殖民国家命运共同体的资格。

巧合的是同样是在日本战败后不久，二战时期曾担任汪伪政府宣传部次长的中国文人胡兰成写作了一篇和堀田善卫的《告中国文化人书》意趣颇为相近的中日关系论稿。这是一篇用日语写成的油印稿，题作《日本之解放和世界之解放》(日本の解放と世界の解放)。油印稿第一

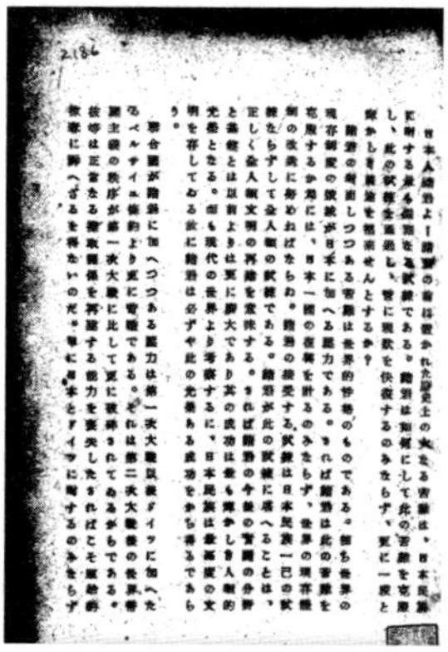

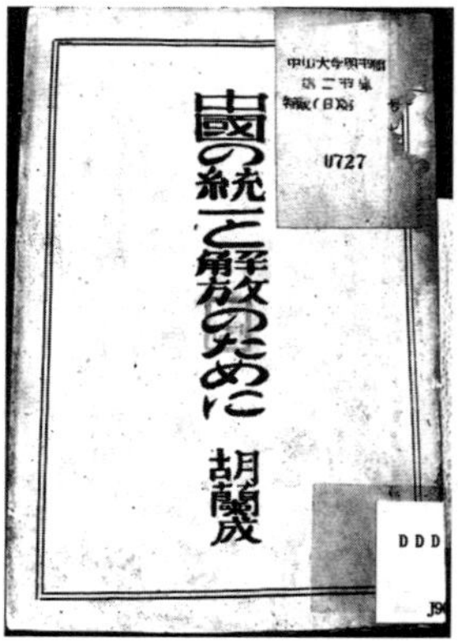

图 5.13 《日本之解放和世界之解放》日文原稿（左）和
胡兰成的日文评论集《为了中国的统一和解放》(右)

[1] 『祖国喪失』、『堀田善衞全集巻 1』所収、東京：筑摩書房、1993 年 5 月、149 頁。

页记有“民国三十四年九月下旬”的成稿时间，稿件目前收藏在日本东洋文库图书馆（东京文京区）。

和堀田善卫的《告中国文化人书》一样，胡兰成的《日本之解放和世界之解放》也采用了向异国读者喊话的表述形式。文中，胡兰成以“日本的诸位”为叙述受众，从一名中国文化人的立场出发向日本读者传递叙述者“我”对战败后日本国家命运的见解。胡兰成写道，“日本的诸位，你们的大东亚战争最终还是失败了。从这次战败中，你们应当发现的是日本获得新生的途径。现在你们正忙于寻找战败的原因。但我要提醒你们，日本战败的本质原因不在于某个人的责任，也不在于战争策略的失误，而是根源于国家体制所决定的战争性质。日本所发动的大东亚战争归根到底是一场资本主义国家之间的帝国主义战争。这就决定了即便日本获得了战争的胜利，也不能改变由帝国主义国家操控的世界秩序。但是现在日本战败了。战败了的日本从帝国主义列强国家的队伍中跌落了下来，战败了的日本终于加入了全世界受帝国主义压迫的国家队伍之中，而决定战后世界发展方向的一定是这些受压迫的国家和民族。”

日本全面侵华战争时期，胡兰成在《中华日报》《国民新闻》《大楚报》等沦陷区报刊上发表了大量有关中日关系的评论。1945 年战争末期还通过上海大陆新报社出版了一册日文评论集《为了中国的统一和解放》(中国の統一と解放のために)。胡兰成在沦陷区中日言论界拥有广泛的影响力，在有关日本战败的意义以及战后中日关系的构想上，他和堀田善卫之间存在高度的一致性，但同时也表现出了明显的差异。胡兰成和堀田善卫都试图将日本的战败视作“东亚真正的反西方殖民斗争的开端”，认为战败能够促使日本放弃帝国主义路线，进而消解日本与东亚其他国家的隔阂，形成真正意义上的反对西方殖民主义的东亚共同体；胡兰成和堀田善卫的差异在于，尽管两者的论述都采用了与对方国家的知识分子进行对话的表述形式，胡兰成的论述主语只使用代表他个人的“我”，而堀田善卫则频繁使用复数代名词的“我们”，以表达自己期望为日本知识分子群体代言的意愿。这种异同反映了沦陷区中日知识分子在各自战后言论职能意识上存在的差异。日本战败之际，作为附逆文人的胡兰成已经自觉失去为中国知识分子代言的资格，曾经一度想要扮演沦陷区中国言论界意见领袖的言论职能意识也在大幅弱化。与之相对，堀田善卫则试图通过《告中国文化人书》为中日文人知识分子群体构设一个对话渠道，对他来说战后的中日对话需要同时面向过去和未来。这意味着堀田需要在日本战败之后寻找到新的具有积极对话意愿的中国知识分子群体。而在这一寻找过程中，他将遇到另一群中国知识分子们的言论挑战。

五、从“君臣对话”到“对话中国”

1945 年 8 月 14 日早上，日本裕仁天皇召集内阁官员举行临时御前会议，决定通过电台广播的形式由天皇亲自向日本国民宣布政府已经接受投降的事实。当天下午，时任内阁顾问的日本汉学家川田瑞穗负责起草了天皇诏书的底稿，之后经由内阁审议反复修改九稿后在 8 月 14 日晚上形成最终定稿。当晚 11 点，天皇裕仁在日本放送协会（NHK）的协助下完成了宣读诏书的录音。次日正午 12 点，NHK 电台向国内外播放了这则由天皇亲自宣读的所谓“终战诏书”[1]。

1945 年 8 月 15 日，东京《朝日新闻》头版刊载了《终战诏书》的全文。这则日文总长 802 字的诏书在表述方式上采用了“君臣对话”的

[1] 老川祥一『終戦詔書と日本政治——義名と時運の相克』、東京：中央公論新社、2015 年 4 月、141 ～ 145 頁。

朕深ク世界ノ大勢ト帝國ノ現狀トニ鑑ミ非常ノ措置ヲ以テ時局ヲ收拾セムト欲シ茲ニ忠良ナル爾臣民ニ告ク
朕ハ帝國政府ヲシテ米英支蘇四國ニ對シ其ノ共同宣言ヲ受諾スル旨通告セシメタリ
抑々帝國臣民ノ康寧ヲ圖リ萬邦共榮ノ樂ヲ偕ニスルハ皇祖皇宗ノ遺範ニシテ朕ノ拳々措カサル所曩ニ米英二國ニ宣戰セル所以モ亦實ニ帝國ノ自存ト東亞ノ安定トヲ庶幾

朝日新聞

戰爭終結の大詔渙發さる

新爆彈の慘害に大御心
帝國、四國宣言を受諾
畏し、萬世の爲太平を開く

詔書

必ず國威を恢弘
聖斷下る途は一つ
信義を世界に失ふ勿れ
内閣告諭

图 5.14　天皇《终战诏书》手写草稿、改正稿、决定稿和《朝日新闻》见刊稿

形式，并表现出明显的“国内本位”的读者受众意识。诏书开头写道，“朕鉴于世界情势与帝国之现状，欲以非常措施收拾时局，兹告尔等忠良臣民，朕命帝国政府通知中美英苏四国接受其共同宣言。”《终战诏书》的表述主体为“朕”＝天皇，表述受众为“臣民”＝日本国民，所有关于日本战败的表述都采用了“朕”与“臣民”的两者间会话的基本形式；另一方面，《终战诏书》全文仅有“朕对始终协力日本解放东亚之盟邦不得不表遗憾”这一句内容间接论及其他亚洲国家，也就是说包括中国在内，作为日本侵略对象的亚洲各国几乎完全被排除在了《终战诏书》的话语空间之外。

8 月 15 日的《终战诏书》为此后日本公共言论空间的战败表述提供了一个官方模版，它的“君臣对话”形式和“国内本位”的读者受众意识成为战后初期日本知识分子、特别是文人作家群体积极效仿的话语模式。

1945 年 8 月 26 日，日本陆军大臣下村定通过广播发表训示，要求全国的日本军人及军属“反复拜诵天皇陛下的《终战诏书》，并将诏书视作唯一、绝对的战后行为指针”[1]。尽管该训示的对象是军人群体，但实际上战后最为迅速、忠实地贯彻“反复拜诵天皇的《终战诏书》”这一政府方针的是日本国内的文人知识分子群体。

在天皇广播《终战诏书》后的次日，原日本文部大臣桥田邦彦和东京帝国大学教授纪平正美在《朝日新闻》同时发表了呼吁国民“承诏必谨”的倡议书[2]。同一天，日本民俗学家同时也是文坛著名诗人的折口信夫在《朝日新闻》发表了自己的战后第一部诗歌作品《正坐：昭和二十年八月十五日》。诗中写道，“大君御诏，臣下倾听，硫磺岛魂，遗影在前。臣下之子，战至终刻，闻君御诏，奉旨流涕。大君爱民，宣降御诏，万民受旨，感激涕零。”[3]显而易见，这篇诗作毫无文学价值可言，只是借助诗歌的文体呼应《终战诏书》的政宣八股文。以折口信夫的《正坐：昭和二十年八月十五日》为开端，此后陆续有高村光太郎《一亿人的号泣》(8 月 17 日)、高田真治《奉戴大诏谨赋》(8 月 19 日)、齐藤茂吉《诏书拜诵》(8 月 20 日)、荻原井泉水《承诏谨咏》(8 月 21 日)、川田顺《八月十五日正午》(8 月 22 日) 等同样采用“拜诵诏书”体式的诗歌作品不断发表在《朝日新闻》的报纸版面。这些诗歌采用了几乎完全一样的表述模式，实质上是通过文学言论传播《终战诏书》的

[1] 「唯一絶対の指針は大詔の反復謹誦」、東京：『朝日新聞』、1945 年 8 月 27 日、1 版。

[2] 「皇国興隆の礎石　承詔必謹」、東京：『朝日新聞』、1945 年 8 月 16 日、1 版。

[3] 東京：『朝日新聞』、1945 年 8 月 16 日、2 版。

政宣道具。

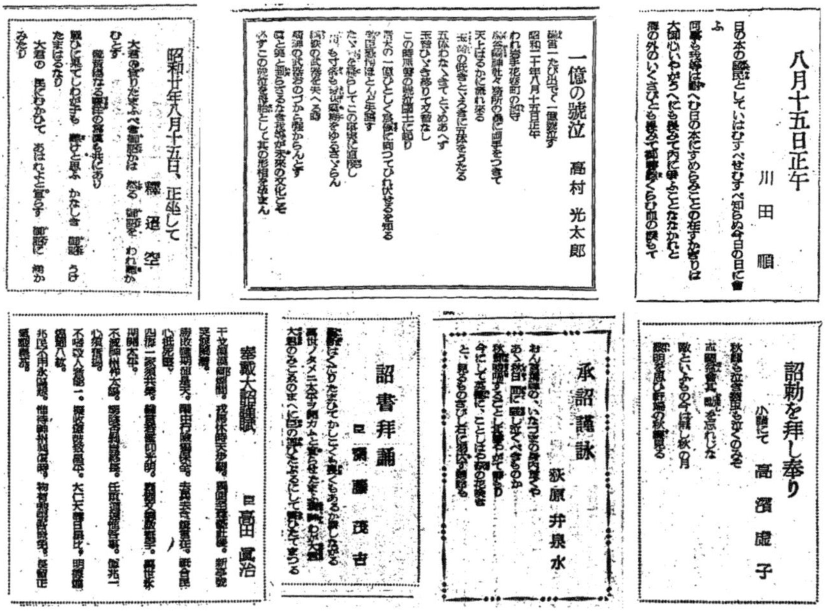

八月十五日正午　川田順

一億の號泣　高村光太郎

昭和廿年八月十五日、正坐して　釋迢空

詔勅を拜し奉り　高濱虚子

承詔謹詠　荻原井泉水

詔書拜誦　齋藤茂吉

奉戴大詔賦　高田眞治

图 5.15　东京《朝日新闻》战后初期的“拜诵诏书”系列诗歌作品

诗歌作品因为篇幅短小，利于诵读，二战时期被大量用作教导日本民众遵奉战时体制的文化宣传工具[1]。战败后第一时间出现在《朝日新闻》的“拜诵诏书”系列诗歌有的采用了和歌体，有的采用自由诗体，还有的采用汉诗体，但从内容上来说无一例外是鼓动日本国民“承诏谨诵”的八股文。另外除了诗人以外，小说家大佛次郎、吉川英治、火野苇平，文艺评论家木村毅，学者中村直胜等人也都在日本战败后的第一时间发表了各自呼应《终战诏书》的散文作品[2]。而在日本战败后不到

［1］ 日本文学報国会編『大東亜戦争歌集』、東京：協栄出版社、1943 年 9 月。

［2］ 大佛次郎「英霊に詫びる」、東京:『朝日新聞』、1945 年 8 月 21 日、2 版。吉川英治「英霊に詫びる」、同前 8 月 23 日、2 版。中村直勝「英霊に詫びる」、同前 8 月 24 日、2 版。木村毅「米兵来駐」、同前 8 月 27 日、2 版。火野葦平「悲しき兵隊」、同前 9 月 11、13 日、2 版。

一周的 1945 年 8 月 20 日，时任京都帝国大学人文科学研究所长的高坂正显呼吁全日本的文人知识分子们要努力打赢另一场文化战争[1]。这些文人知识分子们均为二战期间在日本国内文坛、学界、文化界拥有广泛的影响力和知名度的意见领袖。日本战败之时，他们中的大多数为躲避美军空袭散居在全国各地的乡村，但是这丝毫没有影响他们在战后第一时间发表基于天皇诏书的作品。这一方面意味着天皇的《终战诏书》作为强力的意识形态话语工具统御了战败后日本的公共言论空间，同时也意味着日本国内的文人知识分子们延续了文化服务政治的战时言论行为模式，在战后的第一时间主动、迅速、积极地扮演了天皇诏书传声筒、回音壁的角色职能。

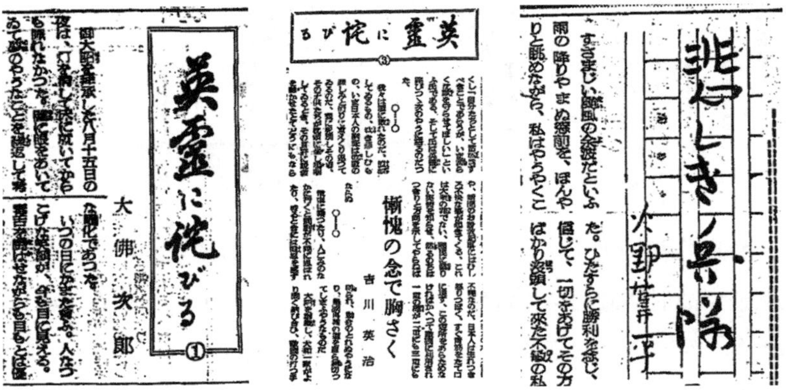

图 5.16　东京《朝日新闻》战后初期文艺栏刊载作品

通过文人言论与政府意识形态宣传之间的相互呼应，战后初期日本形成了基于《终战诏书》及其各种模仿文本的公共言论空间。如前文所述，《终战诏书》采用了“君臣对话”和“国内本位”的表述形式，中国等日本对外侵略战争的受害国被排除在了诏书的话语空间之外。这意味着基于《终战诏书》形成的言论环境必然缺乏针对中国问题的表述意

[1]「新しき試練へ踏出せ」、東京:『毎日新聞』、1945 年 8 月 20 日、2 版。

愿，这一点从战后初期日本三大报纸的“社论栏”也可见一斑。日本战败后，三大报中仅有当时实力最弱的《读卖新闻》相对关注中国问题，分别于1945年8月19日、8月24日和8月28日各发表了1篇对华评论[1]。而在《朝日新闻》和《每日新闻》的报纸版面，中国问题则被排除在了主流言论话题之外。

如前所述，中国大陆地区早在1945年8月11日就开始广泛传播日本战败的资讯，侵华日军占领下上海的日侨言论界也从8月11日开始就进入了“战后”模式。也就是说较之日本国内，上海的日侨言论界与中国大陆有着更为紧密的联系，而这种关联性不仅体现在进入“战后”的时间点，更重要的是体现在表述“战败”的视角和问题意识。

1945年8月15日天皇公布《终战诏书》当天，侵华日军总司令部以“现地大日本陆海军最高指挥官”的名义向沦陷区的中国民众发布了《现地日军当局布告》。布告称“现地日本军遵奉上司命令，暂时继续执行确保治安之任务，切望中国民众信赖日本军，不受流言蜚语之蛊惑，始终保持冷静态度，协力日军维持治安”[2]。同日下午7点，日本“驻华大使”谷正之发表“向在华日侨广播”，呼吁“身处异国之同胞诸君，今后所面临之困难，较之本国同胞，更为巨大”，“希望诸子适应此非常事态，冷静沉着，超越一时的胜败，始终发挥日本精神之真髓”[3]。

侵华战争时期，在华日侨言论界习惯于将国共领导下的抗战地区统称为“抗日中国”，以此区别于名义上归属于汪伪政权的所谓“和平中国”。伴随着日本战败和沦陷区傀儡政权的倒台，在华日侨群体势必面临着如何与“抗日中国”进行直接对话的问题。1945年8月16日下

[1]「支那問題の変化」、東京：『読売新聞』、1945年8月19日、1版。「日華両国の国民的諒解」、同前8月24日、1版。「中国独立の構想と現実」、8月28日、1版。

[2]《遵奉上司命令　暂时维持治安》，上海：《新申报》，1945年8月16日，1版。

[3]《谋国家万事安泰　谷大使向在华日侨广播》，上海：《新申报》，1945年8月16日，1版。

午5点，伪中华民国政府决议通过了《解散南京国民政府》的宣言[1]。当天日本“驻华大使馆”召开新闻发布会，宣称“中国之古语原有其争君子之一语，在争斗之间自亦有君子之途，一旦争斗停止，当可再度肆于君子之交，此非单纯中国国内为然，即中国与日本之间亦属同样”[2]。日本“大使馆”试图通过淡化侵华记忆的方式重建所谓的“君子之交”，这种以消解战争记忆为前提的对话方式自然不可能获得“抗日中国”的认同。

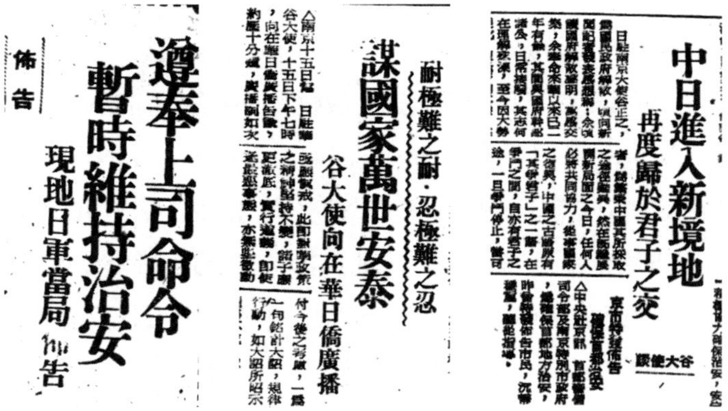
中日進入新境地
再度歸於君子之交
谷大使談

耐極難之耐·忍極難之忍
謀國家萬世安泰
谷大使向在華日僑廣播

佈告
遵奉上司命令
暫時維持治安
現地日軍當局 佈告

图 5.17　1945 年 8 月 15 日日本正式宣降后上海《新申报》刊载的日本对华公告

另一方面在同时期的日本国内，日本政府通过强调对天皇《终战诏书》的“承诏必谨”人为营造和谐、统一的战后言论环境；战后初期，日本言论界出现了大量基于《终战诏书》的模仿文本，背离《终战诏书》的异质杂音被人为消除，进而出现了一个高度同质化、易于政府管控的公共言论空间。但是在中国大陆的日侨居住地区，由于侵华日军和其他日本在华政府机构在战败后随即解体，日侨群体不再受到日本政府

[1]《南京国民政府解散　中政会临时会议通过》，上海：《新申报》，1945 年 8 月 17 日，1 版。

[2]《中日进入新境地　再度归于君子之交　谷大使谈》，上海：《新申报》，1945 年 8 月 17 日，1 版。

的言论管束。这意味着相对于日本国内，在华日侨群体能够发出更多与日本官方论调相背离的声音，进而能够摆脱天皇《终战诏书》的话语模式影响，形成不同于日本本土的另一种“战后”言论空间。

另一方面，从 1945 年 9 月开始，中国国民政府对日伪沦陷区的战后接收工作正式启动。上海作为中国的经济文化中心是国民政府的首批接收对象。在此接收过程中，原本依附于侵华日军政宣系统的各类上海日侨报刊迅速退出了言论界舞台，取而代之的是大量以国民政府的公权力为后盾的对日文化宣传出版物。而对于战后滞留在上海的日侨文人知识分子群体来说，他们即将面对的不仅是政权统治力量的交替，同时也将亲身体验上海文化界和公共言论空间的话语权转换。

第六章

滞沪日侨文化界与《改造日报》

一、从“支那”到“中国”

1945年8月11日晚上，堀田善卫在他的日记中写道，“我对支那没有什么值得一提的见解，但同时也没有什么先入为主的偏见。对于我来说学习和理解支那正是要从今天开始。我相信理解支那最重要的方式不是通过学识，也不是通过以往的经验，而是必须通过仔细、透彻地观察今天此时此刻发生在支那的一切。”[1]

侨居上海期间，堀田善卫在表述中国时经常交替使用“支那”与“中国”这两个词。这不仅是堀田一个人的习惯，同时也是二战时期上海日侨言论界整体的中国表述方式。众所周知，中国国民政府早在1930年就以日本为对象颁布了禁止使用“支那”一词的决议书，规定“对于日本政府公文书中凡有使用‘支那’语句者，概不接受”[2]。此后，尽管日本政府在与中国的公文往来中开始使用“中华民国”或“中国”

[1] 同前《上海日记》，详见本书第一章，日本神奈川近代文学馆收藏，下同。

[2]《中华与支那》，天津：《大公报》，1930年7月9日，3版。

一词代替“支那”[1]，但是在日本国内，禁止使用“支那”一词的中方要求基本没有获得重视，即便是在战败之后，“支那”依然是日本国内言论界指涉中国之时常用的称谓[2]。

另一方面，从 20 世纪 30 年代开始，上海日侨言论界就一直存在“支那”与“中国”的两词并用现象。特别是从 1940 年汪伪政府成立到日本战败为止的 5 年期间，日侨言论界的两词并用现象尤其显著。以 1945 年 3 月 24 日堀田善卫到达上海当天的《大陆新报》为例，这一天《大陆新报》头版刊登的社论《切勿失去日本国民的自尊心》全文没有出现任何一处“支那”的称谓。社论通篇使用了“中国”或“中华”代替“支那”，以便叙述者强调上海日侨与当地中国民众之间“作为邻邦民众的合作与相互信赖关系”[3]。但是，这并不意味着上海日侨言论界否定“支那”一词的话语权。恰恰相反，与日本本土一样，“支那”一词在上海日侨言论界同样是具有强势话语权的对华称谓。例如上海金风社发行的《支那在留邦人人名录》是同时期沪上日侨社群内部使用最广泛的实用工具书。从 1913 年出版的第 1 版到 1945 年日本战败前夜发行的第 35 版，《支那在留邦人人名录》一直延续使用了“支那”一词，“中国”则是隶属于“支那”称谓系统下的次要代称。《支那在留邦人人名录》主要服务于日侨社群内部，所以不需要像《大陆新报》一样谨慎考虑外部中国读者的视角。它反映了在华日侨群体对于“支那”一词的认可度实际上要高于“中国”，特别是在面向日侨社群内部的言论信息中，“支那”依然是拥有强势话语权的对华称谓用词。

“中国”与“支那”的两词并用现象体现了日侨言论界在认知和表

[1]《从此中华不“支那”》，天津：《大公报》，1930 年 11 月 1 日，4 版。

[2]「米軍、支那上陸」、東京：『朝日新聞』、1945 年 8 月 31 日、1 版。「在支邦人の帰国　支那側希望表明」、同前 9 月 21 日、1 版。

[3]「国民的自尊心を失ふ勿れ」、上海：『大陸新報』、1945 年 3 月 24 日、1 版。

图 6.1 《支那在留邦人人名录 33 版中支版》(1943)(左)、《支那在留邦人人名录 35 版上海版》(1945)(右)

述中国时的双重意向及其内在矛盾。一方面，日侨言论界试图通过使用“中国”一词营造所谓“日华同生共死”的对等关系，以此减弱在华日侨群体作为侵略者集团成员的负面形象；另一方面，传统的对华优越感和以侵华日军的强权为后盾形成的特权阶级地位又驱使日侨群体形成了与中国民众之间的上下等级关系意识。这两者之间的矛盾贯穿于整个侵华战争期间的日侨言论空间，而讽刺的是，最终消解这一矛盾的正是日本自身的战败结局。

1945 年 9 月 5 ～ 10 日，《大陆新报》在每日第 2 版面新开设了题为“我的思考”(自分はかう思う)的专栏。该专栏陆续发表了山田璋、稻垣登、佐藤秀三、栗本寅治等日侨意见领袖们对于战后上海日侨社群命运的见解，其中尤以佐藤秀三的文章《一无所有，大显身手》最直接地代言了战败后上海日侨群体的问题意识。佐藤秀三时任上海自然科学研究所长。《一无所有，大显身手》一文中，佐藤写道，“迄今为止，由于受到来自日本军方的保护，侨居在上海的日本人实质上拥有着包括治外法权在内的各类特权。如今日本战败了，所有日侨都变得一无所有，从今往后，我们都必须作为一个没有任何特权的日本人在上海这个国际大舞台上打拼。”[1]

日本战败之后，上海日侨群体的社会地位随即发生180度反转。原本依赖侵华日军获得的各类特权被剥夺，曾经位于权力层顶端的上海日侨一夜沦为社会底层的战败国国民。佐藤秀三在《一无所有，大显身手》中还写道，“日侨们应当以健康的心态重新面对上海这个国际大舞台，我们应当保持日本民族的矜持，堂堂正正地继续自己的生活，同时还要致力于维护日本和中国之间的协作关系。”在佐藤发表该文章的前一天即1945年9月7日的下午1点，负责上海接收工作的国民党第三

图6.2 《大陆新报》停刊前夕有关汤恩伯第三方面军接收上海的报道（上）、第三方面军接收上海日军设施时的照片（下）

[1]「素ッ裸で活躍の自信持て」、上海:『大陸新報』、1945年9月8日、2版。

方面军司令官汤恩伯率部到沪，随即开始解除当地日军武装，并在虹口建立日侨集中区[1]。至此，全面侵华战争以来日军对上海长达8年的军事占领正式结束。

在国民党第三方面军进驻上海之后，滞留当地的日侨群体面临着至少3项首要解决的问题。第一，如何在城市主权的交接过程中重新建立与当地中国民众之间的自他关系；第二，如何认识刚结束不久的侵华史以及日本战败后的中日关系新形态；第三，如何重新确定日侨在华的角色定位和侨民群体的中日交涉职能。在解决这些问题的过程中，具有高度言论表达意愿和表述能力的日侨文人群体又继续扮演了意见领袖的角色，战败后滞留在上海的日侨文人知识分子们依托战后新出现的报刊媒体和言论机构，逐渐形成了新的日侨文化界和公共言论空间。

二、战后滞沪日侨文化界

1945年9月24日，负责上海接收工作的国民党第三方面军在狄思威路（现溧阳路）1177号成立了“日侨管理处”，10月1日起正式启动运营。日侨管理处由第三方面军王光汉中将担任处长，原国民党军政部重庆日俘收容所主任邹任之担任副处长。成立之初，上海日侨管理处的主要职责在于办理“各种编组管理日侨之法定规章”，处理“各部门接收后日侨在营业上与居住问题之纠纷”和“准备检查遣送日侨回国轮船”[2]；同时，日侨管理处下设宣导科并制定了面向日侨的《宣导计划》，该计划旨在通过发行期刊、举办流动讲座、实施民意测验、家庭访问、电影辅导、标语漫画、小组座谈会等形式“改正日侨之军阀黩武思想发

[1]《万人空巷夹道欢迎汤司令官》，《上海图画新闻》第2号，1945年9月30日。

[2] 上海日侨管理处宣导科编《导报》第1期，1945年11月10日，22页。

扬我中华民国之崇伟精神”[1]。为了便于舆论宣导和文化宣传，日侨管理处还编辑发行了中日双语的机关杂志《导报半月刊》和《导报画刊》，试图建立由国民党第三方面军管控的战后日侨言论空间。

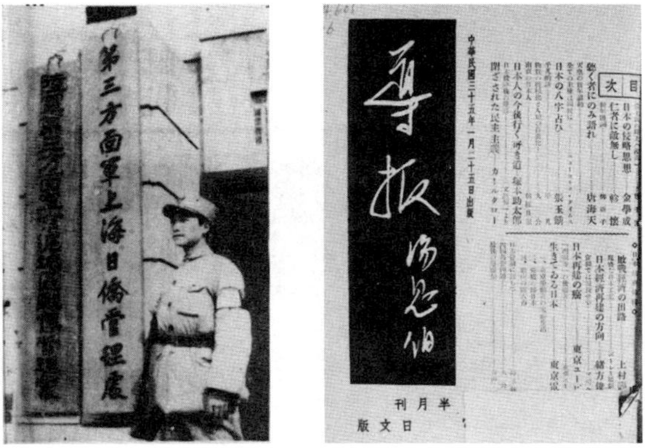

图 6.3　第三方面军上海日侨管理处兼京沪地区战俘管理处照片（左）、日侨管理处发行的日文期刊《导报》半月刊（右）

日侨管理处成立后的第一项重要工作是安排上海全市的日侨搬迁至第三方面军规定范围的“日侨集中区”。据 1945 年 10 月《日侨管理处工作报告》记述，“经已明令日侨统限于本月 13 日前，集中竣事，而上海一隅，在 8 月 10 日前，除日军外，所有日侨计 64504 名，日本投降后，奉命来沪集中已经到沪者，有 30335 名，在上月业已居住在集中区域者有 71278 名，自一日开始限于今日集中竣事者有 23581 名。”[2]第三方面军规定的“日侨集中区”位于虹口地界，区域范围东至今天上海的黎平路，西至四川北路，南至大名路，北至祥德路附近；第三方面军还在日侨集中区内设立了 5 处分区办公处，分别为吴淞路 489 号第一区南分区办公处，狄思威路 1028 号第一区北分区办公处，华德路 886 号第二区办公处，平凉路 1751 弄 9 号第三区办公处和平昌街平昌俱乐部

[1]《宣导计划》，《导报》第 1 期，1945 年 11 月 10 日，24 页。
[2]《导报》第 1 期，1945 年 11 月 10 日，22 页。

内的第四区办公处[1]。早在1945年9月15日，第三方面军就已经发布申字第7号训令，内称“日本侨民暂指定集中虹口居住，在市内居住者，自9月17日起应开始向虹口巡移”[2]。第三方面军随后又再次发布训令，要求所有日侨必须在10月13日前迁入集中区，对于居住在虹口以外的日侨来说搬迁成为其品尝战败苦果的最早形式[3]。

图6.4　1945年9月搬迁至虹口日侨集中区的上海本地日侨（左）和外地迁入日侨（右）

1945年10月13日的日记中，堀田善卫写道，“这段时间我已经很久没有写日记了，武田倒是写得挺勤快的。这段时间发生了太多事情，我又怕麻烦，所以也就没了写日记的心思。先是终战大诏的事情，接着是中山氏归沪，再是从愚园路搬到了新上海，随后又从新上海搬到了祥德路。”1945年9月18日，堀田善卫从愚园路原宿舍搬到了虹口的新上海大酒店。新上海大酒店位于现在崇明路82号的德邻公寓旧址处，酒店大楼正对上海日本宪兵队总部，日本战败后被用作收留流浪日侨的临时住所。堀田善卫先是在新上海大酒店暂住了10天，随后于9月28日搬入了虹口日侨集中区内一个叫做“绿苑庄”的住宅区。绿苑庄是位于祥德路45号的一个联排式住宅楼，日军占领上海时期，林俊夫、须田

[1] 第三方面軍司令部編『日僑帰国案内』、上海：改造日報社、1946年3月、48頁。
[2]《第三方面军司令部发布重要命令》，上海：《申报》，1945年9月16日，2版。
[3]「移住期間延期せず」、上海：『改造日報』、1945年10月6日、2版。

祯一等朝日新闻社的在沪特派员们曾居住于此[1]。绿苑庄所在的祥德路连接施高塔路（现山阴路）北端，这一带属于当时虹口的富人区，同时也是战败后大量日侨文人居住的文化区[2]。

图 6.5 日本战败后堀田善卫临时居住的新上海大酒店原址所在地现景（崇明路 82 号）（左）、迁入虹口日侨集中区后堀田居住的绿苑庄小区现景（祥德路 45 号）（右）

三、《改造日报》与堀田善卫的《有关希望》

入住绿苑庄后不久，堀田善卫发表了他的战后第一部作品《有关希望》。这是一篇三千字的评论，连载于《改造日报》1945 年 10 月 6 ～ 8 日的“文化栏”。《改造日报》是第三方面军于 1945 年 10 月 5 日在上海创刊的日文报纸，创刊号的《发刊辞》称，“日本投降后，上海日侨集中区内不断有人散布各种荒谬的谣言动摇人心。为了杜绝这一现象并向日侨传递正确讯息，同时也为了担负起启蒙日侨的责任，我们决定发行

[1] 島津長次郎編『支那在留邦人人名録　第 33 版中支版』、上海：金風社、1943 年 8 月、473 頁。

[2]「北区の集中生活を覗く　富裕区重役の巣籠り」、上海：『改造日報』、1946 年 2 月 22 日、2 版。

一份日文报纸。”[1]

《改造日报》由蒋介石的女婿陆久之担任报社社长，尽管前后只发行了不到一年的时间[2]，却是战后初期中国大陆地区最有影响力的日文报纸[3]。《改造日报》名义上是国民党系统的报纸，但由于时任报社总经理的金学成实际上是中共地下党员，编辑部又聘用了中尾胜男、宇崎重、赤津益造、岛田政雄、竹本节、菊地三郎等在沪日本共产主义活动家，《改造日报》的编委系统很大程度上由左翼亲共知识分子掌控[4]。

中華民國三十四年十月五日（金曜日）

改造日報

湯恩伯

發刊の辭

希望について【三】

堀田善衛

夭折した詩人立原道造は、建築の學を修めた人であつたが、彼の卒業論文は『廢墟』といふものであつたといふことである。建築はそれが歲月を經、風雨に打たれて遂に人住まぬ廢墟と化した時に於いて永遠を生きしめるといつた方が適當かもしれない。民族と民族の關係もまた然り、と私は獨斷する。

日本民族が全部滅亡したとする事實八月十二日の內地新聞は『一億死滅

图 6.6 《改造日报》1945 年 10 月 5 日创刊号（左）、堀田连载于《改造日报》的评论（右）

在创办《改造日报》的过程中，第三方面军利用了原大陆新报社的出版印刷设备，同时还吸纳了《大陆新报》的部分日籍编辑人员[5]。《改造日报》的社址乍浦路 455 号原本是《大陆新报》下设“大陆印刷所”的所在地[6]，报纸的版面设计上也部分继承了《大陆新报》的一些

[1]「発刊の辞」、上海：『改造日報』、1945 年 10 月 5 日、1 版。

[2] 目前《改造日报》最晚可见 1946 年 8 月 5 日号，收藏于上海图书馆徐家汇藏书楼。

[3] 陆久之《创办改造日报的经过》，《20 世纪上海文史资料文库》第 6 卷，上海书店出版社、1999 年 9 月。

[4] 高纲博文《上海最后的日文报纸〈改造日报〉——围绕其“灰色地带”背景的考察》，上海：《史林》，2017 年第 1 期，5 ～ 11 页。

[5] 前芝確三・奈良本辰也『体験的昭和史』、京都：雄渾社、1968 年 3 月、335 ～ 340 頁。

[6]『支那在留邦人人名録　第 35 版上海版』、上海：金風社、1945 年 8 月、224 頁。

特点。例如日本战败后不久，《大陆新报》为了增加来自平民阶层日侨群体的声音，新开设了用于刊载大众读者来稿的“呼喊”（叫び）专栏；《改造日报》创刊后，“呼喊”专栏被改名为“民声”移植到该报每天的第2版面，而前文介绍过的“我的思考”专栏则变为“自由论坛”，不定期地刊载于《改造日报》头版。另外，日本战败后不久，上海地区还短暂发行过一份题作《新日本报》的日文报纸，《改造日报》创刊后，《新日本报》的报社旧址乍浦路417号转为用作“改造日报日侨关系业务处”[1]。1945年11月22日，《改造日报》又将社址迁至汤恩路（今哈尔滨路）1号，原社址乍浦路455号则改用作《改造日报》的印刷所。

《有关希望》是《改造日报》创刊后“文化栏”版面连载的第一部评论作品。文章开篇处，堀田首先提出了自己对上海日侨群体战后生活态度的质疑。堀田写道，“8月15日以来，在上海的同胞们相互见识到了各自在日本战败后的种种行径。同胞们的战后行径中出现了一些令我不能理解，自然也是无法赞同的现象。街道上碰到的日本同胞们大多是带着一副焦虑的表情急匆匆地行走。8月15日以来，上海的日本人似乎每个人都异乎寻常忙碌，而这正是最令我感到不可思议的地方。尽管说忙于应对战败带来的巨变也是情理之中的事情，但是奇怪的地方在于，上海的街头竟然看不到任何一个日本人因为战败而陷入茫然自失的绝望之中。对于很多同胞来说，忙碌的生活或许是维系战败后精神健康的手段。但是在上海的日本人之中竟然看不到哪怕一个因为战败而彻底绝望的人，这件事越思考越让我觉得不可思议。”[2]

由于远离正面战场，上海日侨群体既不像日本国内的同胞那样经历过大规模的美军空袭和物资短缺，同时也没有像抗战区的中国民众一样直接蒙受严重的战争损害。在生命安全和财产损失上，战败对于上海日

[1]「社告」、上海:『改造日報』、1945年10月9日、2版。
[2]「希望について」連載第1回、上海:『改造日報』、1945年10月6日、2版。

侨群体的影响极其有限，因此战后上海日侨群体最为关心的一个实际问题是如何尽可能地维持旧有的生活环境和在华财产利益。1945 年 9 月 6 日，时任日侨上海自治会部长的稻垣登在《大陆新报》发表评论《当前存在于军官民三者的道义缺失》。文中稻垣登写道，“对于我们这些滞留在中国的日本人来说，接下来会遇到什么样的不幸谁也不知道。虽然有的人说不管发生什么，都是过去日本人在华不义之举的应得报应，但是我想大多数人还是不希望遭遇报复。为了向中国人证明在华日本人的价值，我们要像过去一样发扬日本民族减私奉公、社会互爱、公共互爱和邻组互爱的道义力量。”[1]

稻垣登的评论使用了“减私奉公”、“邻保爱”、“道义力量”等战时日本政府进行民众宣导工作时的惯用语词，要求上海日侨群体在战败之后依旧维系所谓“日本国民的修身准则”。尽管稻垣登同时也谴责了侵华时期日侨的“不义之举”，但是这种自省带有明显的功利性目的，是为了回避所谓“来自中国人的报复”刻意造作的低姿态。稻垣登除了自治会部长的职务以外，当时还担任着上海三井物产总务课长、上海工部局物资统制局长和日本中贸联常务理事。他的言论态度代表了日侨商界和所谓“老上海”富裕阶层的战后立场。

作为 1945 年 3 月才到上海生活的“新日侨”，堀田善卫更容易发现老日侨群体的保守倾向和缺乏自省的局限性。早在日本战败之前，堀田就曾在一篇题作《上海与南京》的随笔中讽刺日军占领下的上海虽然表面繁荣，实质上只是一座缺失人性的虚无都市。堀田认为上海虽然是东亚地区首屈一指的国际商业大都会，“但是在这座城市的街头完全看不到‘爱’的存在”，“这座城市繁荣的实业看起来都更像是一片虚业”[2]。堀田还认为上海是一座缺少对死者敬意的城市，“在这样的城

[1]「現存する軍官民の不道義」、上海：『大陸新報』、1945 年 9 月 6 日、2 版。
[2]「上海・南京」、上海：『新大陸』、1945 年 8 月、91 頁。

市里生活久了，人们对于历史的认知必然发生扭曲和变质。”

《有关希望》一文延续了堀田对于上海日侨群体的批判姿态。文中堀田善卫重点抨击了战败后上海日侨言论界缺乏诚意的虚假反省姿态。堀田写道，“日本战败以后，上海的日本人中出现了很多自诩为早就预见到了这一结局的人。如果事实的确如此的话，那么意味着这些人在战争期间是戴着双重面具生活的。他们嘴上说着日本必胜，鼓吹灭私奉公，心中则思量着日本必败寻求自保。这些两面派们毫无节操的生活方式恐怕可以说是抛弃了作为人的尊严。日本战败后，上海当地的日语报刊上充斥着这样没有尊严的言论。最近听闻言论界有人在感叹战败后上海日本人的道义缺失，如果连作为人的尊严都放弃了的话，理所当然不会再有道义存在了。”[1]

堀田将“希望”定义为“只有在地狱之中才能生长出来的东西”。他以日本古典名著《方丈记》和当代诗人立原道造的作品《废墟》为例，主张文学艺术家与常人不同之处在于习惯将“灭亡”看作是获得新生命的必要途径，强调偏向以“灭亡”为起点观察世界的文人视角正适用于思考日本战败后的中日关系。堀田写道，“万事万物都有迎来灭亡的那一刻。日本的对华政策恐怕也是不能例外的。过去的我们是否曾拥有过这种灭亡的觉悟呢？我想一个民族如果时时刻刻拥有着迎接灭亡的觉悟，那么这个民族理应当处处表现出谦逊的态度才对。我还记得 8 月 12 日的时候，日本国内的报纸曾用‘不惧怕一亿国民灭亡’的标语报道日本民族面临的危机。现在我想提醒在上海的各位，假设日本这个民族真的就此灭亡，那么今后除了中国以外，是否还会有其他国家能够为日本传承它的东方文化呢。”[2]

[1]「希望について」連載第 1 回、上海:『改造日報』、1945 年 10 月 6 日、2 版。
[2]「希望について」連載第 3 回、上海:『改造日報』、1945 年 10 月 8 日、2 版。

四、《改造日报》与日侨管理处的对日文化工作

比起长年在沪生活的老日侨群体，到上海时间短又身无分文、寄人篱下的堀田善卫更善于从“解体重构”而不是“维系原状”的角度出发去看待战败后的上海日侨社群。他试图劝导《改造日报》的日侨读者们以“灭亡”的视角出发看待战败，自主否定以往的在华生活方式和对华态度。另一方面，作为一个有泛亚洲主义倾向的文人，堀田善卫又极力强调中日民族同属东方文化共同体的利益一致性。他寄希望于利用战败作为重构中日关系的契机，同时还期待日侨群体能在战后滞留中国期间寻找到重建日本这个国家及其文化主体性的途径。

《改造日报》之所以会在创刊后不久连载《有关希望》，一方面是源于这篇评论本身犀利的问题意识，另一方面也是因为堀田的作品与《改造日报》创刊时自我设定的办报目标及文化宣传策略相互契合。《改造日报》创刊号的“发刊辞”介绍了该报的4大目标，依次为（1）追究日本在华文化机构的战争责任，（2）重建中日唇亡齿寒的命运共同体关系，（3）教育日本民众反省侵略历史，（4）帮助日本民众清算军阀独裁体制建立民主新日本[1]。堀田善卫的《有关希望》在文章内容和问题意识上与《改造日报》的办报目标相一致。不难推测《改造日报》在创刊之初连载《有关希望》的意图之一，是期望利用堀田善卫的文人言论高效地宣传《改造日报》自身的对日文化工作理念。

1945年10月第三方面军上海日侨管理处正式运营之后，利用日侨文人群体的言论影响力推进针对日侨日俘的文化宣传是该管理处的早期

[1]「発刊の辞」、上海:『改造日報』、1945年10月5日、1版。

主要工作目标。据日侨管理处宣导科于 1945 年 11 月所做统计，日本战败后滞留上海的日侨中总共有 123 名具有一定社会影响力的文化界知识分子[1]。这其中既包括小说家、诗人、剧作家、文学翻译家等狭义的文坛文人，又包括学者、教师、新闻报人、出版社编辑、演艺界人士、社会活动家等所有具备高度的公共言论传播能力和表述意愿的广义知识分子。二战期间，这些日侨文人知识分子或多或少都参与过日本政府或军方主导的对华文化工作，因而熟悉文化宣传工作的方式和政治服务型言论的话语操作模式；另一方面，相比较在华日侨中的官僚群体、军人群体和工商界群体，文人知识分子群体虽然同属于日侨社会的中上流阶层，但是对于日本侵华的战争责任和轻文崇武的军国体制有着更为强烈的批判意识和批判言论的表述意愿。

1945 年 11 月 12 日下午 2 点，第三方面军日侨管理处召开了日本投降后的首次日侨文化思想座谈会。据日侨管理处《导报》刊载的会议记录，该会“聚集三十多位本市知名的日侨文化人，是应兼处长王光汉中将之邀来讨论如何推进日侨在逗沪期间各项文化运动”[2]。

图 6.7　日侨管理处负责人合影（左）、管理处首次举办日侨文化人座谈会时的参会人签名（右）

[1] 「日僑中の文化人」、上海：『改造日報』、1945 年 11 月 18 日、2 版。
[2]《特写上海日侨文化人茶会》，上海：《导报》第 2 期，1945 年 11 月 25 日，18 页。

堀田善卫也受邀参加了这次座谈会。在11月12日的日记中他写道，“下午2点，我去参加了第三方面军上海日侨管理处举办的文化事业相关人员座谈会。到会的日本人一共有30人左右。我认识的只有基督教牧师末包先生、朝日新闻的和田先生和高桥先生。座谈会开始后，先是由管理处的王处长讲话，随后是国民参政会员中国文化服务社长刘百闵发言，之后由小岩井净先生做了回应讲话。”这次座谈会让堀田印象最为深刻的是刘百闵所做的题为“王道与霸道”的发言。刘百闵称“王道是仁义道德的‘仁’字，‘仁’的解释是两个人，有了我亦要有你，我要生存你亦要生存，而近年来日本的思想家误以为只有我而没有别人，这也是这次大战症结所在”[1]。次日11月13日，堀田去找友人武田泰淳谈论了自己的参会感受，同一天他又前往改造日报社向日籍主编宇崎重交送了一篇题为“寄与刘百闵先生”的座谈会感想，当天日记中堀田还写道，“最近几天我一直都在想着‘中国和日本’这个话题，我发现自己对中日关系的兴趣似乎每天都在增强。”

尽管堀田本人对日侨管理处的文化工作表现出了浓厚的兴趣，但是从整体上看日侨管理处的早期对日宣传工作进行得并不顺利。据战后多次参加过日侨管理处座谈会的日本妇女教育家山岸多嘉子的回忆，“虽然每次开会时中方人员都表现出开诚布公的坦率态度，但是到场的日本人却一个个像嘴上加了盖一样沉默不言，那场面有时候就像是一群人在为刚去世的人守夜一样压抑。”[2]日侨管理处原本希望通过文化座谈会的形式构设一个中日文人知识分子相互对话的平台，但是由于多数日侨文人缺乏主动对话的意愿，原本应当双向交流的座谈会变质为单方面的训导会。这一时期日侨管理处面临着如何激发上海日侨文人群体的言论表述主动性的难题。而这不仅是日侨管理处亟待解决的问题，同时也是

[1]《特写上海日侨文化人茶会》，上海：《导报》第2期，1945年11月25日，19页。
[2]「敗戦の果実—戦後の上海より」、東京：『婦人公論』、1946年12月、34頁。

上海的日侨文人群体自身急切希望寻求到答案的战后首要课题。

五、“在上海自由思想家联盟”与左翼日侨群体

在隔海相望的日本本土，原本在战时体制下受到高压管制的文人知识分子群体也在日本战败后获得了言论表述环境的改善。1945 年 9 月 5 日，刚刚重新组阁并成为战后日本第一任首相的东久邇稔彦发表施政纲领，其中特别强调了“新日本的建设将以倡导和平的‘文化日本’作为国家和全体国民共同追求的目标”[1]。此后“文化日本”成为战败后日本最早的社会流行语，文人知识分子们参与社会公共事务讨论的意愿也随之不断提高。1945 年 9 月 27 日，辰野隆、新居格、山本实彦、山田耕作等日本国内文坛、学界、出版界、新闻界的意见领袖们联名倡议建立旨在推进战后新日本文化建设、鼓励文人知识分子参与国家改革事务的“日本文化人联盟”[2]。一个月之后的 1945 年 10 月 26 日，在上海的日侨文人知识分子们也仿照“日本文化人联盟”的形式成立了“在上海自由思想家联盟”。

1945 年 10 月 27 日，堀田善卫参加了“在上海自由思想家联盟”成立后的第一次日侨文人集会。堀田善卫在当天日记中记录了自己的参会体验。日记中他写道，“这次集会参加的人主要有赤间、会田、武田、高桥、刈屋、菊池以及一个叫藤冈的《每日新闻》的记者。藤冈记者是武田的同学，他详细地给我们介绍了战争时期目睹的日军军纪颓废的现象，他说自己从那时起就看清了日本必败的态势，之后藤冈记者还

[1]「万邦共栄　文化日本を再建設　東久邇首相宮　施政方針演説で御強調」、東京:『朝日新聞』、1945 年 9 月 6 日、1 版。

[2]「日本文化人聯盟」、東京:『朝日新聞』、1945 年 9 月 28 日、2 版。

对‘在上海自由思想家联盟’发表了一些看法。今天参会时我惊讶地发现‘在上海自由思想家联盟’的成员竟然几乎全都是旧左翼出身。”

日本国内的文坛和言论界曾在 1924 ～ 1934 年间经历过左翼运动的黄金十年。之后由于受到日本政府的强硬镇压，各类左翼团体陆续解散，左翼知识分子们或是转变政治立场，或是转入地下，或是流亡海外。二战期间，上海是流亡海外的日本左翼知识分子们主要选择的寄身地之一。根据日本政府于 1944 年 6 月制作的调查报告《华中左翼转向者略名簿》，同时期侨居上海、苏州、无锡、杭州等华中地区的日本左翼活动家共有 124 名，其中上海本地就有 83 名 [1]。日本战败后，这些在上海的左翼知识分子群体成为左右日侨言论界的重要力量，同时期《改造日报》刊载的各类政治、社会、经济、文化话题大部分是由左翼知识分子首先提出并展开讨论。

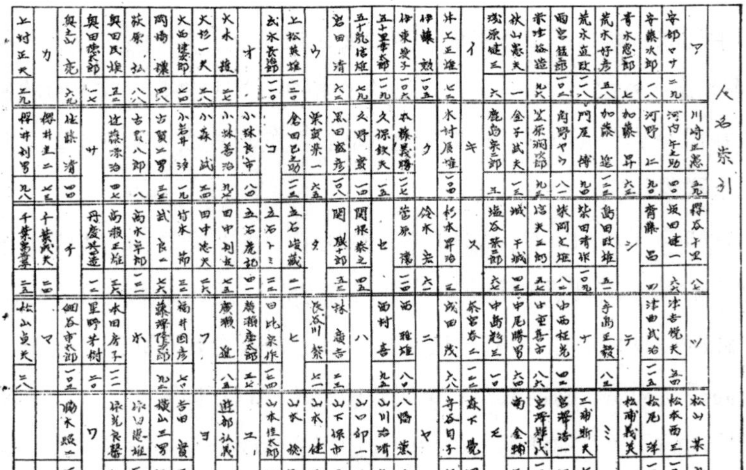

图 6.8　日本在华特务机关调查整理的《华中左翼转向者略名簿》（机密文件）

[1]「昭和 19 年 6 月 30 日現在・在華中左翼転向者略名簿」、日本国立公文書館、3A/15/11-9。

例如，1945年10月“在上海自由思想家联盟”成立后不久，以《改造日报》为舞台发生了一场由左翼日侨知识分子主导的言论界论争，主题是如何认识日侨文人知识分子的战争责任以及日侨知识分子群体与平民大众之间的阶级关系。

1945年10月27日，《改造日报》刊发了“在上海自由思想家联盟”的成立倡议书。该倡议书作者署名“山木十一”，文章开篇写道，“对于日本的思想家们来说，1931年9月发生的柳条沟事变是此后一系列受难历程的原点。从那以后，日本又陆续发生了1932年的五·一五事件和1936年的二·二六事件，并在1937年7月正式发动了全面侵华战争。一直到1945年日本接受波茨坦公告宣告投降为止，日本的思想家们受到了长达十几年的言论压迫，有的人选择了沉默，有的人无奈地伪装了自己的言论立场。”“在上海自由思想家联盟”的倡议书将日本的共产主义者、无政府主义者、自由主义者、科学主义者统称为“自由思想家”，同时又将九一八事变之后到日本战败为止的近15年定义为“日本自由思想家的受难期”。倡议书还将这些“日本自由思想家”按照他们各自的战时言论立场划分为两类人，一类是“因为坚持自己的信仰而入狱，要么是在狱中被拷打致死，要么是用沉默来反抗的人”，另一类是“因为迫于强权和生活压力，不得已服务于帝国主义战争的国家总力战体制，或多或少为日本的战争部门工作过的人”。倡议书认为，后一类人虽然曾经为法西斯政权服务过，但是因为“他们即便是在为日本的战争部门工作期间也曾努力纠正这场战争的反动性，也试图减轻战争所带来的灾祸，所以本质上来说，他们和前一类人同样属于反战主义者”[1]。

战后滞留在上海的日本文人知识分子们此前大多供职于《大陆新

[1] 本段引用内容皆引自「自由思想家聯盟の提唱」、上海：『改造日報』、1945年10月27日、1版。

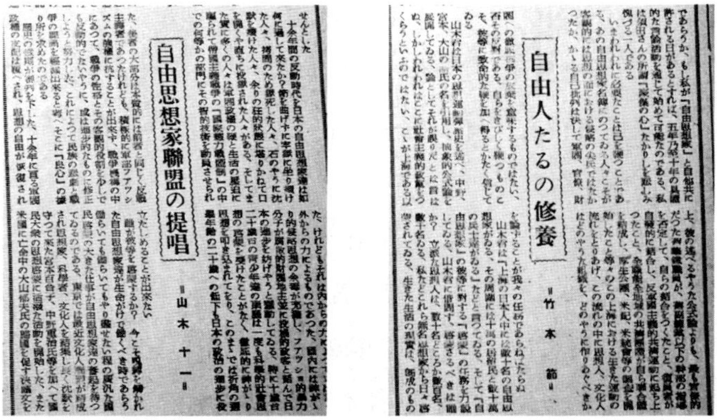
自由思想家聯盟の提唱
＝山本十一＝

自由人たるの修養
＝竹本節＝

图 6.9 《改造日报》有关“在上海自由思想家联盟”的论争文章

报》及其中文姐妹报《新申报》、《朝日新闻》上海分局、《每日新闻》上海分局、日本同盟通信社上海分局、上海日本商工会议所、上海市政研究所、日本华中铁道公司调查所、日本“大使馆”上海事务所情报部、日本陆海军在沪报道部等日本政府或侵华日军资助建立的对华情报机关和文化工作机构[1]。这些日侨文人知识分子们或多或少协助过日本的对华侵略以及日军占领地的文化宣传工作，“在上海自由思想家联盟”的成立倡议书实质上是一部分日侨知识分子针对战争责任问题进行的自我辩解和利益维护。倡议书建议将所有在上海的日本知识分子统一视为“日本军国主义的受害者”，刻意强调这一群体作为“反战主义者”的共性，进而回避讨论每个人具体的战时履历以及个人的主体战争责任。这种战后言论立场很快遭到了来自左翼日侨知识分子的批判。

“在上海自由思想家联盟”的倡议书发表后不到一周，一位名叫竹本节的日本农民活动家在《改造日报》发表了批判“在上海自由思想家联盟”的文章《作为自由人的修养》。竹本节是日本共产党员，1932 年因参加左翼运动被捕入狱 5 年，刑满释放后流亡到上海。二战期间他在

[1] 『支那在留邦人人名録　第 35 版上海版』、上海：金風社、1945 年 8 月。

《大陆新报》担任农村调查记者，日本战败后转入《改造日报》工作，从上海回国后又重新加入了日本共产党[1]。《作为自由人的修养》刊载于《改造日报》1945年11月1日的“自由论坛”专栏，文章开篇写道，“日本战败后我们终于得到了期望已久的言论自由，这当然是值得高兴的。但是我们必须警惕不要被一些抽象的公式化言论所毒害，今天我们最需要的是对具体问题的具体讨论。特别是一些战后新成立的日侨团体，在发表组织纲领时必须认真考虑今天我们所处的实际环境。我们要牢记一切从现实生活出发思考问题的原则，必须防止那些没有经过现实考量，只会传播幼稚俗套言论的日侨团体出现在我们身边。从这一点来说，我觉得上个月27日发表的‘在上海自由思想家联盟’的倡议书是有必要进行批判提醒的。”[2]

在发表倡议书之前，“在上海自由思想家联盟”整理制作了一份《上海自由思想家名册》，竹本节本人的名字也被列入其内。竹本节写道，“当我在名册上看到自己名字时，首先感到的是慌张和困惑。日本侵华期间我曾在《大陆新报》当记者，和《大陆新报》一样我当时的对华认识是陈旧的。我写过一本题作《米粮春秋》的书，为日军在华的粮食掠夺政策提供合法化依据。即便是在今天这样提倡‘言论自由’的时代，像我这样的人，也没有资格面对数十万在上海的日侨自称为‘自由思想家’。如果在接下来的5年甚至10年的时间里，我能够通过自己的言行去实际证明自身的思想革新，我才有资格自我标榜是一个自由思想家。”[3]

竹本节在《大陆新报》供职期间主要负责报道中国农村的米粮问题。他在1945年1月曾出版过一册题作《米粮春秋》的时事评论集，

[1] 竹本節『私は何故日本共産党に入党したか』、鳥取：村上印刷所、1949年1月。
[2]「自由人たる修養」、上海：『改造日報』、1945年11月1日、1版。
[3]「自由人たる修養」、上海：『改造日報』、1945年11月1日、1版。

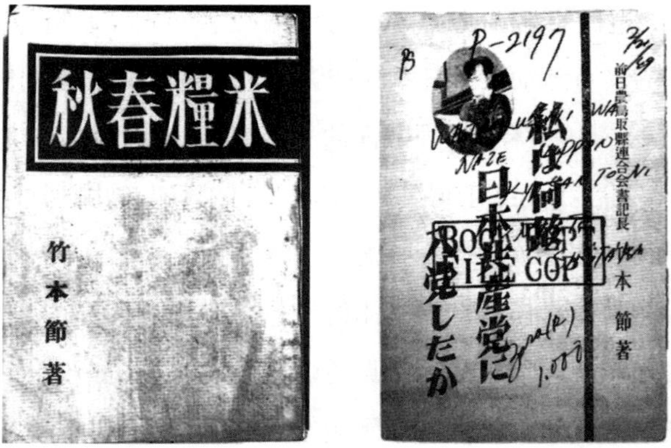

图 6.10　竹本节在上海出版的时事评论集《米粮春秋》（笔者私藏）（左）、战后遣归日本后出版的短篇自传《我为何加入日本共产党》（封面可见言论审查痕迹）（右）

该书是针对汪伪“米粮统制委员会”（简称“米统会”）的工作实效所做的调查和评述。“米统会”成立于1943年10月，是汪伪政府为了配合日军对苏浙皖三省及京沪两地米粮生产、收购的军事化管制而成立的机构[1]。尽管竹本节自我批判《米粮春秋》“为日军在华的粮食掠夺政策提供了合法化依据”，但是从该书的实际内容来看，《米粮春秋》的主旨在于抨击“米统会”的汪伪政府官员和日军下属粮食收购商的贪污腐败现象，论述立场总体上偏向于同情受到日伪双重盘剥的中国农民，美化日本侵华战争的言论并没有构成该书的主体内容[2]。从这点来说，竹本节的自我批判体现了他作为共产主义者高于普通日侨知识分子的道德自律性和对战争追责的严厉态度。

《米粮春秋》一书中，竹本节将汪伪米统会最大的失误归之为“忽略了农民自己的声音”。他认为“中国农民正在天灾、战乱和贪官污吏的苛捐杂税下痛苦地呻吟，虚心聆听农民的声音才是现在最应该做的事情”[3]。这样一种阶级立场也被竹本节用于批判“在上海自由思想家联

[1]《米粮统制委员会组织经过》，上海：《米粮统制会刊》创刊号，1943年12月，38页。
[2]『米糧春秋』、上海：大陸新報社、1945年1月。
[3]『米糧春秋』、上海：大陸新報社、1945年1月、92頁。

盟”的成立倡议书。“在上海自由思想家联盟”的倡议书将日侨知识分子群体定位为“上海十万日侨和数十万日俘的思想启蒙者”[1]，竹本节反对这样一种居高临下的姿态，他强调真正需要接受启蒙教育的恰恰是自诩为“思想启蒙者”的日侨文人知识分子们。竹本节认为在平民日侨阶层中“生活着成百上千的无名思想家们，我自己天天就在接受着他们的启蒙教育”；竹本节主张，“如果真心要进行思想启蒙的话，我们需要的不是以居高临下的姿态将温室里培养出来的空洞思想强加给这些无名的同胞们。我们应该虚心地、自发地跟随在人民大众的身后，向他们请教源自于实践生活的真正思想。”[2]

竹本节抨击的是一部分日侨知识分子居高临下的选民意识。他声明自己“赞同并理解在上海自由思想家联盟的存在价值”，但是拒绝承认“在上海自由思想家联盟作为一种言论特权阶层的存在形式”[3]。竹本节期望借助日本战败的契机对上海日侨言论界进行自下而上的改革，试图通过增强平民阶层日侨群体的言论话语权，迫使知识分子群体进行自我反思，借此重构上海日侨言论界的阶级力量对比。竹本节此时正担任《改造日报》的日籍编委，他对于“在上海自由思想家联盟”的批判也反映了《改造日报》在构设战后日侨言论空间时的阶级立场。

六、《改造日报》的人民之声和文人言论职能

日本战败后，上海周边苏浙皖鄂等地区的日侨陆续来沪，为了防止这些外地日侨威胁到上海本地日侨社群的利益，日侨上海自治会在

[1]「自由思想家聯盟の提唱」、上海:『改造日報』、1945 年 10 月 27 日、1 版。
[2]「自由人たる修養」、上海:『改造日報』、1945 年 11 月 1 日、1 版。
[3]「自由人たる修養」、上海:『改造日報』、1945 年 11 月 1 日、1 版。

1945年9月8日通过《大陆新报》发表了题为“新来沪人员应对措施”的公告。该公告称，日侨上海自治会决定以日本战败的消息传至上海的1945年8月11日为界线，将所有之后来沪的外地日侨统一视为“遣归者”；自治会向所有“遣归者”发放“临时居民证”，并对这些“临时居民”的居住场所、粮食配给、子女教育等方面实行区别于本地日侨的差异化待遇措施[1]。由于此后流落到上海的外地日侨人数不断增加，他们大多生活窘迫缺乏收入来源，日侨上海自治会的差别化措施进一步加剧了日侨群体内部的阶级对立，贫富矛盾成为战后初期上海日侨言论界最关心的话题之一。

1945年10月5日《改造日报》创刊后，报社为了拓宽言论渠道，在每日第2版面设置“民声”专栏，用以刊登600字以内的大众读者来信[2]。此后“民声”专栏刊登了大量来自匿名或化名日侨读者的来稿，其中大多是反映下层日侨群体利益的时事短评。例如《改造日报》创刊号的“民声”专栏刊登了署名“无名青年”的短评《救济失业者》。该文用激烈的言辞抨击上海日侨的富裕阶层是“借助战争为自己敛财的罪犯团伙”、“不愿意抛弃旧有错误观念的伪当权派们”；作者“无名青年”号召“没收这些罪犯的财产作为失业者的救济资金”、“上海的日本青年们必须站起来去解救将要饿死的同胞们”[3]。

1945年10月，国民党第三方面军下令重组日侨上海自治会并同时解散了日本居留民团等在沪日侨行政组织[4]。之后伴随着日侨社群内部权力体系的重组，协助下层日侨群体与旧当权派争夺言论界的话语权成为《改造日报》的基本立场。这一时期，“无产者”与“特权者”、“普

[1]「新来滬者の措置」、上海:『大陸新報』、1945年9月8日、2版。
[2]「投稿規定」、上海:『改造日報』、1945年10月5日、2版。
[3]「失業者救済」、上海:『改造日報』、1945年10月5日、2版。
[4]「日本人の相互扶助に『日僑自治会』誕生す」、上海:『改造日報』、1945年10月7日、2版。「卅九年史に終止符　日本居留民団解散」、同前10月8日、2版。

通大众”与“旧官僚财阀”、“日本人民”与“伪当权派”的二元对立是《改造日报》反复出现的话语表述形式。例如《改造日报》1945 年 10 月 8 日“民声”专栏刊载的短评《倾家荡产》抨击“伪当权派们正妄图继续欺骗日本人民”[1]，10 月 10 日刊载的《卖国卖民之贼》则呼吁“上海的日本人民站起来共同埋葬那些卖国卖民的旧官僚财阀”[2]。1945 年 10 月 6 日，改组后新成立的日侨自治会选举了土田丰担任会长，侵华战争时期他曾担任过日本驻汪伪政府“公使”。10 月 7 日至 8 日，《改造日报》连载了一篇无署名的长篇专论《日本居留民的共济自救之道》。该文抨击新成立的日侨自治会“没有立足于日侨民意依然是过去旧体制的延续”，要求“驱逐那些没有清算自身战争责任的伪当权派们”[3]。与之形成呼应，10 月 15 日《改造日报》“民声”专栏刊登了署名“老青年”的短评《对自治会的要求》。该文质疑仓促成立的日侨自治会不是产生于民主选举，认为战后上海的日侨社群“还是由过去的旧当权派依靠垄断人事权掌握着实权”[4]。

《改造日报》“民声”专栏的这些短评都采用了和前述《救济失业者》近似的二元对立式表述。这些短评构设了“无产者”与“特权者”、“日本人民”与“伪当权派”、“普通大众”与“旧官僚财阀”之间的二元对立，通过强调前者相对于后者的阶级道义优越性争夺言论主导权。值得注意的是，如果去掉“日本”两字，《改造日报》的这些短评就和同时期中共《解放日报》抨击国民党政权的言论高度雷同。例如《解放日报》1945 年 10 月 3 日“社论”《前进或后退》同样使用了“人民”与“特权者”、“人民”与“垄断者”的二元对立式表述，鼓励中国民众质

[1]「総投出しを」、上海：『改造日報』、1945 年 10 月 8 日、2 版。
[2]「売国売民の賊」、上海：『改造日報』、1945 年 10 月 10 日、2 版。
[3]「居留民共済自救の道」、上海：『改造日報』、1945 年 10 月 7 日～9 日、2 版。
[4]「自治会へ要請」、上海：『改造日報』、1945 年 10 月 15 日、2 版。

疑作为国家当权派的国民党集团的执政合法性。相同的论述风格也可见于《解放日报》次日10月4日的“社论”《要求国民党当局履行还政于民的诺言》[1]。这意味着尽管《改造日报》是国民党第三方面军的机关报，却从创刊初期开始就构设了一个与中共系统的主流报纸具有相似话语模式的言论空间。

但是另一方面，在《改造日报》主导的这场下层日侨针对旧当权派的话语权争夺战中，尽管有竹本节等左翼活动家积极参与其中，但从整体上来看大多数在上海的日侨文人知识分子们只是采取了作壁上观的姿态，这也是竹本节质疑“在上海自由思想家联盟”存在意义的原因之一。

例如《改造日报》每日第2版面除“民生”专栏外，还设有“文化”专栏（后改为“副刊”），主要用于刊载上海当地知名日侨文人的随笔、诗歌和评论作品。在“民生”专栏对日侨旧当权派抨击最激烈的1945年10月间，“文化”专栏总共刊登了18篇作品，其中没有任何一篇直接关涉抨击日侨旧当权派的话题。这一时期，《改造日报》“文化”专栏更为关注的话题是如何在日本战败之后重建中日文化界之间的“友情”。其中具有代表性的作品文本有武田泰淳的《郭沫若的事》、三浦桂祐的《友情片片》和内山完造的《十月十九日》。

武田泰淳的《郭沫若的事》发表于《改造日报》1945年10月5日的创刊号。这是一篇回忆郭沫若20世纪30年代亡命日本期间和日本“中国文学研究会”之间交往经历的随笔。文中武田泰淳描写了日本中国文学研究会的成员们和郭沫若相识的过程，强调“中日两国文艺界的亲近”以及他本人“对郭沫若纯粹人格魅力的敬爱”[2]。

三浦桂祐的《友情片片》刊载于1945年10月17日，这是一篇采

[1] 延安:《解放日报》1945年10月3～4日，1版。
[2]「郭沫若のことなど」、上海:『改造日報』、1945年10月5日、2版。

郭沫若のことなど

武田泰淳

私達が中國文學研究會を始めた頃、郭沫若は市川に住んでゐた。私達が訪問すると古代史の話ばかりして、現代文藝の話にはあまりふれなかつた。彼の人一倍大きい頭の中には古代社會の金石文字

郁氏の分も郭氏が代つて飲んだ。私達はめいめい勝手なことばかり喋り誰がお客かわからなくなつた。魯迅の小説史の譯者の増田渉などは師魯迅に關して大論を醸して郭氏

文化

友情片々

三浦桂祐

「この戰ひは永遠に戰はむが爲のものではなく眞の平和を得

る。この思想的な動搖期にあつて、子供を如何に育てるか、かうした私事にまつわる些事ばかりが徒らに多い。もつと大きな「反省」か「自覺」が自分のものとしてぴつたり來ないのは何故であらうか。

◇

閑になつたら勉强するといふことも、自他に對

十月十九日

内山完造

人は死ぬると記念日になる、だから人の死たない家がないのと同じ樣に記念日のない家はない、だが記念日にも大きい記念日があり小さい記念日

からたゞ死んだからというて記念する記念日はお寺の坊さんの吃飯銅鑼以外の何ものでもありはせん

魯迅先生逝いて今年は

图 6.11　从左到右依次为《改造日报》刊载的武田泰淳、三浦桂祐和内山完造的作品

用告白体形式写作的随笔。三浦桂祐是上海日侨文坛的著名诗人。他从 1938 年侨居上海之后在当地日系报刊发表了大量诗歌作品，1943 年开始在上海编辑发行日文诗歌杂志《真土》，1944 年出版了诗歌集《上海短歌》[1]。《友情片片》采用自我告白的形式叙述了“我”与“吴君”、“许君”、“方小姐”等中国友人之间的情谊和日本战败后自己对中国友人的愧疚。叙述者的“我”回忆了自己在搬入日侨集中区之际和中国友人们告别时的场景，强调“我们之间的友情不会改变，这些真正的中国知己们给了我心灵上的慰藉”。同时“我”又向读者们告白，“自己在集中区每天忙于生活琐事，忽略了更重要的自我反省”，“如果中国朋友们来集中区看我的话，我不知道应当如何回报他们的友情。”[2]

内山完造的《十月十九日》是为纪念鲁迅而写的散文。1945 年 10 月 19 日是鲁迅逝世“九年忌”。10 月 17 日，《改造日报》报道了上海苏联广播电台企划的“纪念鲁迅特别节目”，该节目从 10 月 16 日开始，连续 4 天播放了许广平的《回忆》、奥田杏花的《我和鲁迅的最后谈话》等演讲稿[3]。作为鲁迅生前最亲密的日本友人，内山完造写道，“我这个

[1]「巻末小記」『上海短歌』、上海：大陸往来社、1944 年 11 月、187 ～ 190 頁。
[2]「友情片々」、上海：『改造日報』、1945 年 10 月 17 日、2 版。
[3]「魯迅を偲ぶ」、上海：『改造日報』、1945 年 10 月 17 日、2 版。

人学识有限，没有资格对伟大的鲁迅先生发表什么高深的评论，我对鲁迅先生印象最为深刻的是他的那双眼睛。先生的那双眼睛清澈、锐利同时又饱含温情。任何人第一次见到先生，都是首先从那双眼睛体会到鲁迅的伟大。”[1]

图 6.12　从左到右依次为二战末期内山完造、武田泰淳、三浦桂祐在上海编著出版的文艺图书
（中山大学图书馆和上海图书馆藏）

武田泰淳、三浦桂祐和内山完造的作品均采用了第一人称叙述，叙述者的“我”通过告白和喊话的表述形式向中国友人们倾诉情谊。这种表述形式具备了两方面的效果。一方面，它用于强调叙述者的“我”作为一名十分了解中国的“知中派”日本文人和中国文化界之间存在的天然联系，由此以“我”为中心构设一个中日文化界的友情共同体；另一方面，自认为是“知中派”的“我”反复强调自己对中国的亲近程度，以此凸显自身与其他普通日侨之间的差异，确保“我”能够获得一种自身属于特殊日侨群体的角色定位和身份认同。尽管刊载三人作品的《改造日报》是主要提供给日侨读者阅读的日文报纸，三人的作品却都是以中国读者为假想受众书写而成。这意味着对于武田泰淳等文人知识分子

[1]「十月十九日」、上海:『改造日報』、1945 年 10 月 19 日、2 版。

来说，比起日侨社群内部的权力体系重组，如何在日本战败之后重新寻找到与中国对话的方式是他们更为关心的问题。

二战期间，上海的日侨文人知识分子们普遍参与了日本政府和侵华日军主导的各类对华文化工作。日本战败之后，如何处理这些战时对华文化工作的“遗产”是日侨文人群体共同关心的问题。特别是在国民政府党政、军队的对日文化工作机构进驻上海之后，如何重新考量自身的言论职能和与政治权力之间的关系，成为日侨文人知识分子们必须面对的战后课题。日侨文人知识分子群体普遍具备较高的公共言论传播能力和表述意愿，同时熟悉文化宣传工作的方式和政治服务型言论的话语操作模式，因而比其他阶层的日侨群体更容易与新政权的言论管控机构产生合作或对抗的双向关系。在国民政府的党政、军队宣传系统试图利用上海的出版文化资源构设新的日侨言论空间的过程中，战后滞沪的日侨文人知识分子们将不得不再次去追问各自应当承担的言论职能。

第七章

留用日侨与国民政府的对日文化工作

一、“归国”与“留华”的道路选择

日本战败后，在上海的各类日系文化工作机构或是自主停业，或是被国民政府取缔和接收，大量失去了工作的日侨文人知识分子们面临着重新寻找谋生途径的现实问题。例如堀田善卫的好友武田泰淳战时曾担任上海东方文化编译馆翻译部主任，战后为谋生，他在虹口日侨集中区北部的乍浦路东剧横会元里 8 号和朋友野野口吉一（原上海苇泽印刷所职员）合作开办了一家代人撰写中文信件的事务所[1]。另一位好友林俊夫此前担任上海日军舰队报道部顾问，日本投降后转而作为日籍留用人员进入国民党第三方面军工作[2]。又例如长年在上海经营“内山书店”的内山完造是上海日侨文化界的意见领袖，日本战败后，内山书店被国民党中央文化运动委员会接管，内山完造在第三方面军日侨管理处的授意下成立了上海文化服务社，负责抗战文献和对日宣传资料的翻译

[1] 『上海日記』、1945 年 10 月 27 日、神奈川県近代文学館蔵。
[2] 『上海日記』、1945 年 11 月 4 日、神奈川県近代文学館蔵。

工作[1]。

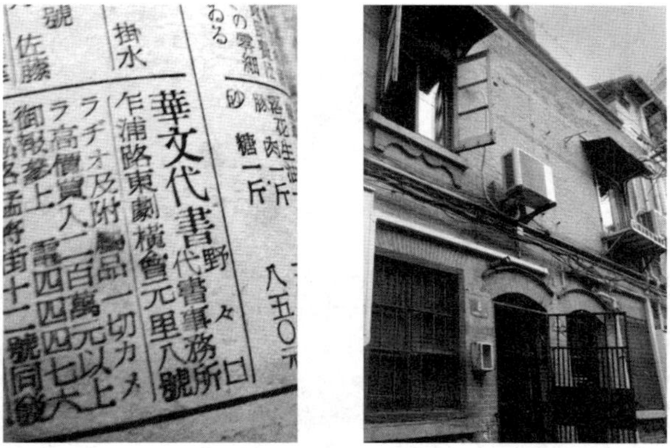

图 7.1 《改造日报》1945 年 11 月 4 日刊载的“华文代书”广告（武田泰淳经营）（左）、武田泰淳战后滞留上海时期居住场所“乍浦路东剧横会元里 8 号”现景（右）

1945 年 3 月赴上海之时，堀田善卫的身份是日本国际文化振兴会驻上海资料室的职员。日本战败后，上海资料室被振兴会东京总部遗弃[2]，原资料室长菊池租转职进入了上海本地的老牌出版社“日本堂”从事二手图书销售工作[3]。战后初期，堀田善卫处于完全失业的状态，除了在《改造日报》撰文所得稿费之外，他没有收入来源，主要依靠亲友的接济维持生活。当时堀田有一位叫市川定兴的表兄居住在前文提及的虹口北部祥德路段“绿苑庄”小区。市川定兴战时供职于日本昭和通商株式会社，这是一家由日本陆军部在 1939 年开设的军事物资销售企业，二战期间负责为日军买卖军火、军工机械和原材料[4]。根据 1943 年版《日本全支商工名鉴》的记述，昭和通商当时在上海设有支店，店址

[1]「抗戦の文化を発揚　上海文化服務社で」、上海:『改造日報』、1945 年 10 月 29 日、2 版。

[2]「国際文化振興会昭和 20 年度事業概況」(1945 年 9 月～12 月)、国際交流基金東京四谷図書館蔵。

[3]『上海日記』、1945 年 11 月 5 日、神奈川県近代文学館蔵。

[4] 日本陸軍省機密文書 351 号「昭和通商株式会社ニ関スル件」、1939 年 7 月 29 日、日本防衛省研究所、アジア歴史資料センター収録。

在百老汇路（现大名路）127 号，店长是杉原武助[1]。

图 7.2 “绿苑庄”现景（左）、1943 年版《日本全支商工名鉴》（中山大学图书馆藏本）（右）

1945 年 9 月国民党第三方面军发布上海日侨集中居住训令后，堀田从愚园路的原住所搬出，辗转几处住址后寄宿到了表兄家中。在 1945 年 10 月 16 日的日记中堀田写道，“最近我一直在犹豫是否要去国民政府的机关找一份工作，如若不然就只能继续在市川兄家吃闲饭了。但如果仅仅是去充当一个民主主义的宣传工具，我也是不愿意的。” 1945 年 10 月 6 ～ 8 日，堀田善卫在《改造日报》发表了自己的战后第一部作品《有关希望》。这是一篇连载形式的评论作品，主旨在于讨论战后日侨群体如何重新定位自身的角色职能（详见本书第六章）。《有关希望》为堀田善卫赢得了日侨管理处的关注，堀田本人也开始寻求为国民政府的文化机构工作的可能性。1945 年 11 月 12 日，堀田受邀请参加了日侨管理处主办的“上海日侨文化人茶会”，这是日本战败后上海地区举办的首次中日文化界知识分子的对谈活动。

11 月 13 日，《改造日报》采用“提倡中日间的真正结合”的标题

[1] 中国通信社編『全支商工名鑑』、1943 年 6 月、98 頁。

详细报道了本次中日知识分子对话的经过。这次“上海日侨文化人茶会”的主题是“如何通过中日文化的融合寻找到能够实现世界和平的新文化理念”[1]。会议的中方嘉宾为第三方面军日侨管理处长王光汉、宣导科长王念忱和中国文化服务社长刘百闵；日方嘉宾除了堀田善卫以外，还有原东亚同文书院大学教授小岩井净、朝日新闻华中支局长和田齐、原汪伪“中日文化协会”上海分会业务处长高桥良三、《改造日报》日籍编委岛田政雄和竹本节、教育家星野芳树和山岸多嘉子等 30 余人。日侨管理处召开本次座谈会的目的之一，是试图招募在上海的日侨文化人协助国民政府开展对日宣传工作。受邀参会的中国文化服务社长刘百闵在演讲时称，“战争结束后的今天，中日两国迎来了真正的相互协作机会，我们这些文化工作者们应该抓住这次机会，实现中日文化人的团结合作。”

在国民政府对日宣传机构积极招募日侨文化人的同一时期，上海地区的日侨遣返工作也进入了启动阶段。1945 年 11 月 13 日，《改造日报》发布了战后第一则有关日侨遣返日程的讯息，报道称“上海日侨翘首以待的华中地区日本军民遣归工作将从本月开始启动”，“根据中国政府当局的指示，第一艘遣归船只‘北鲜丸’将于 11 月 14 日从日本九州佐世保港出发，预计将于 17 日到达上海。”[2] 次日，堀田善卫在日记中写道，“最近陆续听到有关日侨遣归即将开始的传闻。我自己是一点都不想回国。比起回日本，我更想继续留在上海。如果一定要回去的话，那我就坐最后一趟船只离开。”

日本战败后，“归国”还是“留华”是上海日侨群体共同关心的话

[1]「中日真の結合へ　きのふ初の文化座談会」、上海：『改造日報』、1945 年 11 月 13 日、2 版。

[2]「今月末に北鮮丸出帆」、上海：『改造日報』、1945 年 11 月 13 日、2 版。另外，由于船只故障等原因，原定于 11 月启动的上海日侨遣返工作实际上直到 12 月 4 日才正式开始。

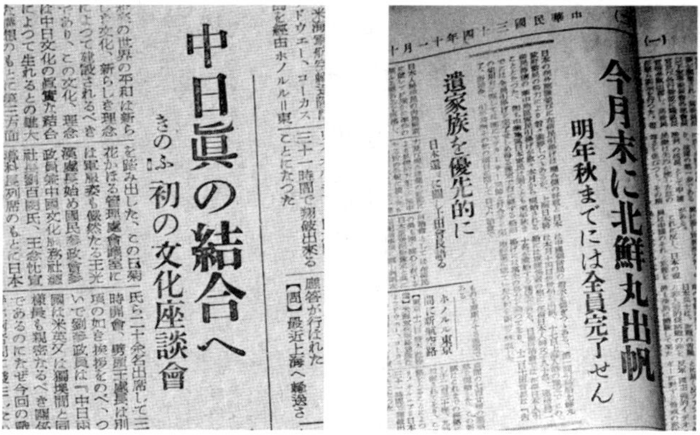
中日眞の結合へ
きのふ初の文化座談會
今月末に北鮮丸出帆
明年秋までには全員完了せん
遺家族を優先的に

图 7.3 《改造日报》有关战后首次日侨文化座谈会以及第一艘日侨遣归船只的报道

题。早在 1945 年 9 月，《大陆新报》就曾在“我的思考”专栏对该话题展开讨论。上海自然研究所长佐藤秀三在专栏处主张“只有那些即便是在失去日军保护伞的情况下，依然有自信能够在上海这个国际大舞台上施展拳脚的日本人才有资格留下”[1]；日本“中支”振兴会副总裁伴野清则称，“希望中国方面能够认识到在华日侨技术人员的价值，有效利用日侨技术人员在工作态度和工作能力上的优势”[2]。对于长年在沪生活的老日侨群体而言，离开上海意味着放弃所有在华积累的财产，回国是一种非自愿的被动选项[3]。加上日本战败之后，有关日本国内局势混乱、生活条件恶劣的讯息不断流传到上海[4]，对于一些有学科专长的日侨技术人员和文人知识分子们来说，作为中方的日籍留用人员继续在华工作成为另一个有吸引力的生活选项[5]。

根据上海日侨管理处的统计，截至 1945 年 11 月 30 日，“各机关留用日籍人员，应函请本处填发上海地区留用日籍人员出入证，现计发出

[1]「素ッ裸で活躍の自信持て」、上海:『大陸新報』、1945 年 9 月 8 日、2 版。

[2]「強靭な粘りと不屈の勇気　技術と経験を中国建設に善用」、上海:『大陸新報』、1945 年 9 月 10 日、2 版。

[3] 杭舟《日侨归国感言》，上海:《导报半月刊》第 2 期，1945 年 11 月 25 日，7 页。

[4] 島田政雄「日本の食糧問題」、上海:『改造日報』、1945 年 10 月 5 日、1 版。

[5]「あす残留希望者懇談会開催」、上海:『改造日報』、1945 年 11 月 24 日、2 版。

图 7.4　左右图分别为中国画家董天野和日本画家可东弥之助描绘战后上海日侨的作品

1045 号。”[1]这一时期，所有在中国政府机构或企业团体找到工作并获得留用资格的日侨均可获得一张由日侨管理处签发的“留用日籍人员出入证”(后改名“留用日籍人员服务证”)[2]。拥有该证件不仅意味着一份收入稳定的工作，还可以让日侨免除只能在虹口集中区活动的限制，这也是堀田善卫当时期望获得留用资格的原因之一[3]。

堀田善卫最早试图去应聘“中国文化服务社”上海分社的日本联络员一职。中国文化服务社是国民党中央执行委员会管辖的官办书商，该社成立于 1938 年 12 月，社长刘百闵，主要业务是出版发行国民党系统的党宣图书[4]。堀田在参加前述“上海日侨文化人茶会”之际结识了作为中方嘉宾参会的中国文化服务社长刘百闵，1945 年 11 月 14 日的日记中他写道，“尽管最近有很多人说要回日本，但是我却不想回去。只要中国文化服务社是一个有实力的机构，我就打算去应聘它的日本联络

[1]《日侨管理处工作报告（三）》，上海:《导报半月刊》第 3 期，1945 年 12 月 10 日，26 页。

[2]《第三方面军上海日侨管理处启事》，上海:《申报》，1946 年 3 月 27 日，4 版。

[3] 武田泰淳「連載インタビュー　堀田善衞のこと⑵」、『堀田善衞全集月報 10』収録、1975 年 3 月。

[4] 刘百闵《关于中国文化服务社》，中国文化服务社北平分社印，1943 年 12 月。

员职务。”堀田随后向中国文化服务社提交了求职信，虽然这次应聘最终没有成功，但不久之后经由朋友须田祯一（朝日新闻上海特派员）的介绍，堀田在 1945 年 12 月成功加入了国民党中央宣传部对日文化工作委员会上海分会，如愿以偿地获得了日籍留用人员的身份。

二、国民党中宣部“对日文工会”的上海事业

1945 年 10 月国民党第三方面军在上海设立日侨管理处之后，当时还在重庆的国民党中央宣传部也开始筹备在上海建立党宣系统的日侨管理机构。抗战时期，国民党中央宣传部下设有“对敌宣传委员会”负责对日文化宣传工作，抗战胜利后，对敌宣传委员会于 1945 年 11 月改名为“对日文化工作委员会”(以下简称“对日文工会”)，由中宣部正副部长兼任主任委员，原对敌宣传委员会的骨干继续负责“对日文工会”的日常工作[1]。战后新组建的“对日文工会”还吸收了原国民党中央军事委员会国际问题研究所的日本研究人员（所长王芃生），之后又以留用的名义陆续招募了大量日侨文人知识分子入会工作；同时它还收编了原重庆国民政府军政部日俘收容所的反战团体“日本民主革命同志会”的日籍主要领导人，由此形成了战后国民党中宣部旗下最具影响力的对日文化工作机构。

1945 年 11 月 20 日，刚完成重组的“对日文工会”派遣该会秘书罗克典从重庆飞往上海“视察日俘日侨集中营情形，并拟先在京沪一带展开工作”[2]。半个月之后的 12 月 8 日，“对日文工会”在上海昆山路

[1]《以德报怨改造日人思想》，上海：《大公报》，1945 年 11 月 4 日，3 版。
[2]《对敌宣传委会改称对日文化工作委会》，上海：《前线日报》，1945 年 11 月 21 日，2 版。

128 号设立办事处，并从即日起“针对上海日本侨民及徒手官兵开展文化宣传工作”[1]。昆山路 128 号原本是日本重松药房和万有制药有限公司共用的办公大楼，日本投降后，国民政府将其作为敌产予以没收[2]。今天，昆山路 128 号还保留着当时大楼建筑物的外形。

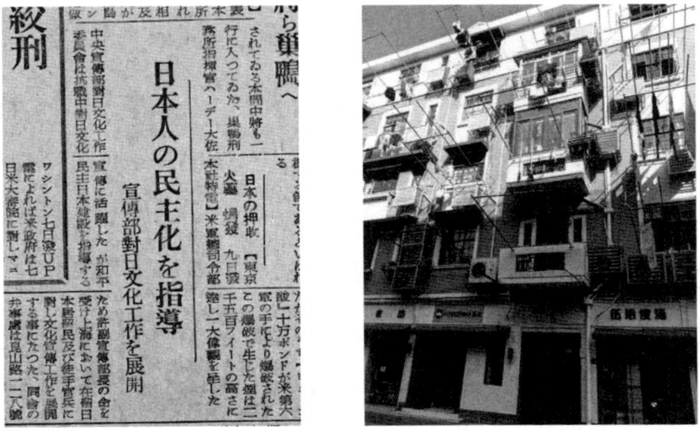

日本人の民主化を指導
宣傳部對日文化工作を展開

中央宣傳部對日文化工作委員會は抗戰中對日文化宣傳に活躍したが和平民主日本建設を指導するため許副宣傳部長の命を受け上海において在留日本居留民及び徒手官兵に對し文化宣傳工作を展開する事になつた、同會の弁事處は昆山路一二八號

图 7.5 《改造日报》有关“对日文工会”上海分会成立的报道（左）、“对日文工会”上海分会原址所在地现景（昆山路 128 号）（右）

“对日文工会”上海办事处名义上采用了“上海分会”的称谓，实际上是“对日文工会”利用上海的优质出版文化资源设立的对日工作事业中心。“对日文工会”上海分会的日常业务由先后担任分会秘书及主任委员的罗克典负责主持。罗克典籍贯广东，1935 年留学日本东京帝国大学，1937 年卢沟桥事变之后回国参加抗战，在重庆国民党中央宣传部对敌宣传委员会从事对日情报工作和日俘教育工作[3]。根据罗克典在 1946 年提交国民政府的《申请分配房屋机关登记表》，截至同年 6 月 18 日“对日文工会”上海分会有工作人员共 109 人，其中日籍留用人

［1］「日本人の民主化を指導　宣伝部対日文化工作を展開」、上海：『改造日報』、1945 年 12 月 10 日、2 版。

［2］「接収の会社工場商店等」、上海：『改造日報』、1945 年 10 月 5 日、2 版。

［3］ 周棉主编《中国留学生大辞典》，南京大学出版社，1999 年 8 月，269 页。

员 34 人，内含重庆派沪的日俘工作人员及陆总部征用的日籍服务员[1]。1946 年 10 月 1 日，“对日文工会”改名为“亚东问题研究会”[2]。据学者陈祖恩的调查，1947 年度亚东问题研究会在籍日本职员共有 29 人[3]；对比 1946 年度“对日文工会”的职员名册，两处的日籍工作人员基本一致[4]，侧面说明“对日文工会”在改名之后机构性质没有太大变化。

作为国民党中宣部的直属机构，“对日文工会”较之军队系统的上海日侨管理处有更强的文化宣传意识。1945 年 12 月上海分会成立之后，“对日文工会”迅速通过举办文艺座谈会、播放免费电影、翻译中国文学作品、向日侨征集舞台剧本、编写用于日侨日俘思想教育的教科书等多种手段展开全方位的宣传活动，实质上成为第三方面军日侨管理处在对日文化工作上的强有力竞争对手[5]；同时，“对日文工会”还试图改变第三方面军《改造日报》在日侨言论界的话语垄断局面，自上海分会成立之日起，就开始积极策划“对日文工会”自身的日文刊物《新生》旬刊[6]。这也成为之后堀田善卫进入“对日文工会”的契机。

1945 年 12 月 13 日，“对日文工会”召集上海日侨文化界 30 余人，针对日本战败后的政治体制和天皇问题举办了文化座谈会[7]。堀田虽然没有参加这次座谈会，但实际上此时他已经成为“对日文工会”的一

[1] 上海档案馆，Q30-1-164-151。

[2]《为函告本会成立期由》，上海档案馆，Q30-1-11-70。

[3] 陈祖恩《上海日侨社会生活史》，上海辞书出版社，2009 年 1 月，附录二。

[4]《本会参考资料第一号》，上海档案馆，Q130-2-25。

[5]「映画で啓蒙　日本人無料招待会開催　中央宣伝部対日文化工作委員会」(『改造日報』1945 年 12 月 12 日、2 版)、「映画の感想文を募集　宣伝部対日文化工作委員会で」(同前 12 月 13 日)、「新映画で啓蒙　日本人から脚本募集　対日文化工作委員会の試み」(12 月 21 日)、「文化運動を促進　対日文工委員会で文化座談会」(12 月 25 日)、「抗戦八年等を日訳　日僑指導方針を説明　文化座談会中央宣伝部」(12 月 27 日)、「中国文学を紹介　対日文工会で文芸懇談会」(12 月 30 日)、「教材を編制　対日文工会で会議」(12 月 31 日)。

[6]「日本人の民主化を指導　宣伝部対日文化工作を展開」、上海:『改造日報』、1945 年 12 月 10 日、2 版。

[7]《对日文化座谈一席谈》，上海:《前线日报》，1945 年 12 月 14 日，4 版。

员，专职负责日文期刊《新生》的编辑工作。在 13 日当天的日记中堀田写道，“前两天搬家的时候和须田先生碰到了一起。经他的介绍，我向中央宣传部对日文化工作委员会正在策划中的日文期刊《新生》投稿了一篇 6 千字的文章，题作《起风了》。借此机会我成为了《新生》编辑部的一员。”

当时介绍堀田到“对日文工会”工作的须田祯一原本是朝日新闻社驻上海特派员。日本战败后，须田祯一接受国民政府的日本问题专家王芃生的邀请进入“对日文工会”工作。王芃生（1893 ～ 1946）原本是国民政府驻日本大使馆参事，1937 年因为准确预测日军的侵华动向受到蒋介石重用，抗战期间在重庆担任国民政府军事委员会国际问题研究所主任，全权负责国民党系统的对日情报分析和文化宣传工作[1]。据须田祯一的回忆，“王芃生对战后在上海握有实权的汤恩伯第三方面军多有不满，他和汤恩伯属于不同的权力系统，希望我能协助他创办一份新的日文期刊争夺日侨管理工作的话语权。”[2]当时须田自身也对第三方面军的《改造日报》有不满，他希望能够利用王芃生创办一份更能够体现日侨自主性的刊物，于是以《新生》主编的身份加入了“对日文工会”上海分会[3]。

在《新生》的创办过程中，须田祯一最初的设想是以“日侨自主办刊”为方针，希望将《新生》打造为不受国民党意识形态约束的“自由编辑期刊”[4]。然而作为国民党中宣部管辖的刊物，《新生》最终还是被

［1］ 陈尔靖编《王芃生与台湾抗日志士》，台北：海峡学术出版社，2005 年 12 月，463 ～ 468 页。

［2］『独絃のペン・交響のペン——ジャーナリスト 30 年』、東京：勁草書房、1969 年 2 月、70 頁。

［3］『独絃のペン・交響のペン——ジャーナリスト 30 年』、東京：勁草書房、1969 年 2 月、71 頁。

［4］『独絃のペン・交響のペン——ジャーナリスト 30 年』、東京：勁草書房、1969 年 2 月、71 頁。

“对日文工会”纳入了党宣期刊的类别体系，须田祯一因此辞去了《新生》主编的工作，堀田善卫所在的《新生》编辑部也在 1945 年 12 月 29 日全员解散[1]。随后，“对日文工会”在 1946 年 1 月重新组建了《新生》编辑部，招募在上海的日本经济学家加田哲二出任《新生》主编，堀田善卫则继续担任编委[2]。新任主编的加田哲二原本是日本庆应大学经济学部教授，1944 年到上海担任日本海军武官所特聘顾问[3]。加田哲二在二战期间曾写作《日本国家主义的发展》(1940)、《太平洋经济战争论》(1941)、《现代经济战争》(1942)、《战争本质论》(1942)、《战力论》(1944)等大量服务于日本对外战争需要的著作，同时他还是所谓“大东亚经济协同体”理论的主要倡导人[4]。

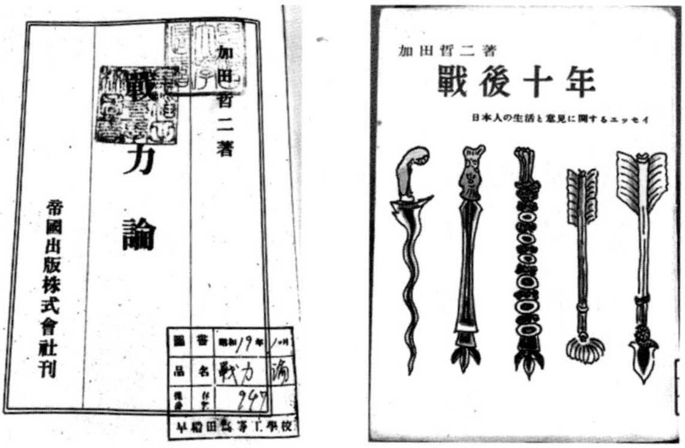

图 7.6　加田哲二的代表著作《战力论》(1944)和《战后十年》(1955)，日本早稻田大学藏本

加田哲二熟悉政治服务型文化工作的方式及其言论模式，他出任主编符合“对日文工会”将《新生》打造为党宣刊物的意图。但在另一方面，加田哲二在主办《新生》的过程中，实际上依然部分继承了须田祯

[1] 『上海日記』、1945 年 12 月 29 日、神奈川県近代文学館蔵。
[2] 『上海日記』、1945 年 1 月 4 日、神奈川県近代文学館蔵。
[3] 加田哲二『戦後十年』、東京ライフ社、1955 年 6 月、巻末略歴。
[4] 日本興亜院華中連絡部編『支那指導原理』、帝国地方行政学会上海出張所、1942 年 7 月、32 頁。

一有关日侨自主编辑、自主撰稿的设想，《新生》也由此形成了具有自身特点的日侨言论空间。

三、《新生》的文艺言论空间

1946 年 3 月 1 日，“对日文工会”发行了《新生》创刊号。《新生》采用 16 开本，每期 33 页；最初策划为旬刊，每 10 日发行一期，之后陆续变为半月刊、双旬刊和月刊[1]。

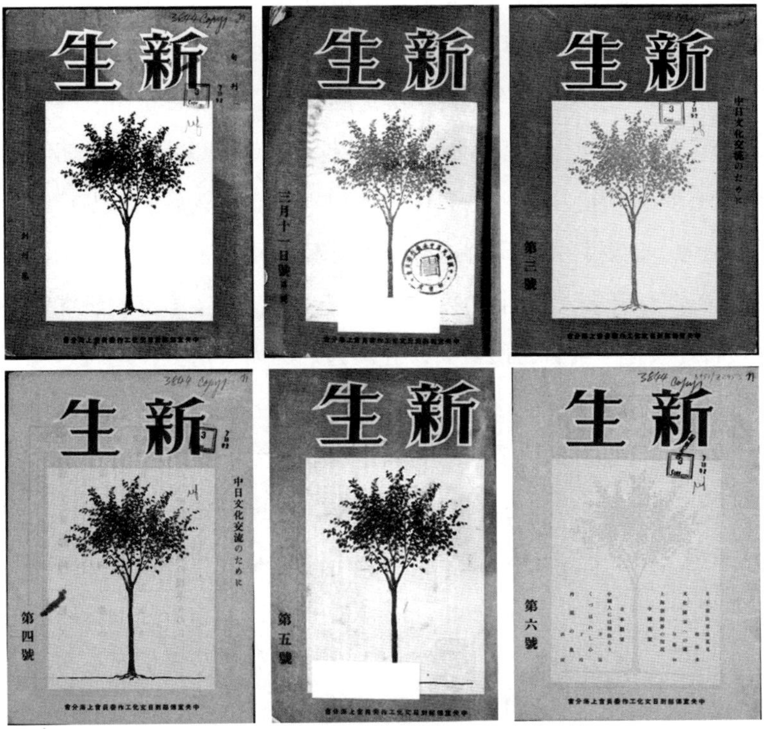

图 7.7　国民党中宣部“对日文工会”上海分会发行的日文期刊《新生》1～6 号

[1]《新生》目前总共查有 6 期，分散收藏于中国国家图书馆和美国议会图书馆。

《新生》采用了综合文化杂志的编辑样式，期刊版面主要由政论栏和文艺栏两大部分构成。政论栏主要用于宣传国民政府的战后对日政策、解说国民党的政治立场以及论述针对日侨日俘的民主教育，文艺栏则刊载上海日侨文人的诗歌、评论、散文、漫画、回忆录、剧本和翻译作品。作为国民党中宣部旗下的党宣刊物，《新生》会不定期地刊载署名“中央宣传部”的训导文章和“蒋主席语录”。但是与同时期第三方面军的《改造日报》和《改造周报》相比，文艺栏在《新生》期刊版面所占比重大，文艺言论的样式和内容也更丰富。

1946 年 3 月 1 日发行的《新生》创刊号上，堀田善卫发表了一篇评论作品《文学的立场》。文章开头堀田写道，“今天所有的一切在我眼中都呈现出一种思考能力的死亡迹象。言论界每天都出现各种新的口号、新的术语以及它们的各类廉价仿制品。这些战后新词大多概念不清，在其引导下产生的现实活动接触得越多，越可以看清今天言论界正在出现一种思考能力的垂死现象。”堀田善卫认为战后上海发行的报刊“很多是为了论证某种特定意识形态的正确性而存在”，这些政治宣传言论“正在强行删去人们内心深处的真实想法”，而文学家的职责就在于“向人们警戒这一类言论的威胁，守护人们的内心情操，这就是今天文学应当有的立场和使命。”[1]

《文学的立场》延续了堀田在《上海与南京》(1945 年 8 月) 一文中表述过的对上海日侨言论界的批判意识 (详见本书第六章)。日本战败后伴随着侵华日军的解体，上海的统治权力结构发生转变，战时供职于日军各类宣传机构的日侨文人们纷纷转向服务于战后进驻上海的国民党第三方面军。在权力的交替中，大量日侨文人知识分子们寻求与新的统治层建立依存关系，试图寻找到继续从事政治服务型文化工作的途径。

［1］「文学の立場」、上海:『新生』第 1 号、1946 年 3 月 1 日、29 頁。

1945 年 12 月 8 日，第三方面军在《改造日报》之外又新创办了一份日文期刊《改造周报》。《改造周报》采用了介于资讯报刊和政论杂志之间的综合性周刊编辑样式，每期译载中国、日本、美国报刊的时事新闻，同时刊登改造日报社的日籍编辑和专栏评论员针对战后东亚局势、中日关系以及在华日侨日俘问题的各类政论文章。

图 7.8　改造日报社发行的日文周刊《改造周报》部分刊影

和《改造日报》一样，《改造周报》也是《新生》创刊前上海日侨文人知识分子群体的主要言论舞台。但是相较于《新生》，《改造周报》的期刊版面表现出更为浓厚的政治宣传色彩，特别是在创刊初期，一些明显服务于国民党政宣话语系统的作品构成了《改造周报》的版面主体。例如从创刊号开始，《改造周报》在每期卷首处译载蒋介石的长篇演讲《抵御外侮与复兴民族》，用于向日侨读者介绍“蒋主席对日本军阀侵华计划的彻底解读和周密分析”[1]。从第7号开始，《改造周报》又增加连载报人鲁莽撰写的评传《蒋主席的另一面》，该文用于向日侨读者宣扬蒋介石的领袖气质，同时还提议“今后全国报刊凡出现‘蒋主席’名号的地方，都应当空格一字以表示对主席的敬爱”[2]。尽管《改造周报》也刊载有少量文艺作品，但是总体上期刊版面的政宣色彩浓厚，所刊文章的言论自由度不及之后创刊的《新生》。

堀田善卫在《文学的立场》中还写道，“今天在上海的日本人所体验到的东西，有些甚至很难用语言向本土的同胞讲述，只有我们这些在现场的当事人才能体会其真实的含义。例如，今天在我们四周经常可以听到一些激愤的言论，这些言论听起来很有气势，但往往言不由衷，说话人嗓门很大，实际上却在说着和自己内心真实想法完全无关的内容。有时候话说多了，甚至连说话人自己也被自己的话所蒙骗，自己生自己的气。也许可以说，语言表述的困难是今天我们正目睹的一切混乱现象的根本来源。”[3]《新生》虽然是国民党中宣部下属的刊物，相比较同时期第三方面军的《改造周报》，《新生》的版面却表现出了更高的言论自由度。包括堀田的《文学的立场》在内，《新生》创刊号刊载的所有个人署名文章均来自日侨作者，可见尽管更换了主编，《新生》原策划人须田祯一有关日侨自主编辑、自主撰稿的设想在一定程度上还是得到了实现。

堀田善卫抨击战后上海日侨言论界存在着和战争时期一样媾和强权的问题，在他看来，所谓文学家就是那些“在战时不适应所谓‘战时生

[1]「外侮の防衛と民族復興（一）」、上海:『改造週報』第1号、1945年12月8日、3頁。

[2]「蒋主席の横顔」、上海:『改造週報』第7号、1946年1月22日、3頁。

[3]「文学の立場」、上海:『新生』第1号、1946年3月1日、29頁。

活方式’，在和平时期也不适应‘和平生活方式’的一类人，真正的文学家无法采用顺应时势的方式书写自己的作品”[1]。堀田还主张将战后的文学创作视作“重构意义”的手段，在《文学的立场》中他写道，“每个人都倾向于生活在一个有意义的世界里。之前打仗的时候，大家都在寻找战争的意义，人人希望生活在一个有‘战时意义’的世界里，人人都想着用这种意义来支撑自己的战时生活。但是对于文学家来说，他的使命恰恰在于探索丧失了意义的世界。文学家应当最大限度地去体验失去意义后的世界，在这种极限体验之中，文学家才能寻找到真正的意义。”

《文学的立场》继承了堀田之前在《有关希望》(1945 年 10 月) 一文中表述过的以“绝望”为手段谋求自我主体重构的问题意识。在回到日本之后的一次文人聚会中，堀田曾回忆自己在战争末期通过阅读鲁迅理解“绝望”的经历。堀田称“当时还在日本的我读了鲁迅全集里的散文诗《野草》。其中有一句‘绝望之为虚妄，正与希望相同’，给了我很大触动。当时我已经对战争绝望，陷入到了自暴自弃的虚无之中。是鲁迅的话敲醒了我，让我从常态的角度去重新理解强权对民众的压迫。现在想起来，我正是因为被鲁迅所打动，才有了之后去中国的念头”[2]。

实际上在来上海之前，堀田善卫并非鲁迅作品的热心读者。无论是在他同时期公开发表的作品还是私人书信、手稿笔记中均找不到和鲁迅相关的记述。堀田对鲁迅文学的了解和接受，更多的来源于到上海之后的学习和体验。在堀田回日本后发表的一系列中国题材作品里，“上海”和“鲁迅”通常作为相互关联的一对话语出现，“上海”是表述“鲁迅”

[1]「文学の立場」、上海:『新生』第 1 号、1946 年 3 月 1 日、31 頁。

[2]「芥川賞受賞記念祝賀会での挨拶」、1952 年 2 月 25 日、『堀田善衞全集巻 1』収録、東京: 筑摩書房、1993 年 5 月、652 ～ 653 頁。

的媒介，反之亦然。“上海”和“鲁迅”的组合通常被用来指涉无定形的多元化都市空间和游走于其中、抗拒主体固化的文人知识分子，这种意象组合从堀田战后最早的小说《祖国丧失》开始反复出现于他的文学作品之中，《文学的立场》可以说是这种意象形成的源流文本之一[1]。

《文学的立场》的第三个特点在于具备他者意识的“死者”对话方式。堀田善卫写道，“在战争中死去的人们或许并不再对我们这些生者的哀悼感兴趣，但是只有那些能够真挚地为死者谱写镇魂曲的人，今后才能走上正确的道路。对死者缺乏敬意的社会是最恶劣的社会。遗忘了死者的历史是最恶劣的人类史。”[2]日本战败之后，如何书写战争死难者是在华日侨和日本本土的文人知识分子群体共同关心的课题。日本宣布投降后不到一周的1945年8月21日，东京《朝日新闻》首先开设了“致歉英灵”(英霊に詫びる)的专栏，先后连载了大佛次郎、吉川英治、中村直胜等人纪念战争死难者的散文作品。《朝日新闻》设立“致歉英灵”专栏的意图之一是为日本国民构设一个“死者”与“生者”的命运共同体，期望以此挽回日本因为战败而出现动摇的国民一体性。例如专栏最早发表了大佛次郎的作品《致歉英灵》，该文强调活下来的“我们”和死去的“你们”在所谓“神洲不灭的爱国信念”上的国民一体性意识，主张“即使是死亡也不能割裂我们之间的联系”[3]。与之相比，堀田善卫虽然同样重视与死者对话的重要性，但是主张“今天我们需要留意的不仅仅是在战争中死亡的日本军民，盟军各国的战争死难者同样需要我们去哀悼，去为他们谱写镇魂曲。”[4]堀田善卫拒绝从单方面国家的立场书写

[1] 有关堀田的早期小说《祖国丧失》，具体分析可见陳童君「上海・一九四五——堀田善衞『祖国喪失』論」、『堀田善衞の敗戦後文学論——「中国」表象と戦後日本』第2章収録、東京：鼎書房、2017年10月。

[2]「文学の立場」、上海：『新生』第1号、1946年3月1日、30頁。

[3] 大佛次郎「英霊に詫びる」、東京：『朝日新聞』、1945年8月21日、2版。

[4]「文学の立場」、上海：『新生』第1号、1946年3月1日、30頁。

战争死难者。这种意识并非堀田善卫独有，战后滞留上海的日侨文人群体整体上更善于从“他者”视角表述战争死难者的存在意义。

在战后上海的日侨言论界，最为公众关注的“死者”话题是有关中国文人郁达夫的南洋遇害事件。1945 年 10 月 5 日，《改造日报》创刊号刊登了一则题为“郁达夫失踪”的新闻。这则新闻援引“中央社新加坡 10 月 2 日电报”，报道了抗战期间潜伏苏门答腊的郁达夫“于日本投降后的 8 月 29 日突然失踪，至今生死未卜下落不明”的消息[1]。众所周知，郁达夫曾经长年留学日本，是近代中国文坛著名的“知日派”作家。1937 年卢沟桥事变之后，郁达夫前往新加坡担任当地《星洲日报》的编辑，以南洋华侨为对象开展抗日文化宣传活动。1942 年日军占领新加坡以后，他又和胡愈之等人一起逃亡到了苏门答腊岛，之后隐姓埋名潜伏岛内直到 1945 年日本战败投降[2]。

《改造日报》之所以会在创刊号特意刊登“郁达夫失踪”的消息，一方面是由于曾经长年留学日本的郁达夫在日侨群体中拥有较高的知名度，另一方面则是因为同时期有证言称“郁达夫失踪前后有日本人的车辆停驶在他的住所附近”，舆论推测郁达夫的失踪“谅系日人所捕”[3]。而到了 1946 年 2 月，郁达夫已遭日本宪兵杀害的消息开始传至上海并迅速成为日侨言论界的热门话题。同年 2 月 13 日，《改造日报》刊载了日侨文化界领袖内山完造为郁达夫撰写的悼文《纯情之人》。文中内山称“因为他的母亲惨死于战祸所以郁达夫非常憎恨日本的侵略战争”，“抗战胜利的今天，郁达夫二十年的作家生涯却以现在这种方式谢幕，其悲情难以言状。”[4]内山完造强调郁达夫在日本文坛也拥有很多知己，

[1]「郁達夫氏失踪す」、上海：『改造日報』、1945 年 10 月 5 日、2 版。
[2] 鈴木正夫『スマトラの郁達夫』、東京：東方書店、1995 年 5 月。
[3]《胡愈之等返新加坡　郁达夫失踪》，上海：《立报》，1945 年 10 月 4 日，2 版。
[4]「純情の持主」、上海：『改造日報』、1946 年 2 月 13 日、2 版。

希望郁达夫之死能够引起日本文人的反思。2个月之后的1946年4月，《新生》杂志刊载了菊池租写作的剧本作品《郁达夫之死》。

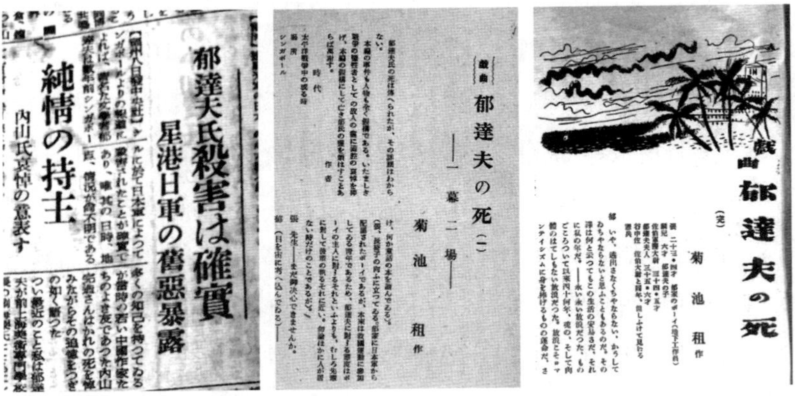
郁達夫氏殺害は確實
星港日軍の奮惡暴露
純情の持主
内山氏哀悼の意表す

戯曲 郁達夫の死（二）
——一幕二場——
菊池租 作

戯曲 郁達夫の死 （完）
菊池租 作

图7.9　内山完造发表于《改造日报》的郁达夫悼文（左）、《新生》刊载的《郁达夫之死》（右）

《郁达夫之死》是一部采用“一幕二场”形式写作的剧本作品，全文一万九千字，发表时被拆成两部分，分载于《新生》第3号和第5号。作者菊池租是日本图书馆学者，同时也是一位中国文学翻译家。二战期间，菊池租先是在北京日本近代科学图书馆任职总务主任[1]，后于1944年出任日本国际文化振兴会上海资料室长直到日本战败[2]。

菊池租在《郁达夫之死》中设计了主人公郁达夫和一名叫小张的地下抗战工作者的争辩场景。小张告诉郁达夫自己的真实身份其实是日本宪兵队派来监视他的情报人员，告诫郁达夫认清日军对他的友善不过是笼络人心的政治谋略，同时含蓄地批评郁达夫的消极无为，请求他离开敌占区积极投身抗日救国运动。面对小张的质疑，郁达夫先是沉默不语回避正面回答，但在小张的一再追问之下他开始表露心意。郁达夫告诉

[1] 日本東亜研究所秘文書『日本の在支文化事業』、1940年7月、日本国立国会図書館所蔵、142頁。

[2]「国際文化振興会130回理事会議録」、1944年7月14日、国際交流基金四谷図書館所蔵。

小张，“我的母亲是被侵华日军所杀害的，我不但憎恨日军，而且还憎恨着日本的一切”[1]。随后郁达夫又解释自己之所以不能离开敌占区，是因为“只有当我生活在这些万恶的日本侵略者之中的时候，才能不断燃烧我心中的仇恨之火”，“我的憎恨即便是日本这个国家的灭亡也不能治愈，憎恨已经成为了我的存在本身，只有死亡才能治愈”。

《郁达夫之死》是战后第一部以郁达夫在南洋的被害事件为主题的文学作品，在发表时间上它甚至还先于中国文坛最早的同题材作品——1946 年 9 月胡愈之发表于上海《民主》周刊的回忆录《郁达夫的流亡和失踪》。而在隔海相望的日本本土文坛，战后最早发表的以“郁达夫”为对象的作品是佐藤春夫撰写的《呼吁旧友》。

《呼吁旧友》是佐藤春夫为东京 NHK 电台撰写的一份广播稿，1945 年 12 月 20 日下午 7 点由 NHK 播音员东山千荣子在电台节目“两个故事”中播出[2]。文中，佐藤春夫以“郁达夫的挚友”自称，采用直接对话的口吻叙述了和郁达夫的交友经历以及自己对于郁达夫的文学观、人生观、政治观的个人阐释。作为第一人称文体的散文，《呼吁旧友》在表述“郁达夫”形象的过程中完全采用了来自作者佐藤春夫的单一主观视角。叙述者的“我”使用“不经世事”、“厌恶政治”、“亲近自然”、“日语娴熟”、“热衷中日交流”、“真正理解日本”等词句，强调郁达夫是一个与政治相背离、与社会和时代格格不入同时热爱日本文化的“知日”文人；《呼吁旧友》偏向性地建构了“颓废”、“厌世”、“亲日”的郁达夫形象，叙述者通过强调郁达夫的政治无涉和脱离社会，暗示日本的侵华战争无损于“我”和郁达夫之间的友谊。

佐藤春夫的《呼吁旧友》试图通过“颓废”、“厌世”与“亲日”的

[1]「郁達夫の死（一）」、上海：『新生』第 3 号、1946 年 4 月 10 日、33 頁。

[2]《呼吁旧友》的原稿收录于《定本佐藤春夫全集别卷 1》，原稿末尾注有“昭和二十年十月二十二日”的写作日期，开篇注有“昭和二十年十二月二十日放送”。

形象建构规避郁达夫与日本之间的冲突和矛盾。与之相对，菊池租的《郁达夫之死》采用多场景剧本的文体设计，叙述者通过蒙太奇式的场面转换，借由地下抗战工作者“小张”、郁达夫之子“麟儿”、日本军医“佐伯”、宪兵队长“谷中佐”等不同人物的台词以及郁达夫本人的自白，从多个不同视角表述各种不同的“郁达夫”形象。《郁达夫之死》的叙述者将郁达夫的对日感情划分成了“亲和”与“憎恨”的两个层面，强调郁达夫表面的亲日态度之下隐藏着对日憎恶的真实立场；叙述者还将“憎恨”定义为“郁达夫的存在本身”，强调郁达夫对日本的憎恨“只有死亡才能治愈”，以此来凸显他作为一个中国文人在追问日本战争责任问题上的主体意识。菊池租笔下的郁达夫不再是一个单纯的“亲日文人”，郁达夫的死亡也不再是他的“颓废”、“厌世”人生观的必然结局，而是一个中国文人对抗侵略、治愈自我战争创伤的最终手段。较之佐藤春夫的《呼吁旧友》，菊池租的《郁达夫之死》更多融入了同时期中国文化界和言论界在表述“郁达夫之死”时常用的对日批判视角。总的来说，菊池租的《郁达夫之死》寻求突破一国文史观的限界，试图融合战争对立方的他者视角，为日侨读者提供同时包含中日双方立场的战后言论空间。这是《郁达夫之死》作为在华日侨文人言论的话语职能，同时也是堀田善卫等其他日侨文人在表述“中国”之时的一种共通意识。

四、榛叶修与日俘士兵的在华言论空间

1946 年 2 月 22 日的日记中，堀田善卫写道，“今天我带着武田去了榛叶他们的宿舍，介绍他们相互认识”，“离开榛叶等人的宿舍之后，我和武田一起去了金城明饭店，今天饭店日本人出奇的少，我和

武田在那儿谈论了一会儿重庆来的那三个人。”2月24日的日记中堀田又写道，“昨天晚上我住在了日之丸旅馆，和榛叶、加藤他们三个人睡在了一起。晚上文工会的方先生来找我们，谈了一些战争期间的事情。”

在“对日文工会”工作期间，堀田善卫除了编辑《新生》杂志以外，还负责接待战后由重庆到上海进入“对日文工会”工作的日俘知识分子。1946年3月11日发行的《新生》第2号刊载有“对日文工会”上海分会自成立以来的“工作近况报告”。据其记述，“1946年1月18日，有3位日本民主革命同志会的活动家从重庆来到上海，即日起入职本会参加工作，他们的名字是榛叶修、加藤次郎和森山末彦。”[1]在上海期间，堀田善卫交往最密切的是一位名叫榛叶修的日俘知识分子。榛叶修原本是日本“中支”派遣军第16军九江支部的一名卫生防疫兵，1944年前后被国民党九江第三区党部游击队俘虏[2]。随后榛叶修被送至重庆国民政府军政部日俘收容所进行思想教育，1945年成为国民党中宣部所属的日俘反战工作员[3]。

在“对日文工会”上海分会的日俘工作人员中，榛叶修是公开发表作品最多、言论界活跃度最高的一位。早在重庆中宣部工作期间，榛叶修就是当地一份日文期刊《尖兵》的主要撰稿人。《尖兵》是重庆国民政府军政部日俘收容所下属“日本民主革命同志会”主办的一份月刊油印杂志。该杂志创刊于1945年1月，至同年9月前后共发行了9期，是抗战末期重庆发行的日俘自办期刊中目前发现存本最多的一种。

---

[1]「本会工作の近況」、上海:『新生』第2号、1946年3月11日、33頁。

[2]《忠勇可风》，重庆:《大公报》，1944年5月23日，2版。另外有研究称榛叶修是“因不满该部队的非人道活动，设法脱离了该部队”(谢忠厚编著《日本侵华细菌战研究报告》，北京：中共党史出版社，2016年1月，335页)。

[3]「反戦同盟外郭団体員名簿」(1945)、『日本人民反戦同盟資料』第6巻収録、東京:不二出版、1994年9月、304頁。

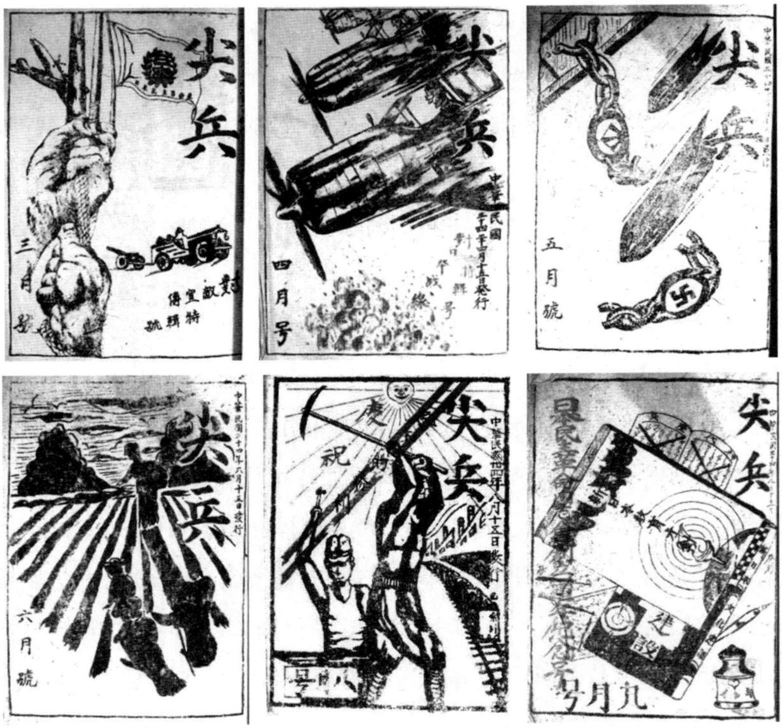

图 7.10　1945 年重庆发行的日俘期刊《尖兵》部分刊影（日本民主革命同志会编辑）

《尖兵》采用了综合文化杂志的版面样式，除了针对中国抗战和国际局势的时事评论外，每期还刊载在华反战日俘写作的诗歌、随笔、小说等文艺作品。1945 年 2 月发行的《尖兵》第 2 号上刊载有榛叶修的评论《东洋的理想》。《东洋的理想》旨在批判“日本文化纯粹论”，文中榛叶修主张，“在战时日本言论界流行的所谓‘纯粹日本文化’只是无知的谎言。日本文化是在咀嚼消化东西方文化的基础上形成的混合型文化，日本文化的任一元素中都包含了东方或西方国家的文化变形。”榛叶修将“日本文化纯粹论”定义为“日本对德国法西斯的所谓‘日耳曼血统论’的拙劣模仿”，强调“日本所鼓吹的‘东洋的理想’自然应当建立在东方全体国家的文化基础之上，而实现这一目标的前提在于敲碎日本侵略战争的各类专用哲学口号”[1]。在重庆期间，榛叶修还向国民政府军政部提交过一份《日军罪行证明书》。文中，榛叶修根据自己的从军经历，记述了侵华日军“荣字 1664”细菌战部队在 1942 ～ 1943 年间前后三次在中国华东华中地区实施细菌战的经过[2]。作为细菌战直接参与人的一手证词，榛叶修的《日军罪行证明书》在日后有关侵害日军细菌战的国内外研究著作中反复被引用[3]。

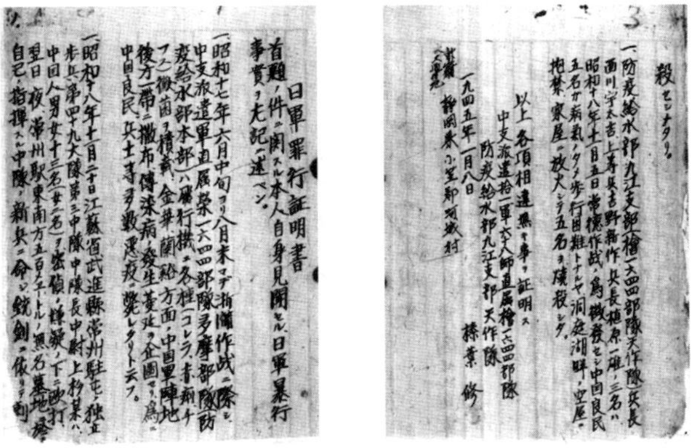
日軍罪行証明書
首題ノ件ニ関スル本人自身見聞セル日軍暴行事實ヲ左記ニ述ベン。
一、昭和十七年六月中旬ヨリ八月末マデ浙贛作戦ニ際シ中支派遣軍直属榮一六四四部隊多摩部隊防疫給水部本部ハ飛行機ニ各種（コレラ、赤痢、チフス）黴菌ヲ積載シ金華、蘭谿方面ノ中国軍陣地後方一帯ニ撒布伝染病発生蔓延ヲ企図セリ、為ニ中国良民兵士等多数罹疫ニ斃レタリト云フ。
一、昭和十八年十一月二十日江蘇省武進県常州駐屯ノ独立歩兵第四十九大隊第三中隊中隊長中尉上杉某ハ中国人男女十三名（女二名）ヲ張鎮ノ練兵場ノ下ニ殴打翌日夜常州駅東南方五百メートルノ無名墓地ヲ自己ノ指揮スル中隊ノ新兵ニ命ジ銃剣ニ依リテ刺殺セシメタリ。
一、防疫給水部九江支部（榮一六四四部隊大作隊）兵長西川字太吉、上等兵吉野某作、兵長植原一雄ノ三名ハ昭和十八年十一月五日常德作戦ノ為徴発セシ中国良民五名ガ病気ノタメ歩行困難トナルヤ洞庭湖畔ノ空屋ニ拘禁、家屋ニ放火シテ五名ヲ焼殺シタ。
以上各項相違無キ事ヲ証明ス
中支派遣第十一軍六十八師直属榮一六四四部隊
防疫給水部九江支部大作隊
榛葉修
一九四五年一月八日
静岡県小笠郡河城村

图 7.11　1945 年 1 月榛叶修向国民政府军政部提交的《日军罪行证明书》

榛叶修在上海日侨言论界的首次亮相是在 1945 年 11 月。此时还在重庆的榛叶修向上海《改造日报》投稿了一篇评论《侵略源自“惟神之道”》。文中榛叶修认为日本虽然战败，但是“战时铭刻在日本大众脑海中的各类统治阶级的所谓‘指导观念’还没有得到清除”，“日本地下还潜伏着各种法西斯思想，战争期间军阀埋下的侵略思想的种子必须予以严重警惕”[4]。文中榛叶修还重点批判了日本文部大臣前田多门的战后

[1]「東洋の理想につきて」、重慶:『尖兵』第 2 号、1946 年 2 月、52 ～ 53 頁。
[2]「榛葉修　日軍罪行証明書」(1945 年 1 月 8 日)，收录于中国第二历史档案馆编《日军罪行证明书》，南京出版社，2015 年 12 月，12 ～ 13 页。
[3] 谢忠厚编著《日本侵华细菌战研究报告》，北京：中共党史出版社，2016 年 1 月。
[4]「侵略即“神ながらの道”」、上海:『改造日報』、1945 年 11 月 7 日、2 版。

演讲《告青年学徒》。前田多门是战后日本的首任文部大臣，他在1945年9月9日发表了电台讲话《告青年学徒》，要求全国青少年“搁置彼此立场和见解的不同，坚决奉行天皇终战诏书的旨意，坚信只有一君万民的国体才是拯救日本国难的力量源泉。”[1]前田多门提倡以“一君万民的国体”为基础重建日本的民主政治，榛叶修则抨击“一君万民体制下的民主政治实质上延续了战时日本通过神化天皇的惟神之道统合国民的政治体系”。榛叶认为前田多门的主张暴露了“根植于日本社会的军国主义思想至今没有得到清除”，“如何从思想的角度处理和管制战后日本是当前首要考虑的问题”。

榛叶修试图批判天皇制政体及其思想对战后日本重建产生的负面影响，这个问题同时也是战后中国言论界关注的焦点。日本正式宣布投降之后，美国政府为了防止对日本的管制出现德国一样美苏对立的不利局面，于1945年8月28日开始迅速派遣美陆军第6军、第8军进驻并占领了日本[2]。同时，美国政府又委派美军将领麦克阿瑟出任所谓的“联合国对日占领军总司令”（GHQ/SCAP），此后假借联合国的名义对日本实施了长达6年半之久的“美国对日单独占领”[3]。美国对日占领政策的要点之一，是通过保留天皇制减少来自日本旧统治阶层的阻力，降低占领和管理日本的成本[4]。而同时期的中国言论界普遍质疑美国的这种做法，主张彻底废除天皇制[5]。榛叶修对于日本天皇制政体的激烈批判也因此赢得了中国言论界的关注。

---

[1]「教養こそ新しき力　青年学徒に告ぐ・前田文相放送」、東京：『読売新聞』、1945年9月10日、2版。

[2]「進駐米軍四六万」、東京：『朝日新聞』、1945年11月15日、1版。

[3] 豊下楢彦『日本占領管理体制の成立』、東京：岩波書店、1992年4月、27頁。

[4] 高橋紘『昭和天皇1945～1948』、東京：岩波書店、2008年7月、298～302頁。

[5]《请麦帅腰斩天皇》，重庆：《大公晚报》，1945年9月17日，2版。《日本的天皇问题　孙院长坚主废除》，上海：《大公报》，1945年11月12日，2版。《日本的天皇》，上海：《大公报》，1946年1月21日，4版。

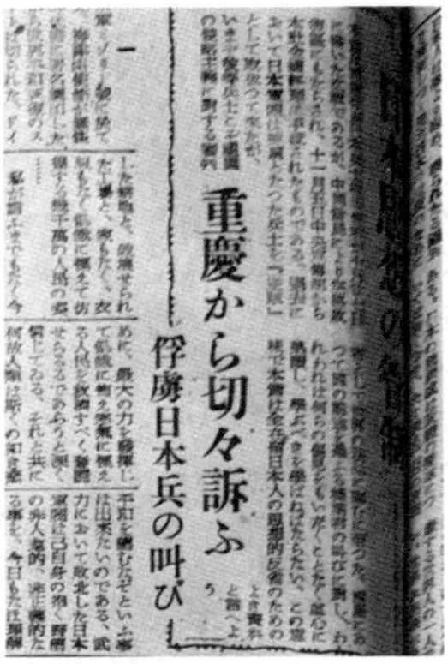

重慶から切々訴ふ
俘虜日本兵の叫び

第一章 管理日本的問題
管理日本的思想論據
榛葉修

图 7.12　榛叶修发表于《改造日报》和《改造论坛》的评论作品

1945 年 11 月 5 ～ 6 日，榛叶修在重庆《中央日报》连载了评论《今后日本的思想》，次年 1 月又将《今后日本的思想》改写为《管理日本的思想论据》，重新发表在上海改造日报社主办的集刊《改造论坛》第一辑卷首。文章开篇处榛叶修写道，“目前日本问题的中心，一言以蔽之是如何管理日本。日本的新民主势力固欲使日本成为真正的民主国家，以适应世界的和平潮流，但残留在日本的旧势力，即顽固支持天皇制度的势力，则想尽办法企图瞒过联合国的监视，扶植地下势力以图再度蹶起从事报仇。”[1] 榛叶修认为战后美国对日本的管制偏重行政事务，而在日本管制的政治目标和思想依据上缺乏足够的考量，特别是在清除天皇思想方面存在重大缺陷。榛叶修将九一八事变以后日本发动的近 15 年侵略战争定义为“称霸东亚的天皇制日本和希望国际和平的民主日本的长期斗争”，主张“日本的法西斯主义和天皇观念有着不可分离的关系”，“这个天皇思想会因日本国土的缩小而发生质的变化进而采取一个新的形式”，他强调彻底解决天皇思想是“这次战争中最大的思想上的课题”，警告美国对日占领军当局如果忽视这一问题“则将一切努

[1]《管理日本的思想论据》，上海：《改造论坛》第 1 辑，1946 年 1 月，1 页。

力，行将归于泡影”[1]。

图 7.13　1945 年 9 月 29 日东京《朝日新闻》有关日本天皇拜见麦克阿瑟的报道（左）、同时期重庆《大公晚报》要求麦克阿瑟腰斩天皇的文章（右）

1946 年 1 月 18 日，榛叶修以“日本民主革命同志会”骨干成员（同年 3 月任书记长）[2] 的身份进入“对日文工会”上海分会工作。“日本民主革命同志会”是 1944 年 9 月成立于重庆的日俘反战团体，主要成员由国民政府军政部刘家湾收容所（自由村）的日俘士兵组成[3]。据侵华日军总司令冈村宁次的回忆，“日本民主革命同志会”最多时曾拥有超过 800 名成员，是国民政府治下人数最多的日俘反战组织[4]。日本宣布投降之后，“日本民主革命同志会”的成员陆续离开重庆，包括榛叶修在内的一部分骨干来到上海进入“对日文工会”工作[5]。“对日文工会”上海分会成立后，接收了吴淞路 350 弄 20 号的日之丸旅馆作为留

[1]《管理日本的思想论据》，上海：《改造论坛》第 1 辑，1946 年 1 月，6 页。

[2]《对日文化工作会之使命》，上海：《申报》，1946 年 3 月 31 日，3 版。

[3]《自由村人　军政部俘虏集中营参观记》，重庆：《大公报》，1945 年 4 月 9 日，3 版。

[4] 稲葉正夫編『岡村寧次大将資料——戦場回想編』、東京：原書房、1970 年 2 月、70 ～ 71 頁。

[5] 另外据日本政府统计，截至 1946 年 5 月，“日本民主革命同志会”的成员中尚留在中国大陆的共有 447 人（「支那派遣軍総参電第 569 号」、收录于秦郁彦『日本人捕虜』、東京：原書房、1998 年 3 月）。

用日籍职员的宿舍[1]。榛叶修到上海后先由堀田善卫接待入住了日之丸旅馆，两人很快成为交往密切的朋友，在堀田的《上海日记》中榛叶修经常以姓氏首字母“S”的名称出现。

和堀田善卫一样，榛叶修在 1946 年 3 月《新生》创刊之后也成为该期刊的主要撰稿人之一。1946 年 4 月 10 日发行的《新生》第 3 号上刊载有榛叶修的随笔《一位日本女医生的故事》。文中榛叶修回忆了自己被俘后不久路过江西省景德镇时的一次经历。在景德镇时，榛叶修受邀参加当地国民党三民主义青年团的宴会，席间他从一名中国军官口中听闻了一位在景德镇行医的日本女医生的事迹。这位日本女医生的丈夫是一名留日中国学生，她同情中国的抗战，在卢沟桥事变后跟随家人来到景德镇行医救人，其事迹广泛流传于抗战地区[2]。

榛叶修的随笔作品和他写作的评论作品一样具有明确的问题意识。《一位日本女医生的故事》并非一篇单纯的叙事散文，榛叶修的意图在于将日本女医生的抗战事迹作为引子，用以讨论中日文化交流工作和政治权力之间的相互关系问题。榛叶修写道，“以往的所谓中日亲善工作很多都是服务于某些特定的政治需要，中日间的文化交流被当作服务某些政治事业的手段。在特定条件下，这种文化工作的方式或许也有其合理之处。但是至少在我个人看来，采用依附于特定政治需要的工作方式无法带来真正的中日文化交流。”

和堀田善卫的《文学的立场》一样，榛叶修的文章同样侧重于抨击政治服务型的文化工作方式。唯一的不同点在于堀田善卫的批判用语较为抽象，而榛叶修的批判对象更为具体。在榛叶修发表《一位日本女医生的故事》的同期《新生》版面，刊载有宣传中国国民政府对日政策的

[1]《大兴里分会、东兴里分会关于留用日侨住屋情况的报告》，1946 年 10 月 19 日，上海市档案馆文件，Q30-1-25-122。

[2]「ある日本女医のこと」、上海:『新生』第 3 号、1946 年 4 月 10 日、18～19 頁。

《卷首语》。文中称，“中国对于新生日本的民主文化建设满怀赞同和协助的意愿，同文同种的中日两国民族有着数千年的交流历史，以同文同种的民族交流为基础，中国将发扬邻人爱的精神，理解和援助日本。”[1]众所周知，“同文同种”是日本侵华时期对华文化工作的惯用口号，战时日本的文化工作者们常用“同文同种”一词强调日本和中国之间所谓“特殊的血缘关系和种族纽带”[2]。抗战胜利后，中国国民政府虽然将“彻底消灭他侵略的野心”“使他们能自拔于错误与罪恶”作为战后对日政策的基本方针[3]，但是在之后实际开展的对日工作中并不完全排斥“同文同种”的话语表述，使用“同文同种”一词强调中日之间一衣带水、唇亡齿寒的关系也是战后国民政府提倡的对日宣传方式。

针对“同文同种”这一话语，榛叶修写道，“过去日本的政治家和文化人经常将‘同文同种’这四个字挂在嘴边，但是事实证明，所谓‘同文同种’最后变成了被日本错误的政治目的所利用的口号工具，没有产生实质性的意义。今天我们要重新开展的中日文化交流不能重蹈覆辙，我们这些文化工作者们不应当从事那些表面热闹、实则有名无实的口号式中日交流。”[4]榛叶修认为侵华时期日本的教训已经证明“同文同种”的口号最终只成为了虚假的政治宣传工具，“我以为真正的中日交流也许应当像河水与海水的交融一样，既能够结合在一起，但同时又能尊重各自差异有无相通”。也就是说，在《新生》的同期版面上出现了有关“同文同种”的两种方向对立的话语表述，一方面是国民党中宣部鼓吹“同文同种”的《卷首语》，另一方面则同时刊载着榛叶修质疑这一话语有效性的作品言论。这样一种“扭曲”的期刊版面设计侧面反

[1]「卷頭の辞」、上海：『新生』第3号、1946年4月10日、1頁。

[2] 日本興亜院華中連絡部編『支那指導原理の研究』、東京：帝国地方行政学会、1942年7月、16～18頁。

[3]《蒋主席胜利之日播讲》，重庆：《中央日报》，1945年8月16日，2版。

[4]「ある日本女医のこと」、上海：『新生』第3号、1946年4月10日、18～19頁。

映了《新生》的编辑自由度，同时也表现出榛叶修等日俘知识分子对于获取言论表述自主性的期望。

除了政论性强的评论和随笔以外，在上海期间的榛叶修还进行诗歌创作。其中有一篇题作《虹之桥》(虹の橋）的诗歌没有公开发表，作品手稿现在收藏于日本神奈川近代文学馆“堀田文库”之中。《虹之桥》是一首自由体诗，诗中榛叶修写道，“我将校正稿垫在身下，坐在一个脏乱的公园里，我希望能为理想而活，卷发的朋友对我说他也是为了理想来到这里；我知道生活不能没有目的，就像重炮手不能没有炮弹，我也发现理想会成为生活的重担，我甚至没有在人前自由交流的权利。……也许理想只是不知足的人自娱自乐的道具，也许我应该学会冷眼漠视，站在远处沉默旁观这个世界；但是每当我仰望天空，总会在天空发现无数的线缆，它们有时幻化为五色的彩虹，诱惑我去怀抱理想。”

《虹之桥》手稿的左下角外栏印有“水果用笺”字样，同样的稿纸可见于上海市档案馆保存的“对日文工会”书笺资料之中；《虹之桥》的手稿末尾写有“三五・五・一五”的完稿时间，可见是写于“民国三五年”即1946年的5月15日，也就是榛叶修进入“对日文工会”约4个月之后的作品。在《虹之桥》的手稿文末还写有一段“附记”，内容称，“人们在投身一项工作之时，会试图去向别人谈论自己的工作方式和工作理念，也会为了自己的工作理想方方面面积极行动。”联系这段“附记”和诗稿本身的内容，不难推测《虹之桥》描述的是榛叶修在“对日文工会”工作期间的内心苦闷。《虹之桥》的叙述者——“我”彷徨在理想和现实之间，希望像一个重炮手一样发射理想的炮弹，但在现实生活中，“我”甚至没有在人前自由交流的权利。

手稿《虹之桥》没有公开发表，属于榛叶修个人的私密性言论，不难发现它的表述风格和榛叶修的其他公开著述存在明显差异。例如前述《东洋的理想》《侵略源自“惟神之道”》《管理日本的思想论据》《一位日本女医生的故事》均采用了明显的论文调文体，表述方式直接、强硬、有力；与之相对，诗歌手稿《虹之桥》表述榛叶修的个人内在情感，特别是疑惑、矛盾、不安、彷徨的负面情绪。堀田善卫曾在他的日记中将榛叶修等“对日文工会”的日俘工作人员描述为“一无所有的虚无主义者”(1946年2月22日)、“没有梦想没有信仰精神掉落谷底的人”(1946年8月23日)。由于二战时期日本军部极力宣扬“不受生擒之辱、宁死勿留污名”(《战阵训》)的俘虏蔑视观念，日军士兵在成为日俘之后面临价值观的丧失和自我认同危机，缺乏行为能动性和主体性构成日俘群体的主要特征[1]。而对于国民政府的对日文化工作机构来说，如何处理日俘群体普遍存在的虚无主义倾向成为其战后工作的另一个重点。

图7.14 二战时期《读卖新闻》有关“战阵训”的报道(左)、“战阵训”改编的歌剧广告(右)

战后滞留上海的本地日本人群体中除了近10万人的普通平民日侨之外，另外还有原日本“支那派遣军”第13军及第61师团的约7万日俘。1945年9月国民党第三方面军进驻上海之后，将日俘安置在了吴淞南部、吴淞北部、江湾和市中心的4处日俘集中区[2]。解除武装之后

[1] 秦郁彦『日本人捕虜』、東京：原書房、1998年3月、16～24頁。
[2]《战俘管理处剪影》，上海：《导报半月刊》第3期，1945年12月10日，10页。

的日俘被称之为“徒手官兵”或“复员者”，他们形成了战后上海另一个人数庞大的日侨群体[1]。从1945年10月第三方面军创办《改造日报》之日起，针对日俘群体的文化宣传就是其工作重点，例如《改造日报》举办时间最早的日侨座谈会就是以“复员日俘”为主题进行[2]。这一时期，国民政府的对日工作机构相当关注在华日俘的虚无主义倾向，如何为日俘群体提供重建自我主体性的途径是其对日文化工作的重心[3]。

国民政府针对日俘的文化宣传工作总体上可以分为“反省教育”和“新生教育”的两大类别。前者侧重训导日俘反省侵华战争的责任，促使日俘自我解构旧有的价值体系；后者侧重劝导日俘从中国的视角重新认识历史，教育日俘通过各自的在华经历建立新的战争认知、历史认知和自我角色认知。例如就在榛叶修写作《虹之桥》的1946年5月，上海第三方面军日俘管理处导报出版社发行了一期《导报画刊》[4]。《导报画刊》侧重于使用直观的图像信息进行文化宣传，1946年5月的创刊

图7.15 《导报画刊》创刊号封面及其刊载的日侨管理处主要领导人照片

[1]《当局招待记者参观日俘营》，上海：《大公报》，1945年12月17日，3版。

[2]「在留日本青年座談会（一）～（四）」、上海：『改造日報』、1945年10月20日～23日、2版。

[3]「未だ復員せざる在華日本徒手官兵諸君」、上海：『新生』第4号、1946年4月25日、32頁。

[4] 该期刊借阅自日本东大阪大学渡邊ルリ教授。

号上刊载有中国画家丰子恺和张文元的漫画作品。两人的漫画各有不同的侧重点，典型代表了国民政府战后日俘宣传工作的两类路线。

图 7.16　左右图分别为丰子恺漫画作品《火照旌旗夜受降》和《惊残好梦无寻处》

《火照旌旗夜受降》描绘了国民党军队接收日军投降的场景。画家特意选择了远近透视法的构图，为近处的国民政府军队和远处的日军设计不同大小比例的形象，同时采用“火焰”、“国旗”、“训话中的中国军人”、“高举双手的日俘”等图案凸显国民政府军队的威严造型。右侧的漫画《惊残好梦无寻处》同样是寓意直白。作品描绘了一位正在梦中征服全球的日本人，左侧下方写有“あさきゆめみじ”的日文说明。这句日文是日本古诗歌《伊吕波歌》的一部分，《伊吕波歌》从公元 10 世纪前后开始在日本流传，该诗歌的最后一句为“浅き夢みじ、酔ひもせず”，中文直译“不再醉生梦死”。丰子恺引用了该句的前半部分，很明显是在借《伊吕波歌》解释“惊残好梦无寻处”这一漫画中文标题的意义，以此训导日俘从侵略战争的美梦中醒来直面现实、反省历史。

张文元的《归去来兮》是一组 8 格漫画，以一位日本士兵和他的妻儿为主人公，描绘侵华战争前后这一家人的经历。因为采用了多格漫画的形式，较之丰子恺的作品，张文元的《归去来兮》带有更强的叙事

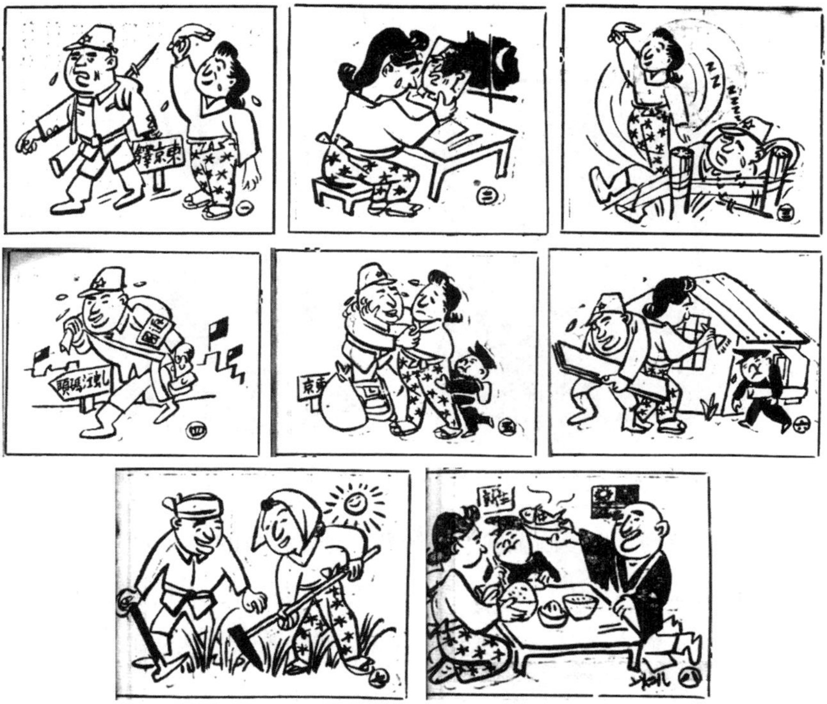

图 7.17　张文元漫画作品《归去来兮》

特征。《归去来兮》8 格漫画各有一个小主题，依次描述了一名日军士兵“被迫出征”、“留守妻子的悲伤”、“出征中国后士兵对家人的思念”、“日本战败后的日俘遣归”、“回国后的家人团聚”、“重建家园”、“重拾家业”、“重新过上和平富足生活”的一系列过程。这样一种日军士兵的战争体验叙事完全不同于战时日本的主流表述方式。在日军占领上海期间，通俗漫画同样也是当地日侨言论界惯常使用的美化日本战争形象的手段。如二战期间发行于上海的日文大众杂志《江南展望》[1] 几乎每期刊载漫画作品，其中有为数不少用于描述日本抗击欧美殖民者的“东亚

[1] 『江南展望』旧刊名『オール上海』(大众上海)，创刊于 1938 年，1943 年改为现刊名。

卫士”形象，以此宣扬所谓“大东亚战争”的合法性。

图 7.18　二战时期上海发行的日文大众杂志《江南展望》及其刊载的漫画作品

战时上海的日侨漫画偏向于描绘日本对外战争的各类主体意义，强调日军抗击欧美的自主意愿和“保卫东亚”的行为能动性。例如可东弥之助是日军占领上海时期当地最知名的日本漫画家。他从 1940 年开始侨居上海，此后在《大陆新报》《新申报》《江南展望》等沪上日系报刊发表大量漫画作品。可东弥之助主张“漫画是进行大众宣传工作最有效的手段”[1]，认为日本对外战争的主体性价值在于“日本民族向外发展的力量与英美压抑力量之间的冲突”[2]，并以此为主题创作了大量用于政治宣传的漫画作品。

张文元和可东弥之助正好有相反的表述意图，他的作品《归去来兮》主旨在于表现日军士兵的行为被动性。张文元刻意将漫画主人公的侵华经历设计成带有明显反差色彩的“来”和“去”的两部分，8 格漫画的前 3 格用于描绘日本士兵出征时的悲伤和痛苦，后 5 格描绘他从中

[1] 加東みの助「上海雑記帖」、『みの助の思い出』収録、加東みの助年忌発起人会編、1959 年 10 月、74 頁。

[2] 加東みの助「上海雑記帖」、『みの助の思い出』収録、加東みの助年忌発起人会編、1959 年 10 月、75 頁。

国遣归日本后和家人团聚重建家园时的喜悦；漫画最后一格左上角还写有“新生”二字，右上角则画有一副“青天白日旗”，寓意日俘在国民政府的改造之下重获新生。也就是说，张文元的漫画《归去来兮》试图从中国视角出发重新书写一部日军士兵的战争体验史，以此促使日俘通过各自在华经历建立新的战争认知、历史认知和自我角色认知。而国民政府这种以主动提供中国视角为手段的对日文化工作方式同时也推行于没有直接战场经历的平民日侨群体。

五、日侨文人的战后中日交涉职能

堀田善卫是法语文学专业出身，中文阅读能力有限，1945 年刚到上海期间很少接触当地的中文言论，对中国的了解主要通过《大陆新报》等日文报刊。日本战败之后，堀田善卫开始尝试学习中文。他在上海的三位最亲密的友人武田泰淳、林俊夫和室伏库拉拉都是当地日侨文化界的知名中国研究者，在朋友们的指导之下堀田开始学习阅读中文报刊和书籍。而在入职“对日文工会”之后，由于工作的需要，堀田必须日常阅读《中央日报》《大公报》《和平日报》《文汇报》《新闻报》等中文报纸刊载的对日言论，这也成为了他在上海期间了解中国的重要途径。在 1946 年 6 月 18 日的日记中他写道，“今天我翻译了一篇《中央日报》的论文，主旨是号召尽快树立中国的对日政策。内容相对易懂，所以不难翻译。我打算从今天开始每天翻译一篇这样的论文，坚持下来，想必自己也能受益不少。”

根据“对日文工会”上海分会制作的 1946 年度《本会参考资料第一号》，“对日文工会”除了编辑发行日文期刊《新生》以外，另有两项常务工作，一是编译中文报刊书籍的各类对日言论，另一项是策划日文电台广播节目。这两项工作均由“对日文工会”的日籍留用人员负责，具体工作分为6大方面，分别是（1）研究编译及整理政治方面的剪报（负责人林俊夫）；（2）编辑图书目录及社会新闻方面的剪报（负责人影山巍）；（3）研究编译经济方面的剪报并负责撰写日语广播稿（负责人绪方俊郎）；（4）研究编译文化教育方面的剪报（负责人室伏库拉拉）；（5）研究编译劳资方面的剪报并负责撰写日语广播稿（负责人关口满）；（6）研究编译军事方面的剪报并负责撰写日语广播稿（负责人井户丰）[1]。

前述日记中，堀田提到他翻译了一则来自《中央日报》的论文。《中央日报》是国民党的中央机关报，抗战时期报社总部设于重庆，战后回迁南京，同时在上海发行有沪版《中央日报》。堀田善卫当天翻译的论文题为《从速树立对日政策》，刊载于上海版《中央日报》1946年6月18日的“社论栏”。该社论开篇写道，“有些人以为日本既战败，便不易翻身，中国从此无需再注意日本；也有些人以为日本问题固应注意，但中国国内问题更应注意，好像说自己的事没有管好，且莫管人家的事。这两种人的见解，纵令有程度的差别，但其为不得正鹄则一。”[2]社论认为日本战败后，造成其发动侵略战争的经济、政治、文化因素并没有得到清除，以天皇为中心的旧统治阶级也依然健在；社论强调中国在战后对日政策的制定上不能盲目追随美国和苏联，政府应当寻求自主的立场和主张，及早为中国的对日工作者们树立可供参考的具体对日政策。

尽管抗战已经结束，日本问题依然是战后上海各大中文报纸的热点话题。而对于上海的日侨群体来说，他们在日本战败前后目睹了当地中文报纸对日言论基调的急剧反转。日军占领上海期间当地7份中文大报均由日伪操控，日本战败后除《申报》和《新闻报》以外，其余日伪报纸全部被取缔，取而代之的是《中央日报》《大公报》《和平日报》《前

[1]《本会参考资料第一号》，上海档案馆，Q130-2-25。
[2]《社论　从速树立对日政策》，上海：《中央日报》，1946年6月18日。

线日报》《时事新报》等从抗战区回迁上海的报纸[1]。抗战区回迁报纸在日本问题上采取了几乎清一色的强硬批判立场。以堀田善卫阅读最多的《中央日报》为例，自他入职“对日文工会”的1945年12月到次年12月离职的一年间，《中央日报》共发表了25篇直接以日本为对象的“社论”，其中有代表性的如《日本投降后的狂妄幻梦》(1945年12月24日)、《彷徨歧路中的日本》(1946年2月10日)、《日本的再教育》(1946年4月21日)、《币原内阁的借尸还魂》(1946年5月18日)、《严惩人类的叛徒》(1946年6月8日)、《严斥日战犯辩护人》(1946年7月26日)等均采用了言辞激烈的对日批判主张，主要抨击日本的战争罪行、质疑战后日本的重建方式以及美国的对日占领政策。这些对日批判言论带给了堀田善卫很强烈的冲击，在1946年8月5日的日记中他写道，“我觉得日本在中国问题上也许还会继续失败下去。特别是对于下一代日本人来说，由于战败失去了直接和中国接触的机会，他们恐怕还会像上一代人一样重蹈覆辙，只不过是会换一种失败的形式罢了。”

日记中，堀田善卫一方面将“阻止日本在中国问题上重蹈覆辙”(1946年8月5日)视作自己应该担当的使命，另一方面又时常对中文报纸的对日批判言论产生抵触情绪，认为“中国压根就不希望战败后的日本能够重新复兴”(1946年9月15日)。对堀田来说，直接聆听中国人的声音既是日侨文人知识分子应当履行的职责，同时也是一种不易承受的精神负担。1946年5月发行的《新生》第5号上，堀田善卫使用“伏木海之”的笔名发表了评论《中国的宣传告示》。文中堀田写道，“今天中国的言论界在新闻自由的理念之下呈现出多元化的论调趋势，但唯独在对日言论上大家都采用了一致的态度”，“中文报纸上频繁出现批判日本的报道，尽管这些报道中也有一些失实的内容，但这反而

[1] 王季深《光复后的上海新闻界（一）》,《上海文化》第1期，1945年12月，4页。

提醒了我们必须认真审视和反思扎根于中国人心中的对日本不信任的情感。”[1]

除了阅读报纸以外，参加中方组织的各类座谈会是堀田善卫另一个接触中国对日言论的途径。据堀田回忆，在“对日文工会”工作期间他曾经旁听过一次改造日报社主办的“日本问题座谈会”，这次座谈会邀请了郭沫若、茅盾、田汉等中国知名文人参加，对于堀田来说是他到上海后第一次有机会直接听取中国文化界意见领袖的对日言论[2]。

图 7.19　改造日报社主办的“日本问题座谈会”会议现场照片

改造日报社的“日本问题座谈会”举办于 1946 年 6 月 13 日。由于邀请了刚到上海不久的郭沫若、茅盾、田汉、冯乃超等中国文化界的意见领袖们参加，这次“日本问题座谈会”受到了上海日侨群体的关注。座谈会结束后次日的《改造日报》介绍了这次会议的举办经过。据其报道，这次“日本问题座谈会”召集了中国各界名流，主要议题有“日本法西斯问题”、“天皇制问题”、“日本现状分析和民主运动问题”、“中国的对日工作政策问题”以及“中日两国民主运动的国际环境问题”。报

[1]「中国のポスター」、上海：『新生』第 5 号、1946 年 5 月 15 日、封二页。
[2]『わが文学わが昭和史』、東京：筑摩書房、1973 年 8 月、156 頁。

道最后还预告，“有关本次日本问题座谈会的详细记录，将刊载在本社发行的杂志《改造评论》第 2 号上。”[1]

《改造评论》是改造日报社在 1946 年 6 月创刊的日文期刊（本书第一章已有述及）。该刊采用综合文化杂志的编辑样式，最初策划为月刊，之后改为不定期发行；《改造评论》创刊号的页数达到了惊人的 256 页，是同时期上海发行的日文期刊中体量最庞大的一份。

日本を語る座談會
中國各界名流が參集
引揚者の食糧で惱む
援護局は火の車

图 7.20 《改造日报》有关“日本问题座谈会”的报道（左）、《改造评论》第 2 号刊发的“日本问题座谈会”特辑（右）

《改造评论》以“专载我国对日问题之评论及对日国策”为办刊宗旨，面向在华日侨以及日本本土的读者传递“中国之声”构成该期刊的编辑方针[2]。前述“日本问题座谈会”的会议记录刊载在 1946 年 9 月发行的《改造评论》第 2 号上。据其记录参加本次座谈会的共有 11 人，分别为郭沫若、茅盾、田汉、马叙伦、翦伯赞、冯乃超、叶圣陶、陈望道、于伶、金学成和陆久之，实际上是聚集了当时中国文艺界、学界、教育界和对日文化工作部门的各位意见领袖。“日本问题座谈会”进行

[1]「日本を語る座談会　中国各界各流が参集」、上海:『改造日報』、1946 年 6 月 14 日、2 版。

[2]《改造评论杂志登记申请书》，1946 年 8 月 3 日，上海市档案馆，Q6-12-62-22。

过程中有三个话题被反复讨论，一是树立中国独立自主的对日工作政策，二是日本战败的历史意义和战后重建方式的问题点，三是战后美苏动向与中日关系之间的联系。参会人员中，对发言起主导作用的是郭沫若。郭沫若抗战期间在重庆担任国民政府军事委员会政治部第三厅长负责对日工作，1946 年 5 月他作为政治协商会无党派代表由重庆到上海，此后作为中国文化界的意见领袖参加了沪上各类对日宣传活动。

在改造日报社的“日本问题座谈会”上，郭沫若主要阐述了自己对日本战败的历史意义的见解。郭沫若分析，“日本宣布投降之时，在中国的日军仍然保持着军事上的优势，盟军虽然已经迫近日本本土，日本还留有充分的实力未到崩溃尽头。”[1]郭沫若认为较之中国在抗战中的巨大损失，日本的所谓“战败”没有实质意义，日本的投降不过是“旧统治阶级为了保存实力而采取的阴险花招”，“战后半年以来日本的动向也证明了这一点”。郭沫若从日本的天皇制政体、教育体制和经济制度这三个方面论述战后美国占领军在日本管理政策上的局限性，认为“在美国庇护之下日本的法西斯势力正在逐渐复苏”，主张日本的战后改革应当加入“苏联式的方法”，而中国则必须“深刻反省以往盲从他国路线的做法，真正发挥中国在日本民主化进程中的职能”。[2]

从社会主义阵营的立场解读战后美国对日占领政策的缺失是这次“日本问题座谈会”的主旨。在郭沫若发言之后，翦伯赞、冯乃超、茅盾等人陆续发言，分别从战后世界政局动向、战后日本政府动向、战后日本文艺界动向等具体方面抨击美国对日占领的失误之处。本次“日本问题座谈会”的会议记录全文刊载于《改造评论》，目标设定的首要读者受众毫无疑问是在上海的日侨群体。但在另一方面由于同时期上海日侨遣归工作已接近尾声，改造日报社创办《改造评论》的意图不止于提

[1]「日本問題座談会」、上海：『改造評論』第 2 号、1946 年 9 月、8 頁。
[2]「日本問題座談会」、上海：『改造評論』第 2 号、1946 年 9 月、10 頁。

供一份日侨阅读的杂志，更重要的是希望将其打造成“战后中日文化交流最权威的信息渠道”[1]。不难推测，郭沫若等人的意图不但是希望借助这次“日本问题座谈会”将中共的对日工作立场告知在上海的日侨，同时也期望日侨遣归之际能将其传递回隔海相望的日本本土。实际上参考之后部分日侨知识分子对“日本问题座谈会”的反应也可以验证这一点。

《改造评论》的编辑委员中有一位名叫岛田政雄的日本左翼文人。岛田政雄是《改造评论》的主要策划人，在上海期间他与郭沫若、茅盾、冯乃超等中国左翼文人形成协作关系，力求将《改造评论》打造为“中国民主人士支援日本民主化建设的期刊”[2]。侨居上海期间，岛田政雄还与一些日侨左翼知识分子组织成立了“在沪日本人共产主义小组”，小组成员中有一位名叫菊地三郎的原朝日新闻上海特派员，他在1946年5月遣归日本之后，在东京创办了一份以中国为专题的文化资讯期刊，刊名《中国资料》[3]。《中国资料》正式创刊于1946年11月。创刊

图7.21　上海遣归日侨在东京创办的期刊《中国资料》(封面可见美国占领军言论审查痕迹)(左)、《中国资料》创刊号刊登的郭沫若照片(可见郭氏手捧一册《改造评论》)(右)

[1]「本誌の使命　改造日報館発行の日文総合雑誌　改造評論本日愈よ発売」、上海:『改造日報』、1946年6月10日、2版。

[2] 島田政雄『四十年目の証言』、横浜：窓の会、1990年1月、27頁。

[3] 菊地三郎『声なき民のアジア学—現地体験四十年を語る』、東京：新人物往来社、1981年11月、1～3頁。

之前，菊地三郎通过岛田政雄与在上海的郭沫若取得联系，请求他协助《中国资料》的编辑发行。在岛田政雄的斡旋之下，郭沫若寄送了一张自己的照片刊登在《中国资料》创刊号卷首，已表示“自己全面支持《中国资料》的创办工作”[1]。

照片中的郭沫若手捧一册《改造评论》，显然是希望《改造评论》能够成为《中国资料》的参考对象。而岛田政雄和菊地三郎在编辑《中国资料》的过程中也积极利用了《改造评论》的信息资源，其中包括前文提到的“日本问题座谈会”的会议记录。

在“日本问题座谈会”上，时任复旦大学新闻系主任的陈望道针对美国战后对日本实施的言论审查进行了分析。陈望道指出“现在日本实际上正处于信息封锁的状态，日本国内的资讯传不到国外，国外的资讯也传不进日本国内”；陈望道认为“美国虽然自诩为言论自由的国家，但它目前在日本实行的新闻自由恐怕打了很大折扣”，“美国强加于日本文化界各种言论限制，这些限制首先必须依靠日本人民自己的力量去排除掉”[2]。为了营造有利于美国的舆论环境，美国对日占领军总司令部（GHQ）于1945年9月19日发布《出版言论法规》(Press Code)，并在日本各地秘密设立“民间审查支队”(CCD)，采用言论审查的手段对战后日本的公共言论空间实施了“服务于占领军总司令部需要的信息管制和舆论操控”[3]。同时，美国占领军还解散了日本主要报社、出版社的驻外机构，并实施了严格的出入境管制，限制日本国民自由前往海外[4]。这一系列措施导致了战后初期日本社会实质上处于“美国单边配给言论自由”[5]的状况之下，由此形成了由美国主导、带有明显偏向性的公共

[1]「最近の郭沫若氏」、東京:『中国資料』第1号、1946年11月、3頁。
[2]「日本問題座談会」、上海:『改造評論』第2号、1946年9月、16頁。
[3] 山本武利『GHQの検閲・諜報・宣伝工作』、東京: 岩波書店、2013年7月、14頁。
[4] 阿部纯一郎「旅券法の誕生—占領期日本の渡航管理体制と密出国」、『東海社会学会年報』第6号、2014年6月。
[5] 河上徹太郎「配給された自由」、『東京新聞』、1945年10月26日～27日、2版。

言论空间。

在这种实质上的锁国状态之下，遣归日侨从中国带回的资讯就成为了战后日本稀缺的信息资源。《中国资料》的"创刊词"写道，"日本的对华研究工作首先必须以正确认识中国为前提，但是如今日本最缺乏的正是能够传递事实的客观资料，这也是我们创办《中国资料》的原因。……真理需要传递给千万大众，事实需要为万人所知晓。报道中国的事实，传递中国的真相，这就是期刊《中国资料》所希望承担的使命。"[1] 1946 年 12 月，从上海回到东京的岛田政雄和菊地三郎试图将《改造评论》的"日本问题座谈会"特辑全文转载于《中国资料》第 2 号。但是由于《中国资料》第 2 号没有能够通过美国占领军当局的言论审查，最终没能正式出版。目前日本国立国会图书馆宪政资料室收藏有"美国占领期报刊图书文库"（Gordon W. Prange Collection）[2]。这里保存有当年言论审查时使用过的《中国资料》样稿。从样稿的内容来看，《中国资料》第 2 号基本全文转载了"日本问题座谈会"的会议记录，其中也包括了郭沫若、茅盾、冯乃超、翦伯赞等中国左翼文人针对美国占领政策的激烈批评[3]。

根据《中国资料》所附的来自"民间审查支队"的言论审查文件，占领军不许可出现的内容主要有两类，一为"含有直接或间接批评盟军的政治宣传"（Above deleted; Propaganda，direct or indirect Criticism of Allies）；二为"含有直接或间接批评美国对华政策的政治宣传"（Above deleted; Propaganda，direct or indirect Criticism of the United States' policy

[1]「創刊のことば」、東京:『中国資料』第 1 号、1946 年 11 月、1 頁。

[2] "Gordon W. Prange Collection" 是以美国对日占领军总司令部参谋第二部（G2）战史室长戈登·普兰格（Gordon W. Prange）的名字命名的报刊图书文库。该文库收录有美国占领下日本发行的 10 万余件期刊、报纸和图书出版物，原件收藏于美国马里兰大学，日本国立国会图书馆宪政资料室收藏有文库副本。

[3] 部分内容有删减，例如历史学家翦伯赞的发言"有的国家想要把日本当作防卫其他国家的屏障，这种政策最为损害的就是中国的利益"在《中国资料》样稿中被删除。

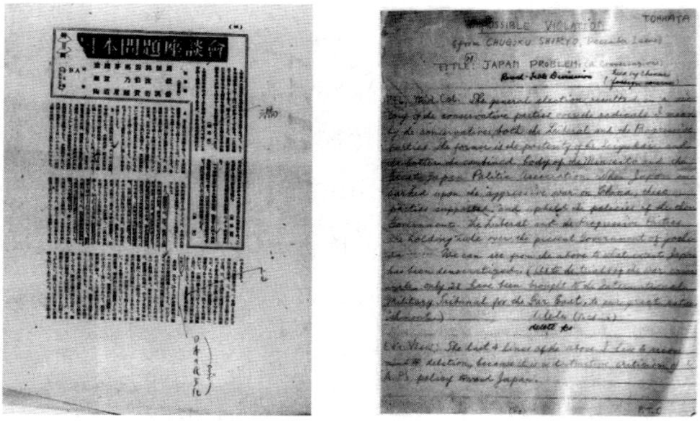

图 7.22　美国占领军“民间审查支队”(CCD)审核的《中国资料》样稿(左)和言论审查文件(右)

towards China)[1]。另外在《中国资料》第 2 号的样稿中，所有出现“麦克阿瑟元帅”字样的地方都被打上了标记。美国将领麦克阿瑟当时担任名义上的“联合国”对日占领军总司令(SCAP),《中国资料》第 2 号没有能够出版的直接原因是“日本问题座谈会”包含大量批判美国对日占领政策的内容。

众所周知，战后美国的对日占领在 1952 年 4 月《旧金山和约》生效之后正式结束。美国对日占领结束两个月前的 1952 年 2 月，堀田善卫在东京《改造》月刊发表了小说《断层》。《断层》以堀田善卫本人为原型描述了一位日本知识分子经由战败重新发现中国的心路历程。小说的主人公“安野”在战争末期流亡到上海。他反感战时日本狭隘的民族主义，崇拜西欧的近代文化，努力地在上海这座曾经的“东方巴黎”寻找最后一点西方文明的痕迹。然而随着日本战败的到来，主人公开始意识到需要对自己以往的世界观进行价值重估。战败瓦解了日本占领军在上海的统治，同时也剥除了每个日本侨民身后的无形保护伞。转瞬之间，上海的日侨们从高高在上的统治阶级变为了战败国的丧家犬。在这种身份的急剧转变中，主人公开始重新审视上海这座都市。他觉察到

[1]『中国資料』検閲文書、日本国立国会図書館プランゲ文庫、VH1-C241。

自己一直在上海寻找多元文化，却忽略掉了上海文化中最重要的中国属性。他意识到自己过去的文化越境只是局限在西方中心主义世界观之下的自我欺瞒，当日本的战败迫使他从头审视自我的时候，主人公发现了从中国的视角出发重新认识世界的必要性。

小说《断层》虽然在形式上表现为虚构类文本，但从堀田身后留下的手稿来看这部作品带有浓厚的自传性质。《断层》最初的手稿采用了实名形式，主人公直接以“堀田善卫”的名字出场，较之小说更接近于回忆录的文体。在手稿的结尾处作者写道，“今天我们没有办法直接了解到中国文人对于日本现状的具体看法，但我想中日之间应该是存在着相互认识上的断层。这个断层有的地方或许差距不大，有的地方却是巨大如鸿沟，并且这个鸿沟还在每天不断地扩大。”[1]

包括堀田善卫在内，日侨遣归文人在战后日本时常扮演着“杂音”制造者的角色。他们利用自身在中国的战败体验和遣归经历，将另一种“战后”的书写方式带回日本，形成不同于美国占领下日本主流言论界的异质话语空间。日侨遣归文人中有很多人善于书写中国，又或者更准确地说是善于借由中国书写日本。在美国占领军言论管制下的日本，日侨遣归文人通过“中国”这一外部视角构设的言论空间更容易形成与社会主基调相偏离的“杂音”，而这些“杂音”对于战后被美国隔离的日本本土言论界来说，则是弥补外界认知断层的重要渠道。在《断层》的手稿中，堀田善卫将“置身于断层之中”视作自己应当履行的战后责任。通过制造“杂音”解构美国占领下日本的言论主基调，寻求表述战后日本、中国乃至世界的另一种可能性，这构成了堀田善卫等日侨遣归文人在战后日本的言论职能，同时也是这一类寻求自我异质化的知识分子群体最重要的研究价值所在。

[1]「断層」草稿、日本神奈川近代文学館所蔵。

第八章

遣归日侨文人的“中国之眼”

一、“红色中国”的文字体验

1946年7月10日的日记里，堀田善卫写道，“上海《字林西报》报道了联合国善后救济总署在华职员提交给纽约总部的控诉书。该文以We，the staff and employees of Unrra in china，feel the time has come to bring to your attention的字句开头，控诉国民政府将救济物资当作政治斗争的武器使用，迟迟不将物资发送给真正需要救济的人。”《字林西报》(North China Daily News）是同时期上海最有影响力的英文报纸，1946年7月10日该报头条报道了联合国善后救济总署（UNRRA）对国民政府的抗议。报道称，“昨日，UNRRA纽约总部的署长拉康迪亚收到来自上海办事处的300名职员的联名报告，认为中国国民政府没有能力妥善利用联合国支援的救济物资，要求将救济物资转送其他国家。这证实了联合国善后救济总署对于国民政府错误使用援华物资的担忧是有现实依据的。”[1]

[1] “UNRRA Staff Protests Misuse Of China Relief”, *North China Daily News*, July 10, 1946, p.1.

NORTH-CHINA

UNRRA Staff Protests Misuse Of China Relief

TRUMAN LOSING PRESTIGE

Russian Statement on Germany Due

聯總救濟品停止運華

因中國無力將物資送往災區

行總煙台辦事處成立

接濟共區物品時有被扣情事

图 8.1 《字林西报》报道联合国善后救济总署对国民政府的抗议（左）、同时期上海《大公报》的相关报道（右）

《字林西报》的报道抨击国民政府恶意扣留联合国救济物资，认为国民政府故意不将物资发送到内陆，特别是中共政权控制的地区；报道还援引联合国善后救济总署上海事务所的抗议书，称“有迹象表明，国民政府是根据灾区民众的政治信条有选择地决定物资发放对象。也就是说，联合国的救济物资正在成为国民政府的政治斗争工具。”

1945 年 11 月，联合国善后救济总署开始将美国的战争剩余物资援送中国。上海当时是救济物资运送到中国后的主要接收口岸之一[1]。但是此后，联合国的救济物资大多没有能够及时转送内地灾区，特别是中共控制地区仅获得少量配给[2]，大量救济物资转流入上海黑市成为政府部门贪腐的工具，国民政府的行政院善后救济总署（CNRRA）也被讥讽为“China Never Really Receive Anything”[3]。1946 年 8 月 9 日的日记中堀田又写道，“上个月的时候，UNRRA 的外籍职员和署长曾经联名

[1]《美剩余物资五万吨将运沪》，上海：《大公报》，1945 年 11 月 25 日，3 版。《第二批救济物资本月下旬可运抵沪》，天津：《大公报》，1945 年 12 月 13 日，2 版。

[2]《中共区首次得救济》，上海：《大公报》，1946 年 1 月 29 日，2 版。《市面发现美补给品》，同前 2 月 2 日，3 版。《黑市米商万恶套购运沪救济米　联总对此事严重关切》，同前 4 月 11 日，2 版。《社评　评联总对华停运事》，同前 7 月 13 日，1 版。

[3] 千兵《姑妄听之》，上海：《大公报》，1946 年 7 月 12 日，8 版。

要求中止联合国对华救济物资的运输。我们这些在国民政府机关工作的日本人几乎人人都在各自的部门听闻过贪污腐败的事情。这种事情听得多了，我们都觉得似乎整个中国国民政府都已经腐朽透了的样子。”

出于对国民党政权的失望，上海时代末期的堀田善卫开始关注中国共产党。1946 年 7 月 17 日的日记中他写道，“晚上我去三民书局购买了《红色中国的挑战》，作者是 G. 史坦因。我买了这套书的第 1 册和第 2 册，总共花了 1300 元。”《红色中国的挑战》是美国记者根室·史坦因于 1944 年跟随“中外新闻记者西北考察团”前往延安访问后写作的报告文学作品。该书英文原题 *The Challenge of Red China*，1945 年在纽约和伦敦同时发售，是当年欧美图书市场介绍中共的热点著作[1]。1946 年 6 月至 7 月间，一家叫做晨社的上海出版社将 *The Challenge of Red China* 的 10 章内容拆成 10 辑，分别由不同译者翻译，作为《红色中国的挑战》系列丛书在国内出版发行。堀田善卫从 7 月 17 日开始陆续购入了中译版《红色中国的挑战》，其中他最感兴趣的是这套丛书的第 8 辑《延安的日本俘虏》（谷桃译）。

图 8.2 《红色中国的挑战》的中译本和英文原著

［1］ Harley Farnsworth MacNair，“Book Review，The Challenge of Red China. By Gunther Stein”（New York; London，Whittlesey House，1945），*The American Political Science Review*，Vol. 40，No. 1（Feb.，1946），pp. 148 ～ 150.

1946年8月29日的日记中堀田写道，“今天我读了《红色中国的挑战》系列中的一部，书名《延安的日本俘虏》。根据这本书的描述，延安的日俘行动上非常自由，几乎完全没有被当作俘虏看待，那些不想留在延安的日俘，延安政权还允许他们自由离开。”

《延安的日本俘虏》是一本23页的小册子，主要描述中共领导下的日俘反战团体“日本人民解放联盟”及其日籍领导人野坂参三（化名“冈野进”）。书中，史坦因重点介绍了他对野坂参三的访谈，其中介绍了日俘“生活和工作在这个他们以前从来不知道的一种自由的气氛里”，“八路军并不把他们当作俘虏，他们仅是军事学生而且和中国的军事学生有着同样的自由，穿着同样的制服。”[1]《延安的日本俘虏》还介绍了野坂参三对于战后日本重建方式的构想，他认为改造日本最有效的方法是“给予日本人民充分的言论自由、出版自由以及让他们自己运用这种自由的必要的民主权利”[2]。

本书第七章曾介绍过，堀田善卫在留用“对日文工会”期间的主要职务之一是接待国民党系统的反战日俘。日记中，堀田对这些日俘的评价普遍很低，“颓废”、“虚无”、“阴暗”、“肤浅”是他经常使用的词汇。但是在史坦因的《红色中国的挑战》一书中，堀田发现了另一种“陌生”的日俘形象，日记中他写道，“和延安相比，在重庆的日俘完全是一副相反的惨状。日俘们被收监在日俘集中营里，国民党不信任他们，还克扣他们的生活费，只把他们当成升官发财的工具。从延安回来的日本人和重庆回来的日本人，在这两个不同政权下生活过的日本人对中国将会产生两种非常不同的认知方式，而其中更有可能胜出的恐怕会是延安一方。”（1946年8月29日）

[1] 史坦因著、谷桃译《延安的日本俘虏——红色中国的挑战之八》，上海晨社，1946年7月，8页。

[2] 史坦因著、谷桃译《延安的日本俘虏——红色中国的挑战之八》，上海晨社，1946年7月，18页。

借由《红色中国的挑战》的文字信息，堀田开始尝试将“延安”和“重庆”进行比较，寻找两者对于战后日本的不同意义。这种方式也是同时期欧美出版市场的东亚相关论著在分析战后中日局势时经常采用的视角[1]。也就是说堀田善卫在阅读《红色中国的挑战》的过程中，不但吸收了史坦因的著述内容，还承袭了他所使用的东亚观察视角。

除了史坦因的《红色中国的挑战》之外，堀田善卫还阅读了另一本介绍中国共产党的英文名著 *Red Star Over China*。众所周知，这是美国记者埃德加·斯诺在 1936 年访问延安后写作的长篇报告文学，中译作《红星照耀中国》(早期译作《西行漫记》)。《红星照耀中国》给予了中共政权及其领导人毛泽东很高的评价，该书 1937 年在英国初版发行后，作为当年的畅销书成功树立了中共在国际上的正面形象[2]。

图 8.3 《红星照耀中国》英文原著及书中附录的中国地图

1946 年 8 月 24 日的日记中堀田写道，“昨天我提早了一会儿去上班，想在工作开始前的间隙看一会儿斯诺的书。看书的时候，同事翁凯

[1] L. E. S. “Books on the pacific area”, *Far Eastern Survey*, Vol. 15, No. 1 (Jan. 16, 1946), pp. 15 ~ 16.

[2] “Book Review, Red Star Over China. By Edgar Snow” (1937. London : Gollancz), *International Affairs* .Vol. 17, No. 1 (Jan, 1938), pp. 138 ~ 139.

纲和郑天承凑了过来，对我手上的书很是有兴趣的样子。小郑还拼命翻书找贺龙的照片，他看到我给《红星照耀中国》装了一个书套，赞赏我的做法明智，告诉我如果在公共场合被人看到斯诺的书，可能会惹祸上身。”据堀田日后回忆，在国民政府“对日文工会”任职期间，他经常在上下班间隙阅读《红星照耀中国》，“有一天我在公交上遇到了一名中国青年，他建议我带上书套加以掩饰，提醒我由于内战局势的恶化，国民党特务遍布上海街头监视群众，在公共场合被人看到阅读《红星照耀中国》是非常危险的。”[1]

1946 年 6 月国共内战爆发之后，国民政府开始在上海查禁左翼色彩鲜明或是持有亲共立场的报刊书籍。最初查禁对象主要为中文出版物[2]，之后范围陆续扩大到“介绍中共状况及批评中国政府之英文原本书籍”[3]，《红星照耀中国》和前文提到的《红色中国的挑战》均在此类禁书之列。1946 年 10 月 30 日，郭沫若、沈钧儒、章伯钧、张君劢等人代表上海文化界向国民政府提交备忘录，要求“一切限制言论自由出版自由的特别法规必须立即明令废止”，“过去发布之查禁书刊命令必须宣布无效”，“各地方政府及党军警宪机关应严加约束，不得滥用职权对出版物之流通散布横加阻挠”[4]。由此也可窥见同时期上海的言论环境已经恶化到相当严重的程度。

对于文人来说，文字体验往往具有和现实体验相同程度，甚至是更高质量的体验效果。尤其是在行为自由受到限制的状况下，文字体验会成为文人群体获取外界认知的基本手段。战后滞留上海期间，堀田善卫虽然名义上是国民政府的日籍留用职员，但作为战败国的侨民行动上并不自由，他在日记中也感叹“有时候觉得自己不是俘虏就是奴隶”

[1]『めぐりあいし人びと』、東京：集英社、1993 年 1 月、44 頁。
[2]《市当局查禁刊物　共有一百零九种》，上海：《大公报》，1946 年 8 月 31 日，5 版。
[3]《禁书令范围扩大　洋文书也难幸免》，重庆：《大公晚报》，1946 年 12 月 31 日，1 版。
[4]《争取出版自由　沪杂志界提出备忘录》，天津：《大公报》，1946 年 11 月 2 日，3 版。

（1946 年 10 月 21 日）。在这种境况之下，借由文字信息认识中国共产党是堀田善卫能够体验“红色中国”的几乎唯一途径。无论是《红色中国的挑战》还是《红星照耀中国》，对于国民党政权来说都是偏离社会言论主基调的“杂音”。而在日本，这些介绍“红色中国”的著述也是长期被列为禁书，一样具备了成为“杂音”的社会言论功能[1]。借由这些“杂音”的文字信息获取对“红色中国”的认知，通过作品的书写生产新的“杂音”，最终形成具有作家自身特质的中国表述空间，这是堀田善卫体验中国的方法之一，也是他从上海遣归之后带给战后日本文坛的重要“土产”。

二、长篇小说《历史》的中国表述

1953 年 11 月，堀田善卫通过日本文艺出版社“新潮社”发行了一部题作《历史》的长篇小说。一年前，堀田刚获得了代表日本文坛最高荣誉的“芥川奖”。作为日本战败后涌现出的新生代作家，此时的堀田正是文坛和舆论界的宠儿，而《历史》则是他获得“芥川奖”之后创作的第一部中国题材的长篇小说。《历史》是堀田生平创作的所有中国题材小说中篇幅最长、叙事结构最复杂、出场人物最多的作品。这部长篇小说最初以 7 个中短篇的形式分别刊载在《文艺春秋别册》《新潮》《文学界》《文艺》等杂志上[2]。随后堀田又在这 7 个短篇的基础上增加了将

［1］ 例如《红星照耀中国》最早的日文全译本直到 1946 年才被许可在日本出版。宇佐美誠次郎・杉本俊朗共訳『中国の赤い星』、東京：永美書房、1946 年 12 月。

［2］ 7 个中短篇发表日期如下：「歴史」（『別冊文藝春秋』、1952 年 2 月号），「無人地帯」（『新潮』、1952 年 4 月号），「石を愛する男」（『文学界』、1952 年 5 月号），「不幸への意志」（『文藝』、1952 年 7 月号），「零点運動」（『別冊文藝春秋』、1952 年 10 月号），「重慶の墓」（『文藝』、1952 年 12 月号），「危険な物質」（『文学界』、1953 年 3 月号）。

近一倍的内容，最终整理成了一部 32 万字的长篇小说。

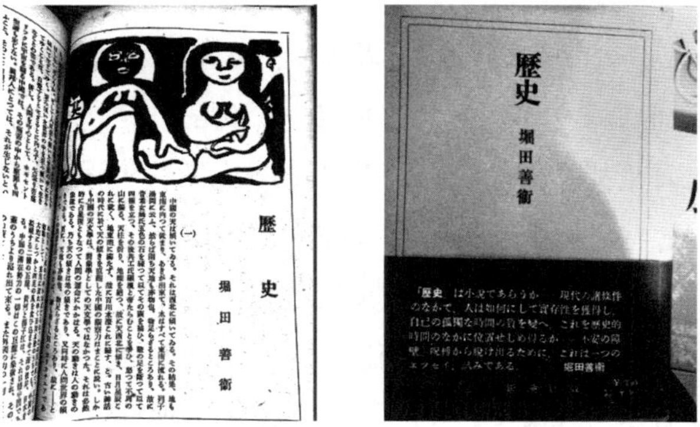

图 8.4 《历史》杂志连载第 1 回（左）和初版单行本书影（右）

《历史》的故事舞台设定在了 1946 年的上海。作品以中国国民政府战后留用日籍职员“龙田”为主人公，从他的所见所闻为出发点刻画战后中国社会的众生相。为了对战后中国的社会面貌有一个全方位的捕捉，除了主人公龙田以外，作者还设定了诸如日本特务左林、中国革命家洪希生、工人领袖陶一亭、中国政客李安耀、军队高官罗绍良、买办资本家康正、美国金融调查员拉姆施泰德和法国富商露希亚夫人等十余个主要出场人物。

在叙事方式上，小说大部分采用了对出场人物的内聚焦和多视点人物切换相结合的手法，叙述者一方面将主人公龙田设定为小说的主要视点人物，另一方面又会根据故事发展的需要将视点依附到其他出场人物身上。因为出场人物众多，人物与人物之间又存在着国籍、阶级属性和政治立场上的明显差异，这就使得《历史》这部作品可以从各个不同角度全面地描绘战后中国社会的样貌。

由于战败后的日本文坛还没有出现过像《历史》这样宏大篇幅的“中国”题材小说，堀田善卫的作品发表以后很快引起了文坛的关注。总的来说，对于《历史》的评价毁誉参半，评论家们之间意见的分歧明显。有的评论家盛赞《历史》是一部“通过刻画战后上海的历史脉搏来思考现代日本命运的鸿篇巨著”[1]，有的则批评堀田善卫好大喜功，认为《历史》这部小说名不副实，“题为《历史》，实则不过是一出‘历史的滑稽戏’而已。”[2]但是无论是肯定一方还是否定一方，对于《历史》这部小说的评论都没有能够深入到作品的内在结构和创作手法本身，绝大多数只是一些出于评论家们本人好恶的感情化议论[3]。

另一方面，1998年堀田善卫去世之后，家人将其生前的手稿、创作笔记、读书笔记、调查取材笔记以及其他各类共计13000多件一手资料赠送给了神奈川近代文学馆。在其中包含有3册堀田善卫生前使用过的笔记手稿，内含与《历史》的创作过程、创作手法和创作素材密切相关的文字记录。这些创作笔记可以向读者展示作家在写作《历史》过程中最基本的构思轨迹，例如其中有一处内容如下：

> 要以一个宏大的视角展开描写战后上海的政治和经济。小说的长度大概为300～350张稿纸，亦或可以是400张。要参考茅盾的《子夜》。暴动正在向着东方发展。革命。革命总是从底层跑江湖的人开始。从大众中间产生。《人的状况》。是否应该采用与《人的状况》相同的时间处理方式？是否应当从1946年9月左右开始？究竟如何才能让小说的日本人主人公将虚无之眼转化为紧张和充实的目光呢？[4]

[1] 高山毅「近ごろの長篇」、東京：『都新聞』、1954年1月22日「文芸時評欄」。

[2] 石上玄一郎「『歴史』書評」、東京：『文学界』1954年2月、170頁。

[3] 有关《历史》的其他一些重要的同时代评论还有中村光夫「小説案内——堀田善衞の『歴史』」(『毎日新聞』1953年12月9日)、山本健吉「小説と政治的風土」(『新潮』1954年11月号)。

[4] 档案编号t/H04/210/00093305、t/H04/210/00093306和t/H04/210/00093307。由于所有笔记都没有页码且涉及《历史》的相关内容分散在3册笔记的各个地方，为了避免混乱本文在引用笔记内容时，将引用来源统一记作“创作笔记”。

创作笔记的这段文字虽然看似杂乱无章没有条理，但实际上包含着解读《历史》所需要的几点重要线索。在这段文字中，读者可以看到堀田善卫在写作《历史》时的四个基本构想。第一，《历史》的创作目的在于“以一个宏大的视角展开描写战后上海的政治和经济”；第二，作者试图“参考茅盾的《子夜》”，将《子夜》当作《历史》的一个模仿对象；第三，作者以“暴动”和“革命”为作品的两个关键词，并且计划“采用与《人的状况》相同的时间处理方式”发展剧情。有关这一点，神奈川文学馆还收藏有另一份堀田善卫的手稿资料《有关安德烈·马尔罗的〈人的状况〉》。参考其内容可以知道，除了茅盾的《子夜》以外，当时堀田还试图将法国作家安德烈·马尔罗的长篇小说《人的状况》作为《历史》的参考对象[1]。最后第四点，《历史》虽然是一部中国题材小说，但作者的问题意识在于“如何才能让小说的日本人主人公将虚无之眼转化为紧张和充实的目光”。这暗示了堀田善卫写作《历史》的最终目标，是希望借由中国视角寻找到重建战后日本知识分子主体性的途径。

众所周知《子夜》是中国作家茅盾的代表作，小说以 20 世纪 30 年代的上海为舞台，描写了以主人公吴荪甫为首的中国民族资本家在国际金融资本的侵蚀和国内阶级矛盾激化的情况下一步步走向毁灭的命运路程。《子夜》最早于 1933 年由上海开明书店出版，第一版发行后销量惊人引起文化界瞩目[2]。日本读者接触这部作品的时间相对较晚，虽然 1938 年已经有部分节译[3]，但是首个全译本直到二战结束以后才出现

[1] 档案编号 t/H04/110/00093236。

[2] 朱明《读“子夜”》，上海：《出版消息》半月刊，1933 年 4 月 1 日号；门言《从“子夜”说起》，北京：《清华周刊》1933 年 4 月 19 日号；吴组缃《新书介绍“子夜”》，北京：《文艺月报》1933 年 6 月号。

[3] 增田涉訳「上海の真夜中」、東京：『大陸』、1938 年 6 ～ 8 月号。

在日本读者面前，即1951年由东京千代田书房发行的上下两卷本《真夜中》。

图8.5 《子夜》最早的日文节译《上海的真夜中》(1938)(左)、《子夜》最早的日文全译本《真夜中》(1951)(右)

译者尾坂德司早年曾留学北京大学文学部，日本战败前夕在上海东亚同文学院大学担任预科教授[1]，遣归日本后任教于东京法政大学，专攻中国文学的翻译和研究[2]。尾坂的译文略显生硬，也有一些误译，但用语简洁朴实、易于理解，内容总体上忠实原著，对于日本读者来说不失为一个了解《子夜》的优良译本。从创作笔记的文字记录来看，堀田善卫写作《历史》时主要通过阅读尾坂的译本借鉴了《子夜》的创作手法。例如在创作笔记的手稿中可以看到这样一段文字：

以《子夜》为参考对象，金融资本支配工业资本。p214 荪甫，别太把他们看得不值钱了。他们有这样的野心，不过事实的基础还没十分成熟罢了。但酝酿中的计画很值得注意。尤其因为背后有美国金融资本家撑腰。听说第一步的计画是由政府用救济实业的名义

[1] 『支那在留邦人人名録　第35版上海版』、上海：金風社、1945年8月、72頁。
[2] 「訳者略歴」『真夜中』上卷、東京：千代田書房、1951年10月。

发一笔数目很大的实业公债。这就是金融资本支配工业资本的开始，事实上是很可能的。

熟悉《子夜》的读者不难看出，堀田善卫在这里摘抄了来自《子夜》的一段台词。参考上面引文中“p214”这个页码，可以在尾坂译本的上卷第 214 页找到相应的出处。这一段台词来自《子夜》第 7 章，是经济学教授李玉亭与主人公吴荪甫的两人对话中的一部分。能干但自负的民族资本家吴荪甫雄心勃勃地想靠一己之力振兴中国的民族工业，经济学教授李玉亭则提醒他国际金融资本企图控制中国工业的野心，并对中国民族资产阶级的前途持悲观态度。这段台词暗示了吴荪甫以及他所代表的民族资产阶级最终走向失败的命运，也可以说是作者在借经济学家李玉亭之口表述《子夜》这部作品的主题。

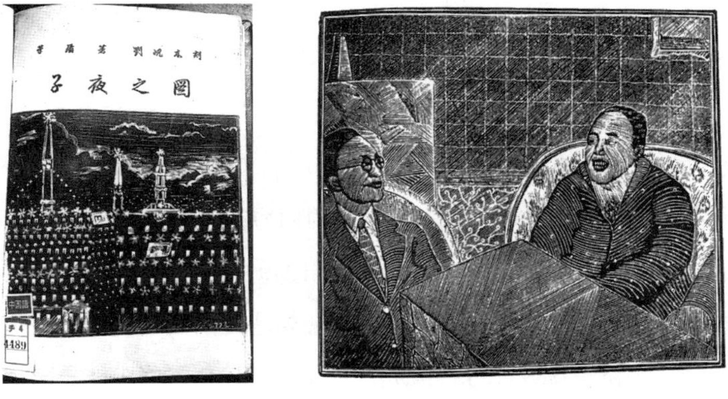

图 8.6　1937 年出版的《子夜》木刻版画集和其中收录的吴荪甫与李玉亭对话的场面

如前面引文所示，堀田善卫在摘抄这段台词的同时，还在创作笔记中写下了“以《子夜》为参考对象，金融资本支配工业资本”的评语。很显然，堀田对于《子夜》的兴趣在于借鉴这部作品中有关“资本”的描写，试图仿效茅盾，学习他从经济学的角度描绘中国社会全貌的方法。众所周知，《子夜》中有关 20 世纪 30 年代上海资本市场的刻画是建立在作者一系列详实的数据调查的基础之上，故而民国时期会有经济学家将《子夜》视作研究中国经济的必备参考书目之一[1]。而作为一个外国作家，客观条件上的限制使得堀田善卫很难如茅盾一样获取到充足的一手调查数据，所以在模仿《子夜》建构“资本”的文学表象时，除了依靠自己在华期间对中国社会的亲身观察，堀田善卫更多的是参考了发行于战后日本的中国经济相关著述。例如在《历史》的创作笔记中还可以看到这样一段记述：

> 经济情况（白皮书），p164。中日战争结束的时候，中国国民政府所持有的外汇储备达到了其建国以来的最高额度。战争末期，中国政府的黄金储备和美元储备都达到了前所未有的数字。根据1945年12月31日时的统计，其主要国库资产超过了9亿美元。这里面有5亿美元是1942年美国政府给中国的借款，还有4亿是中国政府用法币向美国政府兑换的战争军费。

从句首的“经济情况（白皮书）p164”这段文字不难推测，堀田在这里摘抄了一本“中国经济白皮书”的内容。通过调查同一时期日本的公开出版物不难发现，堀田摘引的是1949年10月朝日新闻社发行的《中国白皮书》。这部《中国白皮书》原本是美国国务院针对中国的政治、社会、经济情况在1949年所发布的调查报告，因其数据详实可靠，“对于战败后处于锁国状态下的日本知识分子来说是研究中国及其相关国际形势的必读书目”[2]，故发布后不久就由朝日新闻社译介到了日本。

前文介绍的“p164”的引文来自《中国白皮书》第5章第1.2节，

[1] 参考钱俊瑞《怎样研究中国经济》（生活书店，1940年7月第4版）第一章“第一步读《子夜》”。

[2] アメリカ国務省編、朝日新聞社訳『中国白書』、1949年10月、494頁。

这是一段有关“中国财政地位”的分析。除此以外，堀田还在《历史》的“创作笔记”中摘抄了来自《中国白皮书》多达70余处的内容，其中很大部分是二战结束后美国政府对中国经济所做的数据调查和情报分析。这些信息被运用到了《历史》的写作中，在小说中的多处，作者还将摘抄自《中国白皮书》的段落作为出场人物的台词使用[1]。

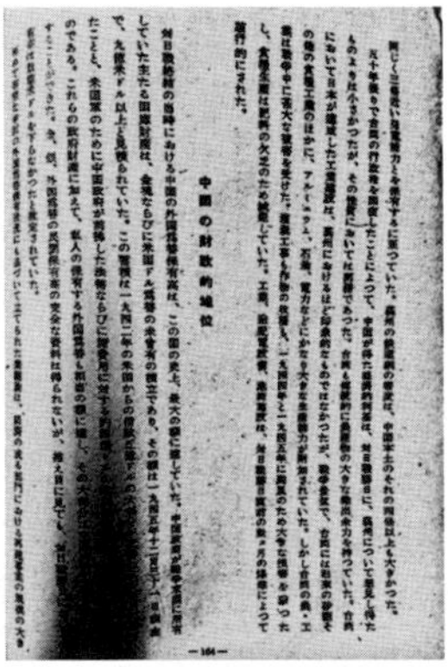
中国の財政的地位

—164—

图8.7　美国国务院《中国白皮书》的日文译本（左）、堀田摘引的段落“中国的财政地位”（右）

摘引《中国白皮书》对于《历史》这部作品的意义主要可以归结为三点。首先，它保证了作品中有关战后中国经济的描述能带给读者具有现实感的阅读体验，使得《历史》的文本世界中建构的“资本”表象具备了和《子夜》一样“虚”中带“实”的效果；第二，由于作者将《中国白皮书》的许多段落直接或间接地引用到出场人物的台词中，这就使得《历史》这部小说在文体上呈现出明显的“论文调”，叙述者在执行“讲故事的人”的职责的同时，还积极地扮演“解说人”的角色，通过各个出场人物之口，不厌其烦地为读者们讲解战后中国经济的结构特点及其问题。换句话说，如果我们将《子夜》看作是一部有关20世纪30

［1］ 例如上面介绍的“p164”的摘抄在1953年《历史》第1版的第197页处可以找到几乎完全相同的内容。

年代中国经济的通俗解说，那么《历史》之于日本的读者，其功用之一就是提供了一部采用小说叙事文体的战后中国经济白皮书；第三，由于《中国白皮书》原本是美国政府的外交报告，其内容必然包含以美国为首的“西方”的立场和视角。而将《中国白皮书》的段落有意识地融入《历史》的文本之中，则暗示着堀田善卫在模仿茅盾《子夜》的同时，试图建构的是一个包含多元视角的“中国”表象。

三、茅盾·马尔罗·堀田善卫

和茅盾的《子夜》一样，堀田善卫也在他的作品中大量描写资本家之间的勾心斗角；但与茅盾不同之处在于，堀田善卫并不仅仅着眼于探讨中国民族资本家的出路问题，而是试图通过描写中国资本与海外资本之间错综复杂的关系来表现资本的“国际化流动”对于中国、日本乃至西方各国的影响。

在小说《历史》的开头，主人公龙田以在华日籍留用人员的身份出场，他在上海的工作部门是一个叫做“亚美经济会议组织”的投资机构。这个机构表面上是一个国际贸易促进协会，实际上却是国际金融投机资本家们在中国设立的一个买办组织。除了主人公龙田以外，“亚美经济会议组织”的主要成员还包括日本特务的左林，中国买办资本家康正、美国华尔街的金融调查员拉姆施泰德、法国富商露希亚夫人、中国政客李安耀和军队高官罗绍良。其中，左林被设定为旧日本陆军的特工，侵华战争期间曾假借和平谈判的名义与重庆方面进行“对敌贸易”走私物资；康正则是买办出身的中国民族资本家，战争期间勾结左林在沦陷区和抗战区之间贩运鸦片，战争结束以后又通过左林将日本战败后遗留的军火走私到中国，利用内战大肆牟利。伴随着二战期间美国的对华援助以及战后的对日军事占领，美国金融资本的势力在东亚地区快速扩张，小说中作为华尔街调查员出场的拉姆施泰德负责扮演美国资本家的海外代理人的角色。他联合左林和康正共同运营“亚美经济会议组织”，又借助法国富商露希亚夫人的力量汇集欧洲的投机资本，并利用中国政客李安耀和军队高官罗绍良寻求政治庇护。

通过刻画“亚美经济会议组织”这个买办机构及其运营机制，《历史》这部作品为读者们描绘出了一幅宏大的“资本流动图”。在这张流动图中，中国资本、日本资本、美国资本和欧洲资本相互关联，利用一切可利用的手段谋求资本利益的最大化。在小说的开头，叙述者透过主人公龙田的视点观察美国政府将战争期间生产过剩的物资投放到中国市场后本土民族产业的凋零；随后又通过龙田在“亚美经济会议组织”的工作经历描写中、日、美、欧资本家以上海为据点运作国际投机资本的来龙去脉，并在此基础之上借助出场人物的台词点明《历史》的一个核心主题“战争是一种附带有‘渗透作用’的东西”（73 页）[1]。

第二次世界大战期间，中日、日美虽然在战场上激烈对抗，但没有国籍属性只追逐利益的国际投机资本非但不受其影响，反而借助战争将其力量渗透到交战国的各个角落。小说中，主人公龙田在知晓了“亚美经济会议组织”的内幕之后感叹道，“战争的结束，对于这些公司来说仅仅是意味着进行‘资本’交涉所需要的距离缩短了而已。所谓‘结束’只是一种假象，毫无实感可言”（68 页）。由此，龙田发现“历史并不是单层结构的东西。深入地去观察历史的底层，就可能在那里发现另一条‘历史’的河流”（76 页）。

对于《历史》这部作品来说，主人公的这一感悟不仅具有点题的

---

［1］ 为了便于读者查证，本文中所引用的《历史》的作品文本及页码均来自《堀田善卫全集》第 2 卷（东京：筑摩书房，1993 年 6 月）。在需要引用 1953 年《历史》初版时会有特别说明。

作用，它还同时预示了小说接下来在叙事手法上将发生的变化。在《历史》的前半部分，叙述者主要通过主人公龙田的一系列“资本”观察来完成对于战后中国宏观表象的建构；而到了小说的后半段，叙述者则开始将故事引入到一个具体历史事件的叙述当中，由微观角度去描绘战后中国的样貌。在这种情况下，一个单一人物的视角显然无法有效地承担起这一职能。这时候堀田善卫选择了模仿安德烈·马尔罗的长篇小说《人的状况》的写作技巧，使用“多元视角＋多元时空”的叙事手法展开故事。

前面已经提到过在小说的构思阶段，堀田善卫将“暴动”和“革命”视作《历史》的两个关键词，并计划“采用与《人的状况》相同的时间处理方式”进行创作。熟悉法国文学的读者应该知道，《人的状况》是法国文豪安德烈·马尔罗（1901 ～ 1976）的代表作，也是近代欧美文学中最负盛名的中国题材长篇小说之一。有趣的是，取材自 1927 年蒋介石所发动的“四一二清党事件”的《人的状况》和《子夜》一样，第一版都发行于 1933 年（伽利玛出版社），但是却在叙事手法上存在着很明显的差异。众所周知，《子夜》主要采用全知叙事，凌驾于所有出场人物之上的全知叙述者通过自由转换叙述对象和舞台场景发展故事情节、统括小说世界的全局；与之相对，《人的状况》采用了限制性视角的叙事，作品中多个视点人物依次出场，在小说世界的每一个时段里，叙述者仅仅依附于一个特定人物的视角讲述故事。这两种手法的效果差异在于，前者有助于叙述者为读者营造一个宏观的作品世界，也有利于将全知叙述者自身的价值观清晰地传递给读者；后者则更能够帮助读者从多种微观的角度观察一个事物的不同侧面，提供给读者更为多元的价值观和思考方式。

堀田善卫的《历史》虽然从小说的开头起就模仿《子夜》由“资本”的角度勾勒战后中国社会的宏观全貌，但到了作品的后半段，叙述者开始围绕发生在1946年末上海的一场具体的“暴动事件”发展故事情节。在构思这个“暴动事件”的时候，作者选择了将模仿对象从茅盾《子夜》转换为法国作家马尔罗的长篇小说《人的状况》。

《历史》的创作笔记中，可以看到堀田手抄的来自《人的状况》的小说节选共计60余处。通过对其内容和所附页码的比对，可以确定此时堀田所参阅的是1950年东京创元社出版的上下两卷本的日文译本[1]。

图8.8　堀田参考的马尔罗长篇小说《人的状况》的日译本（1950）

翻开这个译本，读者可以从小说目录的独特设计上对这部作品的叙事结构有一个初步认识。小说各章节的题名均采用了例如“1927年4月11日零点半”、“午后1点”、“午后3点”、“午后6点”等类似于纪录片形式的设计，作者先将“四一二清党事件”发生前后两天的时间划分成多个细小的区间，然后在每一个区间上设置不同的视点人物；随着时间的推移，不同的视点人物依次出场，将他们各自对于“四一二清党事件”的不同观感传递给读者。由于采用了对视点人物的内聚焦而不是俯瞰式的全知视角，读者所阅读到的是不同视点人物于不同时间、不同空间所发出的不同信息；再加上作者刻意地为这些视点人物设定了不同的国籍、彼此冲突的政治立场和迥异的价值观，这就使得小说的读者们

[1] 小松清・新庄嘉章共訳『人間の條件』上下巻、東京：創元社、1950年6～7月。

仿佛被置于一个巨大的“万花筒”之中，看到的是一个多重棱角反射出的五彩斑斓的历史事件。

假如将《人的状况》这种叙事手法概述成“多元视角＋多元时空”，当我们翻开1953年《历史》初版目录时，可以很清楚地察觉到堀田善卫对于《人的状况》的模仿意图。在第一版的目录上，《历史》的第2部第4章《前夜》的各节标题依次为“1946年11月的最后一天午后7点”、“同日午后8点”、“同日午后9点”、“午后9点半”、“午后11点”和“12月1日零点”；也就是说和马尔罗一样，堀田善卫也将小说中的一段时间细分成多个相互独立的小区间，让小说的叙述者在每一个时间分段上依附于不同的视点人物进行叙事。堀田之所以要将故事聚焦到“1946年11月的最后一天”，是因为和“四一二清党事件”一样，这一天现实世界的上海也发生了一场大规模的“暴动事件”。

1946年11月30日，上海发生了一场席卷全市的民众抗议事件。起因是国民党政府的警察在强行取缔露天商贩时对群众粗暴执法，在引起群众抗议后非但毫无整改之意反而开枪恐吓人群，最终激起民愤造成了大批民众围攻警察局和持续数日之久的波及全市范围的游行示威活动。

本市新聞（一）
取締攤販軒然大波
自晨至夜騷動鬧區
黃浦分局金陵路南京路均有紛亂
羣衆騷動警察彈壓多人流血受傷
金陵路放火燒店南京路打四公司
黃浦分局前攤販家屬數千羣起鼓譟
包圍的人越聚越多
三位參議員到警局調停
步槍聲響五人受傷

图8.9　1946年12月1日上海《大公报》报道“摊贩暴动”事件

这次摊贩事件是抗战胜利后上海地区发生的规模最大的民众抗议活动。为了在《历史》的小说空间中全方位再现这一历史事件，堀田安排了工人领袖陶一亭、地下共产党员刘福昌、资产阶级大小姐周雪章、革命理论家洪希生、左翼知识青年康泽、恐怖主义者史量才、日本特务左林和主人公龙田依次作为视点人物交替出场；这些视点人物的政治立场各不相同，从他们的各自角度上所描述的“暴动事件”经过以及他们对事件的评价自然也就呈现出多元化的趋向。例如工人领袖陶一亭虽然同意接受地下共产党员刘福昌的建议武装工厂支援暴动，但对是否将工人运动用于政党斗争存在疑虑；资产阶级大小姐周雪章一方面赞同革命理论家洪希生的阶级斗争理论，另一方面又担忧自己家族的命运；左倾知识青年康泽同情无产阶级大众，但对革命青年史量才的恐怖主义行为不置可否；日本特务左林质疑群众运动的力量预言暴动的无疾而终，主人公龙田却从中看到了中国革命力量的潜能。

与马尔罗一样，堀田善卫也试图通过限制性视角和多视点人物相结合的叙事手法来建构一个“万花筒”式的历史表象。在《历史》的文本中，读者们阅读到的“1946 年 11 月的最后一天”的“暴动事件”并不是一个单一结构的历史叙事，而是由数个立场不同的视点人物所提供的片段拼凑而成的复合表象。在这种复合表象的建构过程中，作品将战后中国复杂多样的社会构成以及不同阶级、不同国籍、不同政治立场的出场人物看待中国的不同方式传递给读者；小说的叙述者尽量避免直接表露自身的价值取向，不去特别地否定或肯定其中任何一种视点，而是将判断和选择的权利留给了读者。

四、他者之眼与中国之眼

《历史》的创作笔记中，堀田善卫将“如何才能让小说的日本人主人公将虚无之眼转化为紧张和充实的目光”视作是自己最需要解决的课题。他写道，“龙田是一个异国人。更准确地说，他处在异国人的境遇之下。但是，如果只是让龙田被动地接受这样一种异国人的境遇的话，就失去了这种设定的意义。要想主宰自我生命的时间，他必须依靠自己的行动去创造意义。而要让这种意义真正存活于世，就一定要让这意义存在与他者的对话之中。”无论是虚无之眼，还是异国人的境遇，抑或是他者对话都是堀田善卫的战后文学最核心的关键词。从他的小说处女作《波涛之下》到芥川奖获奖作品《广场的孤独》，堀田都会在其作品之中设定一个因为经历了战败而对祖国的前途极度迷茫乃至虚无的日本知识分子，随后通过描写这位日本知识分子在异国他乡的经历以及与异国人、异国语言、异国文化的接触，探讨如何在与他者的对话中重新建构战后日本知识分子主体性的问题[1]。

《历史》延续了对这一问题的讨论。在长篇小说的结尾部分，叙述者重新将视点聚焦到主人公龙田身上。叙述者以龙田的视角描述“暴动事件”的高潮部分以及主人公对于战后的思考。

小说中，参加抗议活动的中国民众首先聚集到了“爱多亚路角上的总巡捕房前”（242 页）。爱多亚路是今天上海的延安东路，当时是上海老城厢（现豫园一带）和租界区域的分界路。借用小说原文的描述，爱多亚路的一边“林立着一群代表了外国资本势力的高楼大厦，这股力量牢牢控制着这座城市”；另一边“蜷缩着名为上海老城厢的杂乱街道”，“那里是赶之不尽的难民们的容身之所”（242 页）。小说中的爱多亚路象征着上海的“统治阶级”和“下层贫民”之间的空间隔离线，参加抗议活动的中国民众聚集到这里围攻耸立在路中间的警察大楼，随后便跨过爱多亚路朝着南京路前进。无论是今天还是过去，南京路都是上海的城市中心。跨越爱多亚路占领南京路的暴动路线设计，明显是叙述者在通

[1] 有关堀田战后文学的主题，更具体的研究可参考陈童君著『堀田善衞の敗戦後文学論——「中国」表象と戦後日本』（東京：鼎書房、2017 年 10 月）。

过城市空间内民众由“边缘”到“中心”的身体移动，寓意上海自下而上的阶级革命过程。

小说中，龙田对中国的所有观察最终都还原为他审视战后日本的参考样本。龙田看到西方国家的投机资本不仅侵蚀着中国，同时也在危害日本，由此意识到在资本国际化的战后体制之下中国和日本的天然联系；他从中国民众的抗争行动中感受到底层阶级的革命潜能，并由此联想到美国占领下日本的阶级革命可能性。

龙田惊叹中国民众的抗争热情，也为刘福昌、洪希生等中国青年追求国家独立的信念所感动。但是作为一个战后滞留在中国的日侨知识分子，龙田又从始至终感到“我虽然身处中国，但到底只是一个异国人，不是他们中的真正一员”(21 页)。为了消除这种隔阂感，龙田在小说的结尾处加入了中国民众的抗争队伍。他试图通过与抗争民众的共同行动去理解中国革命的历史进程，并借由中国的他者视角寻找重建战后日本的途径。然而当龙田成为抗争队伍的一员后，他发现自己与中国的隔阂感并没有因此而消失，他察觉到作为日侨的自己始终无法做到和周围中国民众的视点完全统一。在小说的最后，龙田发现中国的他者视角既是一直以来他想要内化的对象，同时又是自己潜意识里拒绝与之完全同化的对象。然而正是在这种悖论式的双重立场之中，龙田最终找到了他与中国的对话方式以及作为在华日侨知识分子的职能所在；他将这种感悟作为走出战败的虚无感重建自身主体性的手段，并决心将自己的中国体验带回美国占领下的日本。

当我们回过头来重新审视《历史》这部作品及其时代背景的时候，会发现小说的主人公龙田不仅代言了作者本人的立场，同时还表现了战后日侨遣归文人在表述中国时的一种趋向。实际上一直到日本战败为止，除了改造社出版的 7 卷本《大鲁迅全集》(1936 ～ 1937) 之外，中国近现代文学对于日本文坛的影响力十分有限，特别是在和日本文学对同时期中国文坛的辐射力相比，这种影响力上的不对称性就显得尤其明显。但是随着侵华战争的失败和新中国的成立，重新评价近代中国逐渐成为战后日本社会的一种潮流，日本文坛对于中国近现代文学的关注程度也随之上升[1]。

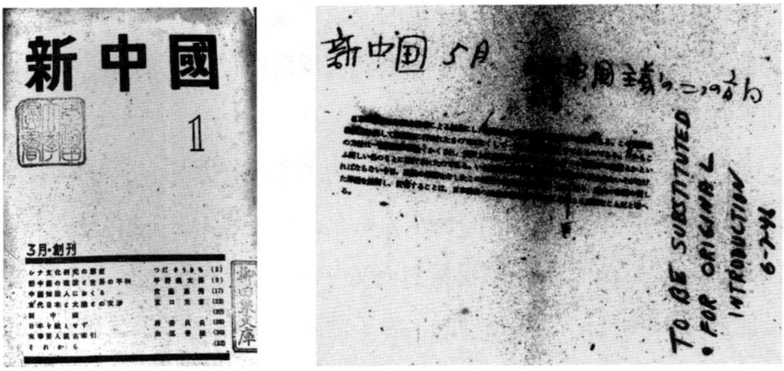

图 8.10　战后初期日本出版的中国专题研究杂志《新中国》（左）、美国占领军对《新中国》的言论审查文件（右）

堀田善卫对茅盾作品的有意模仿既是这一时代潮流影响下的产物，同时又是展现日侨遣归文人如何向日本读者传递中国视角的实例。如前文所述，堀田善卫的《历史》在利用经济学的视角描绘宏观中国社会这一点上采用了几乎和《子夜》完全相同的手法，文本中所建构的“资本”的文学表象除了更为国际化以外，基本上也沿用了《子夜》的框架。但同时，堀田又尽量回避模仿《子夜》的全知叙事，转而采用马尔罗《人的状况》的限制性视角，运用多个视点人物在不同时间段的交替出场叙述同一历史事件的不同侧面；全知叙事允许一个“特权化”的叙述者的存在，多视点人物的平行出场则将“特权化”的叙事排除在外。主动地去模仿中国作家，特别是模仿茅盾这样擅长书写中国近代史进程的作家，必然伴随着对这位作家所持有的中国认知方式的理解和共鸣。

［1］ 有关此点可参考石浜知行『新中国論』(東京：実業之日本社、1947 年 10 月)、竹内好『現代中国論』(東京：河出書房、1951 年 9 月)。

而《历史》之于《子夜》的差异，则意味着堀田善卫在利用茅盾的方式书写中国的同时，又试图建构一类“万花筒”式的中国表象，通过对单一结构的历史叙事和一元化的中国表述的超越，为同时代的日本读者们提供阅读中国的多元可能性。

自 1952 年 2 月《历史》的杂志连载开始到 1953 年 11 月初版单行本发行的一年多时间，日本社会经历了战后中日交流史上的一段重要的转折期。1952 年 4 月 28 日《旧金山和约》正式生效，宣告日本战败后近 7 年的“美国对日占领时期”的结束和大部分国家主权的恢复。虽然日本政府在此之后依然选择了追随美国封锁“红色中国”的反华路线，但在民间，大众希望了解新中国、接触新中国的意愿却与日俱增。1952 年 5 月，社会活动家帆足计、高良登美和宫腰喜助不顾日本政府的阻挠借道欧洲访问北京，实现了战后日本知识分子对新中国的第一次访问。这次访华在日本社会引起了巨大轰动，此后一年间采用各种手段访问新中国的民间人士急速增加，时至今日的战后中日交流史就此正式开启[1]。

图 8.11　战后日本最早的新中国访问报告著作《我所见到的苏联和中共》(1952)(左)，参加这次新中国访问的三位日本社会活动家帆足计、高良登美和宫腰喜助（右）

［1］ 有关战后日本知识分子的首次访华及其影响可参考高良とみ『私は見て来たソ連・中共』(東京：朝日新闻社，1952 年 9 月)、帆足计『ソ連・中国紀行』(東京：河出书房，1952 年 10 月）以及『中央公論』1953 年 12 月号特集「新中国の扉を叩く」。

另一方面，1952年也是战后日本的中国语教育走向大众化的元年。这一年，日本NHK的“中国语入门讲座”开始正式上线，由东京大学的中国语言学家仓石武四郎教授担任讲师向普通民众讲习基础中文知识。据主办者日后回忆，之所以在这个时期开始“中国语入门讲座”是因为“随着亚洲在国际上的重要性不断上升，日本的年轻人们希望能在学习西方语言的同时，也能有更多的机会接触亚洲其他国家的语言。”[1]堀田本人也在这一时期全力投入了他自上海时代开始的中文学习之旅。例如日本神奈川近代文学馆保存有堀田在20世纪50年代学习中文时使用过的8册教材课本，其中甚至还包括有仓石武四郎战后早期举办私塾教育时自制的油印本中文教科书，由此可见堀田善卫很早就预见并亲自参与了战后日本的中文学习热潮。长篇小说《历史》问世于这样的时代自然不是一种巧合。它是堀田善卫对于“想要了解中国”这一大众思潮的反应，也是对于“如何阅读中国”这个战后日本社会的时代课题的回答。

五、中国和日本的双重战后空间

堀田善卫离开上海遣归日本的准确时间是1946年12月29日凌晨。日本投降后，美国为了促使在华日侨日俘尽快遣归日本，从1945年12月起调派大量登陆舰到中国用于运载遣归人员[2]。到了次年12月25日，中国大陆地区的日侨日俘遣返工作基本完成，美军遂宣布此后中止派送船只，同月29日凌晨，最后一艘美军登陆舰从上海虬江码头出港，遣

[1] 引自『NHKラジオテキスト中国語入門講座』1956年4～5月合刊号的“序言”。本资料收藏于东京大学东洋文化研究所图书室。

[2]《陆军总部报告　运送日侨日俘　照目前输送量要后年运完》，上海：《大公报》，1945年12月21日，2版。

送包括堀田善卫在内的一千余名日侨日俘前往日本长崎佐世保港[1]。

在晚年的回忆录《邂逅的人群》中，堀田善卫描述了他刚回到日本时的情形。“我们的船到了日本长崎的佐世保港之后，由于船上发生了传染病，被迫在近海停留了将近一周的时候。当时大家都无事可干，我们就和管理遣归人员的警察闲聊，有人起哄要警察唱一首当下日本最流行的歌曲。没想到一位警察立刻站到人前，很主动地唱起了《苹果之歌》。当我听到歌词的时候，内心受到了极大的震动。我当时坚信日本的战后重建必定要经历一场革命，并且比起政治革命，更重要的是要经历一场文化革命。但是当我回到日本时，却发现战败的冲击并没有产生应有的效果，我震惊于日本国民肤浅的战败意识，在食不果腹的情况之下却还在流行《苹果之歌》这样的曲调。”[2]

1945 年 10 月 11 日，日本战败后的第一部新制电影作品《微风》（そよかぜ）在全国上映。《苹果之歌》（リンゴの唄）是这部电影的主题曲，同时也是战后日本最早的一首流行歌曲[3]。

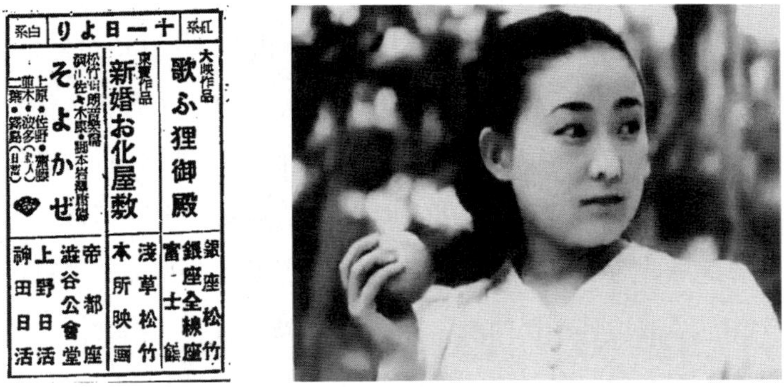

图 8.12　日本战后第一部新制电影《微风》（そよかぜ）的上映广告（左）、电影中女主角并木路子演唱《苹果之歌》的场景（右）

［1］《日侨敌宪一千余名　今晨拂晓遣送返国》，上海：《大公报》，1946 年 12 月 29 日，4 版。

［2］『めぐりあいし人びと』、東京：集英社、1993 年 1 月、51 ～ 52 頁。

［3］高橋磌一『流行歌でつづる日本現代史』、『高橋磌一著作集 10』収録、東京：あゆみ出版、1985 年 4 月、148 ～ 152 頁。

《苹果之歌》由电影《微风》的女主角并木路子演唱，之后还单独制作成唱片发行，是日本战后初期最畅销的单曲作品之一[1]。歌词唱道：

> 我将嘴唇紧贴在红苹果上，默默守望着蔚蓝色的天空，苹果不会说话，我却感受到苹果的欢乐。可爱的苹果，令人喜爱的苹果，就像那个好脾气的姑娘，就像那个可爱的姑娘。……让我们一起来唱苹果之歌，两个人唱就会有两个快乐，大家一起唱就会有更多的快乐。让我们一起来传递苹果的欢乐，可爱的苹果，令人喜爱的苹果。[2]

《苹果之歌》的特点在于使用明亮、欢快的曲调和歌词，虚设了一个剥离“战败”色彩的话语空间；战败后日本的混乱、颓败、荒芜、萧条、阴暗的现实景象完全被人为排除，歌曲为听众提供一个可以短暂忘记战败现实的虚构空间。刻意虚设和谐、无矛盾的言语空间是《苹果之歌》能够在战后初期风靡一世的原因，反之也是刚刚遣归日本的堀田善卫最为感到异样和抗拒的地方。

1946 年 7 月 27 日，当时还在上海的堀田善卫在日记里写道，“今天我在三民书局看到一本介绍战后日本的书，书中有一段内容描写了日本儿童和美军士兵的交往场景。东京的孩子们一见到美军的吉普车都兴奋地哇哇大叫，仙台的孩子们见到美军士兵后却都沉默不言。读过之后，很有些感同身受。”这一天堀田阅读的是日本华侨谭若水写作的报告文学作品《战后日本秘闻录》。该书第 9 章《吉普式的结婚　山姆叔叔在日本》有一段内容对比了美军占领东京和仙台时的不同景象，“在东京横滨一带，日本孩子看见美军卡车走过，便会摇手招呼，用手指 V

[1] 永嶺重敏『「リンゴの唄」の真実　戦後初めての流行歌を追う』、東京：青弓社、2018 年 10 月、121 ～ 124 頁。

[2]『そよかぜ』、佐々木康監督、松竹大船撮影所制作、1945 年 10 月 11 日。

字胜利记号给你看，但在仙台地方，孩子们只默默地瞪着美兵。”[1]

《战后日本秘闻录》是抗战胜利后中国第一部描写战败后日本的单行本著作。该书 1946 年 8 月由上海五洲书报社经销发行，可见堀田善卫几乎是在《战后日本秘闻录》初版发行的同一时间阅读了这部作品。《战后日本秘闻录》的开篇“序言”中写道，“战败后的日本，需要我们深刻的加以观察，不过近一年来国内新闻纸书志上有关于战后日本的资料委实太缺乏了，简直找不到一篇有系统的报道文章；为了弥补这缺憾起见，本社印行这本簇新资料底单行本。著者谭若水君，居住日本多年，依他个人观察战后日本的印象，以轻松而流利的文笔，撰就了这本有价值的作品。”[2]《战后日本秘闻录》全书共 10 章，作品主要从社会生活、政权体制、政党活动、战犯审判、遣归复员、对日占领这 6 个方面描绘了战败后第一年的日本风景。其中，描述美国占领军和被占领的日本民众之间的两者关系是《战后日本秘闻录》的主要着眼点，而这也是堀田善卫对其最感兴趣的部分。

图 8.13　谭若水著《战后日本秘闻录》和书中讽刺美国占领下日本的漫画

[1]《战后日本秘闻录》，上海：中国出版公司（五洲书报社），1946 年 8 月，65 页。
[2]《战后日本秘闻录》，上海：中国出版公司（五洲书报社），1946 年 8 月，1 页。

1945 年 8 月 28 日，美国对日占领的军事行动正式启动。当天晚上，重庆《大公晚报》头版头条采用《占领日本开始　美军飞至东京》的标题报道“首批盟方空运占领部队已于 28 日晨 8 时 28 分（东京时间）在东京西南 20 英里之厚木机场降落”。这是美国对日占领开始后中国最早的新闻报道，而在同一天，东京《朝日新闻》发布了一则所谓“进驻军”的新闻报道。报道称，“为了迎接今天到来的第一批进驻军部队，政府正在竭尽全力安排接待设施，设立军营。”[1] 这则报道还附带了一张题作《学生清扫上野车站美化首都》的照片，通过可视化的图像信息向国民宣传日本与所谓“进驻军”之间的协作关系。

佔領日本開始
美軍飛至東京
今晨在厚木機場降落
敵艦隊結集準備投降

けふ聯合國軍進駐
學徒清掃に大童

图 8.14　1945 年 8 月 28 日美国对日占领开始当天，重庆《大公报》(左）和东京《朝日新闻》(右）的报道

美国对日占领时期，为了降低国内民众对占领军的抵触情绪，《朝日新闻》《每日新闻》《读卖新闻》等日本主流舆论媒体刻意回避了对“占领”一词的使用。前述《朝日新闻》的报道选择使用“进驻军”一词正是缘由于此。再以东京另一份大报《读卖新闻》为例，从 1945 年 8 月至次年 8 月的战后第一年间，《读卖新闻》各类有关美国对日占领

[1]「けふ連合国軍進駐　学徒清掃に大童」、東京:『朝日新聞』、1945 年 8 月 28 日、2 版。

的报道中，标题出现“占领军”字样共 14 次，而出现“进驻军”则有 220 次。“占领军”一词被代以“进驻军”，“占领地区”被代以“进驻地区”，其他类似的还有“进驻部队”、“进驻人员”、“进驻车辆”、“进驻设施”、“进驻景点”、“进驻接待处”等等。也就是说，战后初期的日本主流言论界通过排除与“占领”相关的各类话语表述，试图尽力营造一种和谐、非对抗、无冲突的日美关系假象。

从“占领 / 被占领”的对立视角论述战后日本是同时期中国言论界的经常使用的对日批评范式，反之则是美国占领下日本言论界所缺失的要素。1947 年 1 月当堀田善卫回到久别的故国日本时，他不但没有感到亲切，反而产生了异样、排斥的陌生感。这种陌生感的产生，归根到底源自他在上海期间已经接触过另一种“战后日本”的表述方式。无论是《战后日本秘闻录》还是前述《大公报》的美国对日占领报道，描述“占领 / 被占领”的政治力量博弈是其内容的主旨所在；而在堀田善卫滞留上海期间，通过“占领”的视角论述战后日本的言论模式不但普遍见于《中央日报》《大公报》《申报》《新闻报》等上海的中文大报，同时也是《改造日报》《改造周报》《改造评论》《新生》等战后上海日文报刊的常用言论范式。这种言论范式对于美国占领下的日本本土来说无疑是一种背离社会言论主基调的“杂音”。使用文学语言传递这些来自中国的“杂音”，寻找另一种书写战后日本的方式，构设具有日侨遣归文人特质的言论表述空间，这就是堀田善卫履行其战后责任的最重要的方式。

六、堀田善卫：越境者的诗学

从上海遣归日本之后，堀田善卫陆续发表了一系列以中国为题材的小说作品。如前文所述，这些中国题材小说虽然各有特色，但是几乎所有作品中都可以看到一个相近的故事模式。堀田通常会在其作品之中设定一个因为经历了战败而对祖国的前途极度迷茫乃至虚无的日本知识分子，随后通过描写这位日本知识分子在异国他乡的经历以及他与异国人、异国语言、异国社会的接触，探讨如何在与文化他者的对话中重建战后日本人的价值观和主体性的话题。

在堀田善卫的小说中，主人公在中国的战败体验通常意味着他能够获得一种不同于本土日本人的“战后”认识。由于主人公的“战后”开始于和中国的对话而不是对美国占领军的膜拜，他首先会作为侵略者一方的国民对战争进行反思；他会从侵华日军对华占领的失败中发现中国民众抵抗异国占领的方式，又通过战败后的在华生活领悟到借助中国的视点重新审视世界的方法，由此获得一种从亚洲而不是西方的维度思考战后的眼光。这种眼光让他能够更为冷静地去观察美国对日占领的得失，同时也更为积极地将重新审视近代以来的中日关系作为战后日本重建的首要课题来对待。简而言之，用文学的方式去书写主人公在中国的战败体验和对战后中国的见闻感悟，再通过这种书写来反思日本自己的“战后”；借由中国的视点去寻找不同于美国占领下日本的另一种战后重建的可能性，思考日本作为一个亚洲国家的主体性所在，这就是堀田善卫的战后文学最核心的主题。

但是从另一方面来说，堀田善卫对亚洲主体性的强调并不意味着他排斥利用西方视角。实际上堀田善卫战后滞留上海的这一年，正是美国的杂志、图书、戏剧、电影等文化商品大量涌入中国市场的时期。在1945年11月1日的日记中，堀田写道，“今天从北井先生那里借来了2册《LIFE》画报，是今年的1月号和6月号。1月号的内容比较平淡，除了一些德国枪杀间谍的图像之外，没什么和战争有关的照片和报道。有意思的是6月号，不但有大和战舰等日本海军舰队的图片，还有美军轰炸日本的示意图，被轰炸过的城市都用红笔做了标记。除此之外，更有视觉冲击力的是描绘贝里琉岛战役的画作。这是一位从军画家的作品，这些画作所描绘的战争图像没有一点勇敢雄壮的色彩，整体上阴暗凄惨，有的甚至令人反胃。其中最震撼我的是一幅题名《The Last Step》的画作。这幅画描绘了一个被炮弹击中快要倒下的士兵，他的肩膀上喷出大量鲜血，好像长出了一条流血的冰柱。从这些作品来看，美国的从军画家似乎完全没有想要使用艺术创作鼓舞军队士气的意图。”

《LIFE》是美国著名的画报型期刊，二战时期以刊载珍贵的战事照片和画作闻名。二战结束后，《LIFE》和其他美国文化商品一起涌入上海出版市场。由于《LIFE》经常刊载西方记者拍摄的各类有关日本的照片，是战后迫切了解祖国现状的滞沪日侨群体最为看重的英文信息渠道之一[1]。

前述日记中堀田提到的《The Last Step》刊载于《LIFE》1945 年 6 月 11 日号，这是美国从军画家托马斯·李的系列画作《贝里琉岛战役》（PELELIU）中的一幅。《贝里琉岛战役》的作品说明中写道，“1944 年 9 月 15 日美国第 1 海军师团进攻了贝里琉岛——太平洋帕劳群岛中日军占领着的一个小岛屿。画家托马斯·李参与了这次贝里琉岛战役的全过程，他用画笔向读者描绘了人之于战争、战争之于人意味着什么。”[2]托马斯·李的作品偏重于展现阴森、血腥的恐怖战场画面以及美军士兵疲惫、绝望、痛苦的表情；它在表述战争时所使用的负面视角截然不同于战时日本的同类作品，这引起了本身也是文化宣传工作者的堀田的浓厚兴趣。

堀田战时供职的日本国际文化振兴会曾出资创办过一份英文画报《NIPPON》。该画报由日本著名摄影师名取洋之助负责编辑，主要用于针对欧美国家的文化宣传。二战期间，《NIPPON》大量刊载日本所谓

[1] 黒木圭「集中区生活記録——喫茶店放送」、上海:『新生』第 4 号、1946 年 4 月 25 日、11 頁。

[2] “PELELIU Tom Lea Paints Island Invasion”, *LIFE*, Vol. 18, No. 24 (June 11, 1945), p.61.

图 8.15　美国《LIFE》画报 1945 年 6 月号刊载的从军画家托马斯·李的系列画作《贝里琉岛战役》

“战时生活”的宣传照片，偏向于展现日本后备役和现役军人健美、威严、勇敢、正义、常胜不败的正面形象。塑造高大全的军人形象是战时日本对外文化宣传的基本范式之一，对堀田善卫来说是他最为熟悉的战争表述方式。与之相对，《LIFE》画报采用负面视角描绘战场和本国军人形象，形成一系列不仅具有反战色彩、同时还带有反民族主义趋向的战争表述；“昏暗”是《LIFE》画报描绘战争的主基调，这与《NIPPON》画报刻意营造的“明亮”色彩正相反，是堀田善卫此前不常接触的战争表述方式，也是他对《LIFE》画报产生浓厚兴趣的原因。

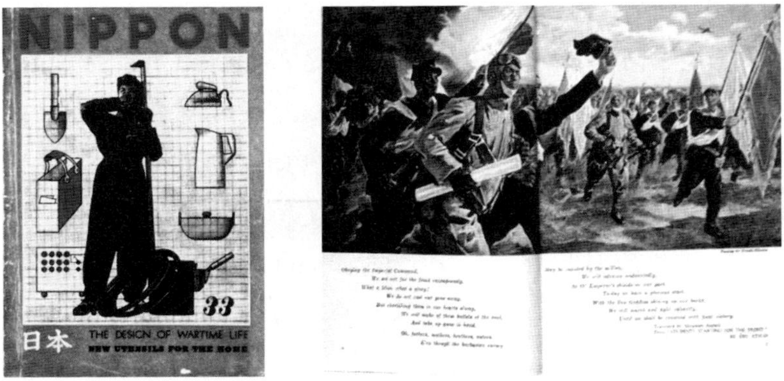

图 8.16　堀田战时供职的国际文化振兴会出资创办的英文画报《NIPPON》“战时生活特辑号”（1943 年 9 月）（左）、《NIPPON》刊载的作品《学徒出阵》（右）

除了战争作品以外，《LIFE》画报还经常刊载西方记者拍摄的战后日本照片，这是堀田善卫对其感兴趣的另一个重要原因。1945 年 10 月，《LIFE》画报刊载了特约摄影师沃顿 · 埃尔曼的作品《东京急行列车》（THE TOKYO EXPRESS），这是《LIFE》画报最早的“战后日本”题材作品。《东京急行列车》开头附有一段《LIFE》画报编辑撰写的作品解说，文中写道，“每天早上 8 点半，东京车站都会有一辆急行列车从日本的首都出发驶向本州西南部的下关。这辆东京急行列车将会穿越日本一些重要地区，通常被视作全日本首屈一指的旅客列车。上个月，《LIFE》画报的特约摄影师沃顿 · 埃尔曼乘坐这辆东京急行列车前往广岛记录战后日本的景象。这是近 15 年来东京急行列车第一次允许摄影师沿途自由拍摄照片。”

在《东京急行列车》收录的一系列照片作品中，日本人的“眼睛”和“身体”是沃顿 · 埃尔曼最经常聚焦拍摄的对象。通过“眼睛”，埃尔曼试图发现日本人看待美国的方式，特别是周围日本人投向埃尔曼本人的目光之中包含的敌对感情和与之相反的对话意愿；通过“身体”，埃尔曼记录日本民众的战争痕迹，特别是广岛地区社会底层群体遭受的核打击创伤。同时，埃尔曼还仔细拍摄了他所乘坐的急行列车从东京

LIFE
THE TOKYO EXPRESS
A LIFE PHOTOGRAPHER TAKES A RIDE TO HIROSHIMA ON JAPAN'S BEST TRAIN

图 8.17 《LIFE》画报 1945 年 10 月刊载的沃顿 · 埃尔曼的摄影作品《东京急行列车》

驶往广岛途中的沿路变迁。埃尔曼想要在物理空间的移动过程中将日本的“中心”和“边缘”进行对比，由此捕捉到尽可能多元化的战后日本风景。

和埃尔曼一样，上海时代的堀田善卫同样也是一个旅行在异国的文化越境者。在上海的多元文化环境下，堀田善卫接触到另一种“战后日本”的表述方式；它一方面包含清晰的中国视角，但同时又不局限于特定的单一民族、国家或语言，也不受困于一国文史观的束缚，这成为了堀田遣归日本之后进行文学创作的基本出发点。

在堀田善卫遣归日本后创作的初期小说作品中，1951 年发表于东京《中央公论》月刊的《广场的孤独》是其中社会影响力最大的一部。这部作品最初的发表过程颇为曲折。1951 年 8 月，堀田先是将《广场的孤独》的前半部分发表在了文艺杂志《人间》上，但是次月《人间》杂志社突然倒闭，这打乱了堀田最初的连载计划，一度曾让他产生了放弃作品的念头。幸运的是经由友人的介绍，《广场的孤独》被当时日本影响力最大的综合文化杂志《中央公论》采用，于 1951 年 9 月发表在了《中央公论文艺特集》第 9 号上。

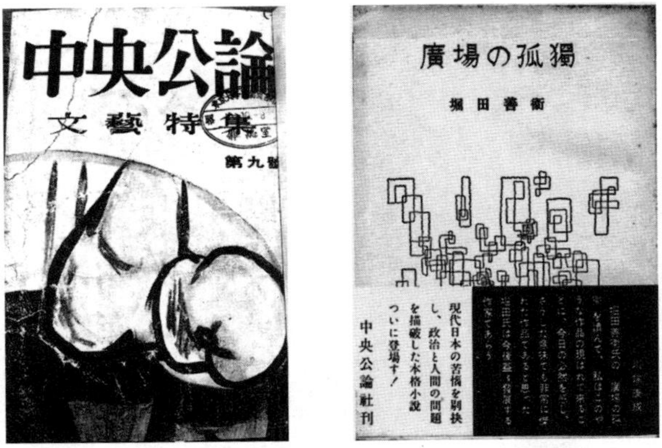

图 8.18 《广场的孤独》最早刊载的东京《中央公论　文艺特集》第 9 号（左）、《广场的孤独》初版单行本书影（右）

按照《中央公论》当期“编辑后记”的记述，杂志社编辑部在收到《广场的孤独》的手稿之后“立刻就直觉到这部小说有可能将成为本年度最引起社会话题的作品”，出于对作品重要性的认识，“编辑部不惜超过期刊版面的限制一次性全文发表了这部8万字的小说”[1]。如其所料，《广场的孤独》发表以后立刻引起了强烈的社会反响。据时任东京大学教授的文艺评论家中野好夫回忆，“自己每到一处地方必定会被问到与《广场的孤独》有关的问题。有的热心读者甚至能像背诵四书五经一样滔滔不绝地讨论《广场的孤独》的内容。”[2]在期刊发表2个月之后，《中央公论》迅速制作发行了《广场的孤独》的单行本，这进一步扩大了作品的影响力。到了1952年1月，堀田善卫凭借《广场的孤独》获得了第26届芥川奖，他本人也由此确立了自己作为“战后派”代表作家的文坛地位。

日本的文学史家们通常会将堀田善卫的《广场的孤独》视作战后日本文学的转折点，其最大的原因在于这部小说为同时代的日本读者们提供了一种思考“战后”的新角度和新方式。《广场的孤独》的作品舞台被设定在了1950年7月的东京，主人公木垣幸二是一名刚从上海回国的青年翻译家。他平时靠翻译英文侦探小说糊口，现在为了养家又应聘担任一家大报社的临时翻译工，每天忙于编译各种外电新闻。故事的开端，朝鲜战争刚刚爆发，日本的民众急于了解战争的进展和美国对日占领政策随之可能发生的变化。木垣在报社的工作让他能够便利地获取各类信息，而编译外电的职务又给了他接触国际资讯的机会。

随着战局的发展，木垣惊讶地发现，尽管民众们还在讨论日本在朝鲜战争中的立场问题，但事实上日本早已成为了美军在亚洲的前线基

[1]「編集後記」、東京:『中央公論　文藝特集』第9号、1951年9月、228頁。

[2]「堀田善衞芥川賞授賞祝賀会の記」、『近代文学』1952年5月号、『堀田善衞全集巻1』収録、東京：筑摩書房、1993年5月、652頁。

地，所谓中立只不过是自欺欺人的谎言。木垣还察觉到美国所主导的战后日本民主改革早已变质，全面打压左翼、扶持右派保守势力已经成为对日占领政策的新方针，占领军管制下的日本社会舆论也正在沦为美国的意识形态宣传工具。木垣由此逐渐产生了必须用自己的眼睛重新审视日本现状的危机意识。在经历了一系列事件之后，他发觉自己已经不再满足于整日翻译英文小说和外电新闻。他希望通过自己的笔重新书写属于自己的“战后”。在书写的过程中他寻找着自己作为战后日本知识分子的主体性所在。

就在《广场的孤独》问世的1951年9月，日本在美国的主导之下相继签署了《旧金山和约》和《日美安保条约》。《旧金山和约》的签署宣告了美国对日占领的结束，日本能够以主权国家的形式获得独立的外交权；《日美安保条约》则意味着美国在日本驻军的长久合法化，日本政府放弃了独立自主的外交政策选择将自己附庸于美国的冷战体系之下。这两个条约的同时签订引起了日本知识分子们对国家主权和民族独立性的大讨论。

在这场社会大讨论中，作为文坛意见领袖出场的是以研究鲁迅闻名的日本中国学家竹内好。1949年新中国成立前后，竹内好陆续发表了《政治与文学的问题》《何为近代》《中国的抵抗意识》《新中国的精神》等一系列文章。他将中国近现代作家对西方的抵抗意识与日本进行比较，批判近代以来日本文坛一味模仿西方，缺乏独立的主体意识。1951年，竹内好又陆续发表了《亡国之歌》和《近代主义与民族的问题》等评论，影射当时日美政府正在协商的《旧金山和约》和《日美安保条约》是放弃日本独立性的亡国协议，批判近代日本文坛一直流行的殖民地文化，要求同时代的日本作家们唤醒自己的民族主体意识，创作真正符合日本民众需要的“国民文学”。

日本的文学史家们通常将竹内好发表于《文学》1951年9月号的

评论《近代主义与民族的问题》看作是战后日本“国民文学论争”的起点，认为正是在竹内好的警示之下，日本文坛开始了对美国占领的反思以及对国民文学的诉求。但是以往的文学史家们往往忽视了堀田善卫的《广场的孤独》和竹内好的评论一样发表于1951年9月，也没有注意到堀田同时还在文艺杂志《文学51》9月号上发表了一篇题为《国际情势》的评论。

文中，堀田提出当前日本所面临的国际情势决定了一切与日本国内政治相关的问题都必定包含国际政治问题的要素。作家如果想要创作真正具有社会影响力的作品，一方面必须要突破美国占领军的冷战话语体系用更全面的国际视野观察战后日本的现状，另一方面则要将最广大民众所关心的社会问题融入自己作品的主题当中，以此来创作最为日本国民所需要的“国民文学”[1]。在同一个月里，堀田善卫和竹内好不约而同地提出“国民文学”的口号自然不是偶然。这些“国民文学”的主张代言了堀田善卫同时期的创作理念，也可以看作是他对《广场的孤独》写作意图的自我披露。这意味着当文坛的大多数人还在聆听竹内好讨论为何要创作“国民文学”的时候，堀田善卫早已开始了“国民文学”的创作实践。

为了将朝鲜战争这个日本大众共同关心的国民事件和占领下日本的国家出路这个国民主题同时融入作品里面，堀田善卫特意在《广场的孤独》中设计了一次小型的“占领地”环游之旅。主人公木垣有一位名叫霍华德·亨特的美国记者朋友。在小说的开端，亨特提醒木垣表面上对朝鲜战争保持中立的日本实际上正在扮演美国的爪牙，暗示主人公需要去亲眼观察一下目前日本的现状。

随后的一天晚上，木垣来到东京市中心的外国记者俱乐部大楼庆

[1]「国際情勢」、『堀田善衞全集卷14』収録、東京：筑摩書房、1994年6月、3～5頁。

图 8.19　美国占领军制作的东京地图《City Map of Central Tokyo》（左）、占领军东京总司令部附近的各类英文路标（右）

贺亨特的生日。这座大楼紧邻占领军总司令部所在的第一生命大厦，木垣走近这一区域之后立刻感觉到了美国对日占领的浓重气息。在和亨特讨论了一番日本现状以后，两人开车驶向了东京郊外的羽田机场。在这里，木垣发现原本的民用机场已经被改造成了美军飞行基地，一辆辆载满炸弹的军机从主人公的眼前起飞前往朝鲜战场。紧接着木垣和亨特又开车驶向了东京南边的海滨城市横滨。在途中他们经过了连接东京和横滨的川崎工业区。木垣惊觉到，战前原本属于旧日本军部掌控的川崎军工产业在美军的扶持下正重新崛起，曾经为日本的侵略战争提供炮弹的地方如今转身成为了美国的军火工厂。

图 8.20　美陆军第 8 军团占领下的《横滨市街图》（左）、美军横滨司令部“税关大厦”旧景（右）

随后木垣驱车来到横滨，在这里他再次确认了日本已经沦为美国附属国的现实。横滨不但是占领军的主力部队美陆军第8军团的司令部所在地，朝鲜战争爆发以后还成为了美军对朝作战的兵站基地。在横滨的地标建筑“税关大厦”附近的一家小酒吧里，木垣看到了一幅典型的殖民地景象——形形色色的占领军士兵在这里寻欢作乐，稚气未脱的日本少女环绕在他们四周殷勤地服务。他还发现横滨大街小巷写满了供占领军使用的英文标示，发觉这座城市已经完全沦为了美国的殖民地。木垣由此意识到，日本和其他亚洲国家一样面临着摆脱西方奴役寻求自身主体性的时代课题。

从东京到羽田、到川崎再到横滨，在不断的空间移动中，《广场的孤独》的主人公用自己的身体和眼睛确认了美国占领下日本的现实。堀

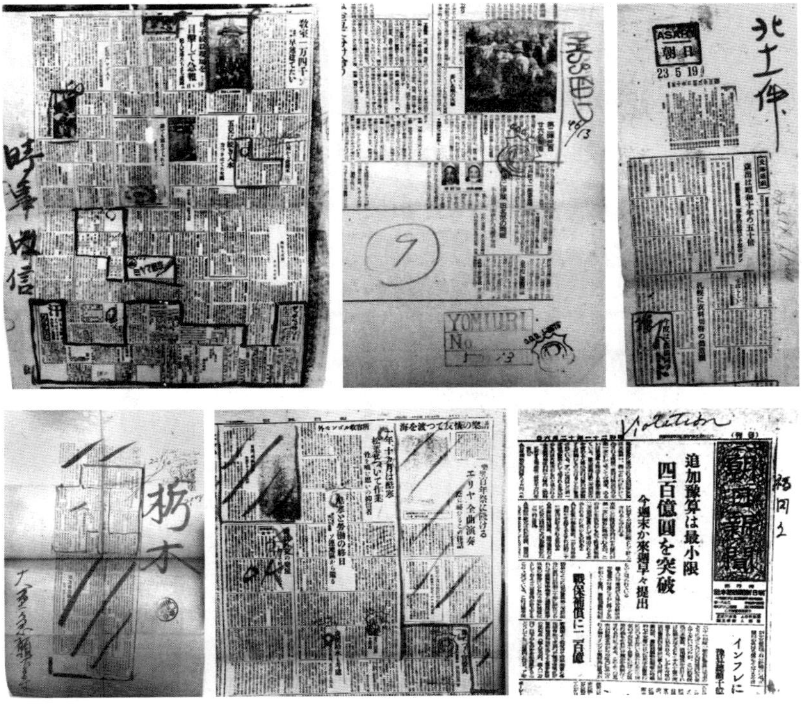

图 8.21 美国对日占领军针对海外遣返（遣归）言论的各类新闻审查文件

田善卫之所以将自己的作品定位成“国民文学”，是因为他试图为战后日本大众提供一种重新审视自己国家现状的眼光。他试图在占领的空间之下寻求突破美国管制的手段，警示同时代的日本读者们去思考战后日本真正的主体性以及作为一个亚洲国家的意义所在。从这一点来说，堀田善卫与竹内好一样，都希望通过对西方中心主义的批判寻求不依附于美国的另一种战后重建道路。

然而正如前文所言，堀田善卫在强调亚洲主体性的同时，并没有打算将西方与东方、欧美与亚洲进行简单的二元对立，更没有意愿将抵抗西方话语等同于拒绝接受西方文化。在创作《广场的孤独》之时，堀田善卫特地为这部小说设置了一个套装结构——在小说的世界里，主人公木垣也在构思一部同样题为“广场的孤独”的小说。现实世界中《广场的孤独》的写作过程与小说世界中“广场的孤独”的写作过程平行发展，这种“小说套小说”的手法有利于作者直接向读者展现自己作品的创作思路。小说中木垣以翻译家的身份出场。他通过创作“广场的孤独”完成自己从“译者”向“书写者”的身份转变。木垣首先阅读了一本题为“Stranger in Town”的美国小说。受到这部英文小说的启发，他决定采用一种自命为“台风眼”的手法创作一部属于他自己的小说。

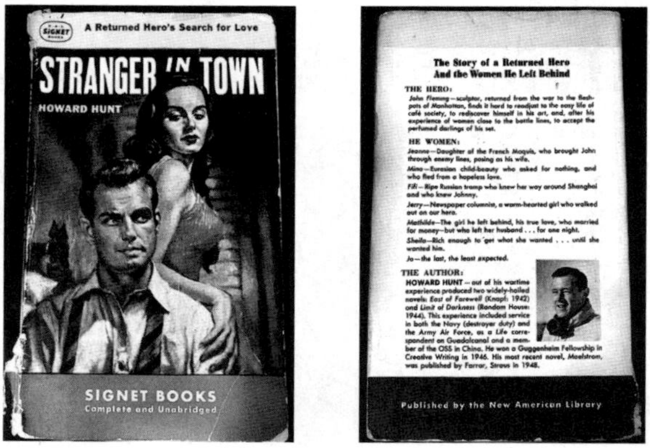

图 8.22　真实存在的美国小说 *Stranger in Town*（New American Library，1947）

根据堀田身后所留下的手稿来看，所谓“台风眼”的手法指的是有意识地将一位有虚无主义倾向的主人公置于一个多元文化的境况之下，通过描写主人公与不同立场、不同国籍、不同文化语境的异质他者进行对话的过程，以及他在多元价值观的冲击之下出现种种迷茫、彷徨、混乱和艰难抉择的过程，最终为主人公寻找到一种借由他者之眼重建自我主体性的途径。在《广场的孤独》的杂志初刊目录上写着“日本不是任何人的同伙。那么这样的‘日本’，它究竟是什么?”。从上海时代与“中国”的对话到遣归日本之后与“美国”的对话，堀田善卫总是试图行走于国与国之间，在越境的途中去追问“战后日本是什么”这个问题的答案。当战败摧毁了旧日本帝国，进而瓦解了日本知识分子的旧有价值观的时候，堀田善卫在文化越境的路途之中探索着战后日本知识分子重建自我主体性的方式。

在解读堀田善卫的战后文学时，日本的文学研究者们常常会出现一种二元对立式的矛盾。有些人会将堀田定位成竹内好的“战友”，一位同样带有强烈民族主义和亚洲主义倾向的“国民文学”作家；另一些人则会将他描绘成“无国籍”作家，一位为了追求多元文化而放弃民族国家的世界主义者。无论前者还是后者，似乎都没有真正理解堀田善卫对于主体性的定义。正像《广场的孤独》中主人公木垣所说的那样，在堀田善卫的文学世界中，主体总是意味着一个不确定的“X”；它就像一个台风眼，看起来平静，实际上永远处于持续剧烈变化的风暴中心。

对于堀田善卫来说，战后日本知识分子的主体性首先意味着承担与他者对话的主体责任。这个“他者”既是战后中国也是占领日本的美国，是受到旧日本帝国侵略过的亚洲，也是战后主导新日本重建的西方。堀田善卫战后 50 余年的文学生涯，实质上就是一次不断寻找他者、履行对话责任的漫长旅行。他用自己的战后文学和战后人生阐释了一个越境者的诗学。1956 年之后堀田善卫就任“亚非作家会议”的日本代表。他带领着年轻的大江健三郎、开高健和小田实等新生代日本作家行走在世界文学的大舞台上，将自己的诗学传承给下一代的战后日本知识分子。在狭隘的民族主义和贸易保护主义甚嚣尘上的今天，重读堀田善卫，重新去理解堀田文学之于日本文学、中国文学乃至世界文学的意义恐怕是有必要的。这对于我们突破一国文史观的局限性重新发现“战后”这个词的多样性含义，对于我们从多元文化的角度重新审视日本的战后轨迹应当是不无裨益的。

包括堀田善卫在内，遣归日侨文人们从中国大陆带回不同于本土日本国民的另一种战后体验，他们借由在华期间获得的中国经历、中国资讯、中国人脉、中国视角构设游离在美国占领军管控体系之外的遣归文人言论空间，形成隐藏于正史背后的另一种异质化的战后史叙述。这是一部长久以来一直被边缘化了的战后史，它包含了战后日本实际存在过的与社会言论主基调相背离的各类杂音，进而意味着重构多元化的战后日本史乃至中日关系史叙述的可能性。1998 年去世前夕，堀田善卫曾经预言过一个完全消除了国境壁垒的“无国籍”世界的到来，20 年后新形态的民族主义横行全球的今天，堀田的预言看起来更像是一个蹩脚的玩笑。从二战末期逃离东京侨居上海到战后滞留中国，再到之后遣归日本的一系列越境旅途中，堀田善卫不断地在与文化他者的对话中追寻着异质化的不同声音；不断地在通过制造杂音挑战日本战后言论空间的主基调，寻找另一种战后史叙述的可能性。或许可能性的价值正源于它们不易实现的属性之中，又或许它们的存在意义就在于对其追寻的行为本身。

资料篇

《日本战败前后上海日文报刊目录汇编》（中日对照）

【说明】

本书《资料篇》整理1945年日本战败前后上海地区发行、流通的主要日文报刊作品目录。《资料篇》共收录报纸3份、杂志11份；报纸收录部分作品目录，杂志收全目录。原则上收录范围为1944～1946年，部分有扩展；原则上先录入原文，后配有中文翻译，部分全汉字作品省略译文。具体收录报刊如下表所示：

报　刊　名	主要收藏馆
大陆新报 （报纸，收录1945年度“社论”目录）	上海图书馆、东京日本国立国会图书馆
改造日报 （报纸，收录1945～1946年度“社论/专论”目录）	上海图书馆
改造儿童新闻 （报纸，全目录）	上海图书馆
大陆往来 （杂志，1944～1945年目录）	北京中国国家图书馆，东京日本国立国会图书馆，华盛顿美国议会图书馆，私人藏

（续表）

报 刊 名	主要收藏馆
大陆 （杂志，全目录）	北京中国国家图书馆，华盛顿美国议会图书馆
新大陆 （杂志，全目录）	北京中国国家图书馆
上海文学 （杂志，全目录）	上海图书馆，东京日本近代文学馆
大众上海 / 江南展望（オール上海，后改题“江南展望”） （杂志，全目录）	北京中国国家图书馆
扬子江 （杂志，1944 ～ 1945 年目录）	东京日本国立国会图书馆，东京东洋文库图书馆，日本立命馆大学图书馆
中日文化 （杂志，全目录）	北京中国国家图书馆
黄鸟 （杂志，全目录）	北京中国国家图书馆，东京日本近代文学馆，私人藏
改造周报 （杂志，全目录）	北京中国国家图书馆
新生 （杂志，全目录）	北京中国国家图书馆，华盛顿美国议会图书馆
改造评论 （杂志，全目录）	北京中国国家图书馆

一、1945年度《大陆新报》“社论栏”目录

日　期	社论栏（部分缺号）
1945.1.1	決勝の年を戦ひ抜かん（决胜之年取得胜利）
1.2	戦場生活の確立へ（战场生活的确立）
1.3	決戦下中国の進路（决战下中国的出路）
1.4	獨逸必勝の意気軒昂（德国必胜的气宇轩昂）
1.5	蒋介石の元旦放送批判（蒋介石的元旦广播批判）
1.6	決戦即応の生活態勢（决战相应的生活态势）
1.7	官界粛正の第一歩（官界整治的第一步）
1.8	物による戦力への寄与（物资对战斗力的贡献）
1.9	敵米大統領の議会教書（敌美国大总统的议会咨文）
1.10	協力支援の強化（协作支援的强化）
1.11	比島空前の戦機きたる（菲律宾群岛出现空前的战机群）
1.12	上海市政刷新のために（为了上海市政革新）
1.13	食料配給の改革を急げ（加快食物配给的改革）
1.14	勝利の希望に満てる戦（充满胜利希望的战斗）
1.15	ビルマにも戦機動く（缅甸也有战机出现）
1.16	周佛海市長に寄す（寄语周佛海市长）
1.17	現地徴用に絡む諸問題（关于当地征用的诸问题）
1.18	現地緊急対策を急げ（加快制定当地紧急对策）
1.19	憲政を繞る重慶の苦悶（重庆的宪政苦闷）
1.20	形式主義を排すべし（应该排除形式主义）
1.21	日華民衆の相互反省（日华民众的相互反省）
1.24	対華経済新政策と邦人（对华经济新政策与日本人）
1.25	中国児童の失学問題（中国儿童的失学问题）
1.26	現地における生産増強（当地的生产增强）
1.27	この一戦を勝ち抜かん（取得这次战役的胜利）

（续表）

日　期	社论栏（部分缺号）
1.28	人口疎散と工業分散（人口疏散与工业分散）
1.29	現地邦人の道義昂揚（当地日本人的道义昂扬）
1.30	経済施策推進の条件（经济施策推进的条件）
2.1	大陸不敗の戦略態勢成る（形成大陆不败的战略态势）
2.2	防空態勢の計画的強化（防空态势计划的强化）
2.3	獨逸は飽迄戦ひ抜かん（德国终将取得胜利）
2.4	誤れる邦人意識（错误的日本人意识）
2.5	大陸作戦と重慶の運命（大陆作战与重庆的命运）
2.6	在華邦人の心構へ（在华日本人的思想准备）
2.7	比島の決戦今後にあり（菲律宾群岛的决战在今后）
2.8	農業増産の根本問題（农业增产的根本问题）
2.9	敵の困難も異常に深刻（敌人的困难也异常严重）
2.10	三国会談の検討（检讨三国会谈）
2.11	流言蜚語を封殺せよ（封杀流言蜚语）
2.12	画期的な物価対策（崭新的物价对策）
2.13	タイムスの重慶政権論（《泰晤士报》的重庆政权论）
2.14	在華邦人の重大任務（在华日本人的重大任务）
2.15	反枢軸陣営の内部紛糾（反轴心国阵营的内部矛盾）
2.16	俸給者の生活問題（工薪阶层的生活问题）
2.17	国共交渉に割り込む米国（介入国共交涉的美国）
2.18	華鉄の粛正を要望す（要求华铁公司进行整饬）
2.19	国民的自信を堅持せよ（坚持国民自信）
2.20	戦局展開に備へる構へ（应对战局发展的精神准备姿态）
2.21	戦局と国府の任務（战局与国府的任务）
2.22	ガンジー翁に望むもの（对甘地的期待）
2.23	政治力結集の前提条件（政治力量集结的前提条件）
2.24	米佛葛藤の教へるもの（美法矛盾的启示）
2.25	敵米の出血量益々増大（敌美损失日益增大）
2.26	在華邦人の心構へ（在华日本人的思想准备）

(续表)

日　期	社论栏（部分缺号）
2.27	ドイツ民族不屈の闘志（德意志民族不屈的斗志）
2.28	物量恐るに足らず（物资数量毋需担心）
3.1	満洲建国十三周年（满洲建国十三周年）
3.2	生産に結びつく人口疎散（与生产相关的人口疏散）
3.3	物価停止令の運用（物价停止令的运用）
3.4	重慶の窮余の一策（重庆的穷极之策）
3.5	憎悪と敵愾心を燃やせ（燃起对敌憎恶和抗战的意识）
3.6	敵内部の困難も深刻化（敌人内部的困难日益严重）
3.7	工業の復興と疎開（工业的复兴与疏散）
3.8	蒋介石の対延安反撃（蒋介石对延安的反击）
3.9	国際安全保障案の欺瞞（国际安全保障案的欺瞒性）
3.10	光輝ある伝統を生かせ（发扬光辉传统）
3.11	佛印軍の武装解除（法属印支军队的武装解除）
3.12	孫文先生の精神に還れ（回归孙文先生的精神）
3.13	必勝の態勢揺かず（必胜态势不能动摇）
3.14	印度支那新生の黎明（印支新生的黎明）
3.15	思想攻勢展開の必要（思想攻势展开的必要）
3.16	全国民衆大会への期待（对全国民众大会的期待）
3.17	防空態勢の緊急確立へ（防空态势的紧急确立）
3.18	統制会強化の途（统制会的强化之道）
3.19	断乎驕敵を邀へ撃たん（断然迎击骄敌）
3.20	総力戦の実を挙げよ（争取总力战取得好成绩）
3.21	物価低落の徴現はる（出现物价下跌的征兆）
3.22	我等報復に蹶起せん（我等奋起反击）
3.23	偉大なる精神力の勝利（伟大精神力量的胜利）
3.24	国民的自尊心を失ふ勿れ（切勿失去日本国民的自尊心）
3.25	現地官庁の戦時態勢（当地政府机关的战时态势）
3.26	大陸作戦と中国民衆（大陆作战与中国民众）
3.27	憎悪心には憎悪心を以て（以憎恶心对憎恶心）

（续表）

日　期	社论栏（部分缺号）
3.28	敵、南西諸島を窺ふ（敌人在窥探西南诸岛）
3.29	恒常的な民意機関設置へ（争取设置恒久性的民意机构）
3.30	還都記念日に際して（写在还都纪念日）
3.31	欧州の将来と米英の苦悩（欧洲的将来与美英的苦恼）
4.1	大日本政治会に寄す（寄语大日本政治会）
4.2	敵撃滅に神機掴まん（抓住良机歼灭敌人）
4.3	邦人生活転換の条件（在华日本人生活转换的条件）
4.4	自活自戦態勢の確立へ（确立自立作战的态势）
4.5	地方政府強化の途（地方政府的强化之道）
4.6	小磯内閣総辞職を決行（小矶内阁决意全体辞职）
4.7	新内閣に要望するもの（冀望新内阁）
4.8	投機活動を弾圧せよ（取缔投机活动）
4.9	一大勇猛心を振起せよ（振奋勇猛心）
4.10	政府と国民を結ぶ途（政府与国民的结合之道）
4.11	敵米の政略と戦略（敌美的政略与战略）
4.12	現地戦場化への備へ（做好当地战场化的准备）
4.13	ただ戦争に徹するのみ（将战争进行到底）
4.14	敵陣営内の巨大な損失（敌阵营内的巨大损失）
4.15	農村貸款の具体化（农村贷款的具体化）
4.16	我が国体への不敵な挑戦（对我国国体的大胆挑战）
4.17	重大化する欧州戦局（欧洲战局的严峻化）
4.18	強力物価対策を望む（期待强有力的物价对策）
4.19	トルーマンの第一声（杜鲁门的第一声）
4.20	危機に立つ文化機関（面临危机的文化机构）
4.21	救国民衆大会に寄す（寄语救国民众大会）
4.22	中国経済人の任務（中国经济人的任务）
4.23	現地に於る貯蓄増強（增强当地储蓄）
4.24	大東亜民族の連帯精神（大东亚民族的团结精神）
4.25	農村貸款と農民組織（农村贷款与农民组织）

(续表)

日　期	社论栏 (部分缺号)
4. 26	東亜文化の擁護(东亚文化的拥护)
4. 27	獨逸国民は飽迄戦はん(德国国民还在战斗)
4. 28	ソ連の術策に躍る米英(受苏联计谋摆布的美英)
4. 29	企業整備を急げ(加紧企业整备)
4. 30	出征軍人家族の援護(出征军人家庭的援护措施)
5. 1	敵の次期攻勢に備へよ(备战敌人的下次攻势)
5. 2	ソ連の政治的攻勢(苏联的政治攻势)
5. 3	思想攻勢強化の必要(思想攻势强化的必要)
5. 4	欧州情勢と中国民心(欧洲局势与中国民心)
5. 5	国民的自信を把持せよ(坚持展现国民自信)
5. 6	金証券発行の効果(金证券发行的效果)
5. 7	神機は正に眼前に在り(良机就在眼前)
5. 8	帝国の対獨態度闡明(帝国阐明对德态度)
5. 9	蒐買機構の整備を急げ(加紧整备收购机构)
5. 10	獨逸敗北の思想的原因(德国战败的思想原因)
5. 11	決戦経済と邦人商社(决战经济与在华日本人商社)
5. 12	貴重なる時を利用せよ(利用好宝贵时机)
5. 13	蒐買対策の根本問題(收购对策的根本问题)
5. 14	獨逸屈強の悲惨な報償(德国顽强抵抗的悲壮代价)
5. 15	融和し難き米英とソ連(难以妥协的美英与苏联)
5. 16	地方治安の画期的建設へ(地方治安的崭新建设)
5. 17	帝国外交の基本方向(帝国外交的基本方向)
5. 18	物価対策の根幹(物价对策的根本)
5. 19	六全大会と憲政問題(六全大会与宪政问题)
5. 20	防空の日常生活化(防空的日常生活化)
5. 21	宣伝謀略を封ずる途(封杀敌人宣传谋略的途径)
5. 22	大東亜の戦力結集へ(大东亚的战力集结)
5. 23	国府軍警の給与(国府军警的薪水问题)
5. 24	現地に於ける戦時教育(中国当地的战时教育)

（续表）

日　期	社论栏（部分缺号）
5.25	物価を抑制する途（抑制物价的途径）
5.26	英内閣解体の齎すもの（英国内阁解体的后果）
5.27	海軍記念日を迎へて（迎来海军纪念日）
5.28	敵の平和策謀を撃て（击碎敌人的和平计策）
5.29	敵の盲爆をはね返せ（反击敌人的盲目轰炸）
5.30	五十億農貸の道義性（五十亿农贷的道义性）
5.31	頑敵撃砕まで戦ふのみ（在击碎顽敌之前坚持战斗）
6.11	ひたむきに戦ふ精神（毫不动摇的战斗精神）
6.13	経済施策の敵前切替（经济政策的紧急转变）
6.14	沖縄戦局と吾らの決意（冲绳战役的结局和我们的决意）
6.16	首相の決意に応ふ（响应首相决意）
6.17	宋子文の訪ソ説（有关宋子文访苏）
6.18	米糧緊急措置の効果（米粮紧急措施的效果）
6.19	戦果と戦局（战果与战局）
6.20	不法徴税の粛正を望む（期待整饬不法征税）
6.21	三頭会談と吾ら（三方会谈与我们的立场）
7.9	重慶延安関係の将来（重庆延安关系的将来）
9月9日	政治的民主制の実現（政治民主制的实现）
9月10日	自由なる意志の表明（自由意志的体现）

二、1945～1946年《改造日报》“社论/专论栏”目录

日　期	社论/专论栏（部分缺号)
1945.10.5	発刊の辞（发刊词）
10.6	日本民衆の進路（日本民众的出路）
10.7	東久邇内閣の辞職（东久迩内阁的辞职）
10.8	思想の改造（思想的改造）
10.9	最高領袖の指示（最高领袖的指示）
10.10	国慶記念日の意義（国庆纪念日的意义）
10.12	蒋主席の演説（蒋主席的演讲）
10.13	国共会談と東洋の平和（国共会谈与东洋的和平）
10.14	生ける屍の幣原内閣（行尸走肉的币原内阁）
10.15	憲法改正委員会を論ず（论宪法改正委员会）
10.16	新しい指導者を選べ（选择新的领导者）
10.17	近衛公の再登場を論ず（论近卫公的再登场）
10.18	小国民教育の新方向（小国民教育的新方向）
10.19	勝野少将事件について（关于胜野少将事件）
10.20	上海経済と日本居留民（上海经济与日本居留民）
10.21	日軍服役辦法の公布（日军服役办法的公布）
10.22	獨戦争犯の審判開始（德国战犯审判开始）
10.23	吉田外相の詭弁（吉田外相的诡辩）
10.24	食糧問題と日本（食粮问题与日本）
10.25	自治会書記長の公選（自治会书记长的公选）
10.26	国共会談と中国の前途（国共会谈与中国的前途）
10.27	現下の物価問題（当下的物价问题）
10.28	連合国機構の成立（联合国机构的成立）
10.29	日本財閥の解散に就て（关于日本财阀的解散）

（续表）

日　期	社论 / 专论栏（部分缺号）
10. 30	婦人参政制度の確立（妇人参政制度的确立）
10. 31	集中生活下の児童教育（集中生活下的儿童教育）
11. 1	日本民族の生きる途（日本民族的生存之道）
11. 2	日本の産児制限問題（日本的产儿限制问题）
11. 3	原子力に対する関心（对核能的关心）
11. 5	総選挙と在外日本人（总选举与在外日本人）
11. 6	日本漁民組合への希望（对日本渔民组合的希望）
11. 7	日本の偽幣賠償問題（日本的伪政权货币赔偿问题）
11. 8	被解放者の新精神（被解放者的新精神）
11. 9	試練は平和の為に（为了和平的试炼）
11. 10	日本財閥の根本的解体（日本财阀的彻底解体）
11. 11	信頼出来る日本政府を（建立可以信赖的日本政府）
11. 12	孫総理誕辰記念日を迎へて（迎来孙总理诞辰纪念日）
11. 13	日本歴史の再批判（日本历史的再批判）
11. 14	復員と整軍（复员与整军）
11. 15	血と汗の一千九百億円（血与汗的一千九百亿日元）
11. 16	引揚日本人諸君に（致遣归的日本诸君）
11. 17	侵略戦争支持の責任（支持侵略战争的责任）
11. 18	原子力と平和（核能与和平）
11. 19	兵役法の廃業（兵役法的废除）
11. 20	日本の失業対策（日本的失业对策）
11. 21	紛争解消を熱望す（热切希望解除纷争）
11. 22	戦争犯罪の追及と責務（战争犯罪的追究与责任）
11. 23	日土地制度の改革（日本土地制度的改革）
11. 24	敗因究明への警戒（谨慎调查败因）
11. 25	日本の食糧輸入（日本的粮食进口）
11. 26	日本陸海将兵に与ふ（寄语日本陆海军）
11. 27	合理的平和機構へ（建立合理的和平机构）
11. 28	戦時利得の没収問題（战时获利资产的没收问题）

（续表）

日　期	社论／专论栏（部分缺号）
11.29	徳を以て怨に報ゆ（以德报怨）
11.30	経済建設の将来性（经济建设的将来性）
12.1	民主政治への試練（对民主政治的考验）
12.2	帰国者への覚え書（给归国者们的备忘录）
12.3	マ元帥の日本改革（麦克阿瑟元帅的日本改革）
12.4	日俘教育の強化（日俘教育的强化）
12.5	帰る華僑去る日僑（回来的华侨和离去的日侨）
12.6	八日間の議会（八天的议会）
12.7	国際情勢と日本（国际局势与日本）
12.8	一二・八と近衛（一二・八事件与近卫）
12.9	除悪と樹徳（除恶与树德）
12.10	戦争責任の究明（战争责任的调查）
12.11	選挙法の民主性（选举法的民主性）
12.12	地下組織に警告（对地下组织的警告）
12.13	無力政府への決意（对无能政府的我等决意）
12.14	米兵の闇同情（美军对日本黑市的同情）
12.15	危険なる意図（危险的意图）
12.16	日本新憲政の障碍（日本新宪政的障碍）
12.17	歪められた憲法改正（走向歧路的宪法修正）
12.18	神々の降壇（伪神走下讲坛）
12.19	復員教育の課題（复员军人教育的课题）
12.20	近衛と羅馬衰亡史（近卫与罗马衰亡史）
12.21	マ大使に期待す（对马歇尔大使的期待）
12.22	戦犯議員と総選挙（战犯议员和总选举）
12.23	尊い人類愛（尊贵的人类爱）
12.24	南京虐殺に関して（关于南京大屠杀）
12.25	クリスマス所感（圣诞有感）
12.26	新時代の嵐と我等（新时代的暴风雨与我们）
12.27	晴ゆく国際情勢（逐渐明朗的国际形势）

（续表）

日　期	社论 / 专论栏（部分缺号）
12.28	代表議員の選挙（代表议员的选举）
12.29	戦犯処罰は峻厳に（战犯处罚要严厉）
12.30	連合国は一体（联合国是一体）
12.31	無茶な自治選挙（毫无道理的自治选举）
1946.1.1	新年を迎へて（迎接新年）
1.4	本紙の使命（本报的使命）
1.5	日本天皇の詔書（日本天皇的诏书）
1.6	軍国主義の剷除（铲除军国主义）
1.7	マ指令の政治旋風（麦克阿瑟指令的政治旋风）
1.8	太平洋時代（太平洋时代）
1.9	内閣の進退（内阁的进退）
1.10	仏政府の時代錯誤（法国政府的时代倒退）
1.11	二大会議への認識（对于两大会议的认识）
1.12	幣原内閣の謀略（币原内阁的谋略）
1.13	中日の民主提携（中日之间的民主协作）
1.14	幣原内閣の改造（币原内阁的改造）
1.15	国際機構と日本（国际机构和日本）
1.16	七十倍送金の問題（七十倍汇款的问题）
1.17	改造後の幣原内閣（改造后的币原内阁）
1.18	選挙に熱意を（对选举投入热情）
1.19	帰国問題と自治会（归国问题与自治会）
1.20	偶像への諷刺（讽刺偶像）
1.21	強権の発動（发动强权）
1.22	米大統領の教書（美国大总统的咨文）
1.23	江島丸事件とわれら（江岛丸事件与我们）
1.24	日本の民主戦線（日本的民主战线）
1.25	江島丸事件の教訓（江岛丸事件的教训）
1.26	けふ選挙投票日（今日是选举投票日）
1.27	戦犯裁判条令（战犯裁判条令）

（续表）

日　期	社论 / 专论栏（部分缺号）
1.28	新代表委員の任務（新代表委员的任务）
1.29	十四年前の回顧（十四年前的回顾）
1.30	人民自由の保障（人民自由的保障）
1.31	救済は本日中に（救济就在今日）
2.1	アジア諸国の新関係（亚洲各国的新关系）
2.2	輝かしき新中国の発足（新中国的崭新出发）
2.3	居留民の人民裁き（日本居留民的人民审判）
2.4	国際語と世界平和（国际语与世界和平）
2.5	新しき出発点の自覚（新起点的自觉）
2.6	中国の外交政策（中国的外交政策）
2.7	議会政治への反省（对议会政治的反省）
2.8	奥地引揚者の救援（内地撤归者的救援工作）
2.9	相隣する危機と機会（危机和机会并存）
2.10	山下処刑の一時停止（山下处刑暂停）
2.11	日本政治への旋風（日本政治面临的旋风）
2.12	蒋主席を迎ふ（迎来蒋主席）
2.13	強国の平和責任（强国的和平责任）
2.14	平和への責務（和平的责任）
2.16	呼びかける国内人民（呼吁国内人民）
2.17	国連総会の成果（国联总会的成果）
2.18	インフレの責任（通货膨胀的责任）
2.19	ヤルタ協定と中国（雅尔塔协定与中国）
2.20	原子弾事件と世界和平（原子弹事件与世界和平）
2.21	インフレ対策再論（再论通货膨胀对策）
2.22	今後の日本管理方針（今后的日本管理方针）
2.23	軽蔑的称呼の廃止（废除歧视性称呼）
2.24	東亜の和平（东亚的和平）
2.25	デマに踊る人々（听信谣言的人们）
2.26	反省深き今日（深刻反省历史上的今天）

（续表）

日　期	社论 / 专论栏（部分缺号）
2. 27	輿論と民主政治（輿论与民主政治）
2. 28	英帝国の植民政策（大英帝国的殖民政策）
3. 1	日本諸政党と戦争（日本各政党与战争）
3. 2	現実の正しい把握（现实的正确把握方式）
3. 3	米ソ協和への道（美苏和平共处之道）
3. 4	府県人会と帰国者連盟（府县同乡会和归国者联盟）
3. 5	東亜の希望と日本（东亚的希望与日本）
3. 7	輿論調査開始さる（开始輿论调查）
3. 8	憲法草案要綱に就て（关于宪法起草纲要）
3. 9	交戦権の抛棄（抛弃交战权）
3. 10	日僑日俘の還送（日侨日俘的送还）
3. 11	所謂る政治的観念（所谓政治观念）
3. 12	孫総理の逝去記念日（孙总理的逝世纪念日）
3. 13	教育文化の志向（教育文化的志向）
3. 14	十字路に立つ人類（站在十字路口的人类）
3. 16	現実に即せる理想へ（切合现实的理想）
3. 17	輿論調査と民主戦線（輿论调查与民主战线）
3. 18	民族の優秀を平和貢献に（民族优秀品质用于和平事业）
3. 19	民主政治への適応性（对民主政治的适应性）
3. 20	帰国者連盟の発足（归国者联盟的成立）
3. 21	マ元帥の報告書（麦克阿瑟元帅的报告书）
3. 22	戦争責任の問題（战争责任的问题）
3. 23	時限爆弾の安全弁（定时炸弹的保险栓）
3. 24	国際連合への期待（对联合国的期待）
3. 25	政府予算案と官僚（政府预算与官员）
3. 26	日本の食糧問題（日本的粮食问题）
3. 27	小資産層と民主主義（小资产阶层与民主主义）
3. 28	現生活への反省（对当前生活的反省）
3. 29	七十二烈士の精神（七十二烈士的精神）

（续表）

日　期	社论 / 专论栏（部分缺号）
3.30	はたらく人々の帰国（劳动人民的归国）
3.31	教育の最高目標（教育的最高目标）
4.2	管理と指導（管理与指导）
4.3	日本の女性として（作为日本的女性）
4.4	日本民主化の試練（日本民主化的考验）
4.5	国勢調査と民主政治（国情调查与民主政治）
4.6	戦争調査会への警戒（警惕战争调查会）
4.8	総選挙と人民（总选举与人民）
4.9	日本の教育改革（日本的教育改革）
4.10	楽観し難き総選挙（难以乐观的总选举）
4.11	日本再建と復員者（日本的再建与复员军人）
4.12	総選挙と日本民主の前途（总选举与日本民主的前途）
4.13	田中内閣への再現警戒（警惕再次出现田中内阁）
4.14	民主平和と故ル大統領（民主和平与已故罗斯福大总统）
4.15	新しき中日関係へ（走向新的中日关系）
4.16	世界平和の柱石（世界和平的基石）
4.17	協同組合の民主化（合作社的民主化）
4.18	マ大使の帰任（马歇尔大使的复任）
4.19	日本民主化は不可能か（日本民主化是不可能的吗）
4.20	幣原内閣の居据工作（币原内阁的留任工作）
4.21	自由と人身保障（自由与人身保障）
4.22	戦犯裁判と日本人民（战犯审判与日本人民）
4.24	総辞職と人民の立場（内阁全体辞职与人民的立场）
4.25	実質的平和へ（走向实质的和平）
4.26	抜本的インフレ対策（彻底的通货膨胀对策）
4.27	注目さる社会党（受到关注的社会党）
4.28	中道と民主（中庸之道与民主）
4.29	憲政の常道（宪政的常规）
4.30	米の大防衛計画（美国的大型防卫计划）

（续表）

日　期	社论 / 专论栏（部分缺号）
6.8	日本地方制度の改正（日本地方制度的修正）
6.9	天皇制の問題（天皇制问题）
6.10	経済安定本部に寄す（寄语经济安定本部）
6.11	警察国家復活への警戒（对于警察国家复苏的警惕）
6.12	人民の食糧非常宣言（人民粮食之非常宣言）
6.13	中日理解の基礎（中日相互理解的基础）
6.14	吉田内閣の二大声明（吉田内阁的两大声明）
6.15	今後の本紙（今后的本报）
6.24	平和民主秩序（和平民主秩序）
6.27	戦犯者の思想と心理（战犯的思想与心理）
6.30	七月危機の責任（七月危机的责任）
7.6	戦犯裁判の教訓（战犯裁判的教训）
7.9	日本憲法案の本質（日本宪法案的本质）
7.12	偽装された民主（伪装的民主）
7.21	日本の失業問題（日本的失业问题）
7.24	日本警察の本質（日本警察的本质）
7.27	日本社会党右翼（日本社会党的右翼）
7.30	日本経済の危機（日本经济的危机）
8.2	天皇と米（天皇与粮食）
8.5	日本民主化と人民（日本民主化与人民）

三、《改造儿童新闻》

(上海改造日报社发行)

●《改造儿童新闻》第 1 号(1946 年 1 月 18 日)

社説　創刊の言葉　新しい日本を創るために(社论　创刊词　为了创建新日本)……

改造された日本の内閣(改造过的日本内阁)……

国際連合の総会　ロンドンにて開催(国际联合总会在伦敦举办)……

お塩の贈り物(盐的礼物)……

新しい三つの税(三种新税)……

女の巡査(女警察)……

日僑代表委員の選挙　立候補者決まる(日侨代表委员选举　决定候选人)……

何故？右側通行がよいか(为什么？右侧通行更佳？)……

科学　炭火の中毒に気をつけませう(科学　小心炭火中毒)……小宮義孝

三民主義のお話(三民主义的讲话)……目黒寺雄

ボンちゃん物語(小本的故事)……可東みの助

仲良しクラブ　寺子屋の学校生活(友好俱乐部　私塾学堂的校园生活)……佐々木弘

皆さんの作品をどんどん載せます　改造日報館内児童新聞係りまで(积极刊登大众作品　欢迎踊跃来稿改造日报馆内儿童新闻编辑部)……

みんなのお国(大家的国家)……岩井五郎

童話　ピンポン球の行方(童话　乒乓球的去向)……吉田綾子　第一区北第二保小学校五年生

●《改造儿童新闻》第 2 号（1946 年 1 月 25 日）

社説　普通選挙が行はれる（社论　举行普选）……………………………………
みんなで助けよう　江島丸遭難者（共同援助江岛号遇难者）………………
明るい日本の工業（明朗的日本工业）…………………………………………………
七五万人のストライキ（七十五万人的罢工）……………………………………
四千人の不幸（四千人的不幸）……………………………………………………………
生きてゐた兵隊さん（曾经活着的士兵）………………………………………………
心構へをしっかりと　帰国の注意（做好心理准备　归国提示）…………
科学　豆自動車ジープとは（科学　所谓儿童吉普车）……………………………
やさしい真心で　共済の話（善意真心同舟共济）…………………………………
湯司令官より百万元（汤司令官捐赠的一百万元）…………………………………
本当に生きた人　福沢諭吉の話（真正活过的人　福泽谕吉的故事）
……………………………………………………………………………………………上野保夫
ボンちゃん物語（小本的故事）……………………………………………………可東みの助
仲良しクラブ　私の日記（友好俱乐部　我的日记）· 小幡幸子　六年生
雨にも負けず（不输风雨）……………………………………………………宮澤賢治
おもしろい中国の看板（有趣的中国招牌）…………………………可東みの助

●《改造儿童新闻》第 3 号（1946 年 2 月 1 日）

社説　民主団結のこころ（社论　民主团结之心）……………………………………
住み良い日本を作るために　尾崎行雄先生の言葉（为了打造宜居的日本　尾崎行雄先生的发言）……………………………………………………………………
ローマ字を使ふか　日本の学校（日本的学校要使用拉丁字母吗?）……
今週のことば　何故「偽」をつかふのか（本周一词　为什么使用“伪”这个字?）……………………………………………………………………………
わるい本がなくなる（恶劣书籍将会消失）……………………………………………

女の人はみんな当選(女性全员当选)……………………………………………
科学　なぞの船　特殊潜行艇(科学　神秘船　特殊潜行艇)
……………………………………………………………………………………永川礼三
中国風俗　箱舟で作った橋(中国风俗　用方舟做的桥)……可東みの助
生れ変はる日本　明治維新のお話(重生的日本　明治维新的故事)……
……………………………………………………………………………………会元代八郎
ボンちゃん物語(小本的故事)…………………………………………可東みの助
仲よしクラブ　集中生活(友好俱乐部　集中生活)
………………………………………………………………小野信子　初等科五年生
ギリシア神話　箱のなかの希望(希腊神话　箱中的希望)……長沢英雄

●《改造儿童新闻》第 4 号（1946 年 2 月 8 日）

社説　象牙の塔から出る大学(社论　走出象牙塔的大学)…………………
新しい領域きまる　出直す日本(国土新区域确定　重新出发的日本)…
入学考査　中等学校(入学考察　中学)……………………………………………
おそろしい天然痘(可怕的天花)……………………………………………………
進歩する日本の農業(正在进步的日本农业)………………………………………
十五歳の天文学者(十五岁的天文学者)………………………………………………
今週のことば　何故日僑と呼ぶか(本周一词　为何称之为“日侨”)…
亡くなられた河上博士(逝去的河上博士)……………………………………………
科学　実現するか　楽しい宇宙旅行（科学　愉快的宇宙旅行会
实现吗)……………………………………………………………………………永川礼三
中国風俗　お正月の遊び(中国风俗　正月的游戏)…………可東みの助
神様のお話(神仙的故事)……………………………………………………上野保夫
ボンちゃん物語(小本的故事)…………………………………………可東みの助
仲よしクラブ　母(友好俱乐部　母亲)……………村本紀子　高女一年

チイホイ小鳥（欢叫的小鸟）……………………高岡スミ子　六年
私の俳句（我的俳句）……………………………………田村洋子　六年
童話　ロジエの木馬（童话　罗杰的木马）……アナトール・フランス

● **《改造儿童新闻》第 5 号**（1946 年 2 月 15 日）

社説　紀元節を迎へて（社论　迎接纪元节）……………………………
上海の喜び　蒋主席還る（上海喜事　蒋主席归来）………………………
明るい正しい日本へ　安部文部大臣の放送（迎接明朗正确的新日本
安部文部大臣的广播）……………………………………………………………
春の美術展覧会開く（召开春天的美术展览会）………………………………
女の校長先生（女校长）…………………………………………………………
週間のことば　戦犯者とはどういふ人か（本周一词　所谓“战犯”）…
立候補できない人々（无法成为候选者的人们）………………………………
人造のお米ができる（人造米诞生）……………………………………………
科学　天然痘と種痘について（科学　关于天花与种痘）………小宮義孝
中国風俗　寺や廟の飾り（中国风俗　寺与庙的装饰）………可東みの助
夢見るニッポン——都市計画の話（梦想中的日本——都市计划一席
谈）…………………………………………………………………………氷川省三
ボンちゃん物語（小本的故事）……………………………………可東みの助
仲よしクラブ　編物（友好俱乐部　编织物）……小野信子　初等科五年
兄さん帰る（兄长归来）…………………………………近藤幸子初等科六年
島崎藤村…………………………………………………………………………
童話　幸福……………………………………………………………………島崎藤村

● **《改造儿童新闻》第 6 号**（1946 年 2 月 22 日）

社説　新生活運動を日本に持ってゆかう（社论　把新生活运动带到

日本)……
児童文化連盟　東京にできる(儿童文化联盟在东京诞生)……
新文化国日本　南原東大総長のお話(新文化国家日本　南原东大校长的讲话)……
五年ぶりで生糸の輸出(相隔五年再次出口生丝)……
週間のことば　上海の別名(本周一词　上海的别名)……
父が残したなつかしい時計(父亲留下的令人怀念的手表)……
中学校男女共学(中学男女共学)……
音波より早い飛行機(比音波更快的飞机)……
新しい紙幣(新纸币)……
科学　猫はなぜ鼠をとるか(科学　猫为什么捉老鼠)……小宮義孝
中国の風俗　無錫のカメ島(中国的风俗　无锡的龟岛)……可東みの助
民主主義とはどんなことか(民主主义是什么)……高橋良三
ボンちゃん物語(小本的故事)……可東みの助
仲よしクラブ　上海の思ひ出(友好俱乐部　上海的回忆)……
……丸岡愛子　初等科六年
帰国を待つ(等待归国)……西田保子　初等科五年
物語　バビロンの王者(物语　巴比伦的王者)……春山一夫

●《改造儿童新闻》第7号(1946年3月1日)

社説　祖国へ引揚げる人々を見て(社论　观察遣归日本的人们)……
日本へ物資の輸入始まる(日本开始进口物资)……
指図を待たずどんどん行く　マ司令部から注意(不等催促自主前进来自麦克阿瑟司令部的提醒)……
平和会議が近く開かれる(和平会议即将召回)……
関門海峡の沈没船　引揚げに取りかかる(关门海峡的沉船

着手回收）……………………………………………………………………
捕鯨船出動（捕鲸船出动）……………………………………………………
お巡りさんのたのしい勉強（警察的快乐学习）………………………………
週間のことば　輿論調査とはどういふこと（本周一词　“舆论调查”是什么）……………………………………………………………………
一箇月一善　日本の子供常会（一月一善行　日本的儿童例会）…………
戦災孤児のために工場（为了战争孤儿的工场）………………………………
科学　太陽の大黒点発見（科学　发现太阳黑子）…………………永川省三
中国の風俗　太湖の春（中国的风俗　太湖的春天）…………可東みの助
専制政治と立憲政治　分かりやすい政治のお話（专制政治与立宪政治　易懂的政治讲解）……………………………………………………高橋良三
ボンちゃん物語（小本的故事）…………………………………………可東みの助
特集　仲よしクラブ　日本の子供達の作品（特集　友好俱乐部　日本儿童们的作品）……………………………………………………………
猫（猫）………………………………………………中原万智子　初四　福岡
お餅つき（饼年糕）………………………………………石井節子　初五　福岡
民主国にならう（向民主国家学习）…………………森下幸作　初六　福岡
詩　草笛（诗　草笛）……………………………………清見恒　初五　福岡
冬の朝（冬天的早上）……………………………………山田孝親　初六　東京
私の夢（我的梦）………………………………………佐々木君枝　初六　島根
人形（人偶）……………………………………………………………………
短歌（短歌）………………………………金城吉夫そのほか　初六　岐阜
俳句（俳句）………………………………加藤良正そのほか　初六　神戸

● **《改造儿童新闻》第 8 号**（1946 年 3 月 8 日）

社説　輿論調査が行はれる（社论　进行舆论调查）……………………………

帰国は兵隊さんと一緒に(和军人一起归国)……………………………………
世界平和の為に努めよ　米国務長官の放送(为了世界和平而努力　美国务长官的广播讲话)……………………………………………………
第二次世界大戦につかったお金(用于二战的资金)…………………………
日本へ教育使節団(前往日本的教育使节团)…………………………………
塩田作りに占領軍がお手伝ひ(占领军帮忙开垦盐田)………………………
木銃や剣道具が農具に生れかはる(木枪与剑转变为农具)…………………
辞書が出ます(字典出版)………………………………………………………
週間のことば　中国国民党とはどういふものか(本周一词　什么是"中国国民党")
……………………………………………………………………………………
科学　雨水はきれいか汚いか(科学　雨水是干净还是脏的?)
……………………………………………………………………………小宮義孝
中国の風俗　鎮江金山寺(中国的风俗　镇江金山寺)………可東みの助
議会制度の話——その起源について(议会制度讲解——关于它的起源)……………………………………………………………………高橋良三
ボンちゃん物語(小本的故事)……………………………………可東みの助
仲よしクラブ　菱餅(友好俱乐部　菱饼)
………………………………………………八田千春　南区女子中学校四年
お勝手(厨房)…………………………………………入山鞠子　女商四年
花物語　ヒヤシンス　ギリシア神話より(花物语　水仙　取自希腊神话)…………………………………………………………………長沢英雄

● **《改造儿童新闻》第 9 号**（1946 年 3 月 15 日）

社説　元気でいかう　修了式に際して(社论　结业式感言　孩子们干劲满满地出发吧)……………………………………………………………

まず街路から復興　東京の都市計画（首先从街道开始复兴　东京的都市计划）……………………………………………………………………………
復員丸の活躍（复原号的活跃）……………………………………………………
奥地の人達をいたはらう（安慰内地来的人们）……………………………………
君達も一千円持って帰れる（你们也能拿着一千元回去）…………………………
二千四百年前の寺院（两千四百年前的寺院）………………………………………
週間のことば　憲法改正草案とはどういふ（本周一词　什么是“宪法改正草案”）……………………………………………………………………………
科学　L・S・Tとはどんな船か（科学　L・S・T是什么样的船）……………………………………………………………………………………永川省三
脚利舟の話（脚利舟的故事）……………………………………………可東みの助
続　議会制度の話——その発達について（续　议会制度讲解——关于其发展）………………………………………………………………………高橋良三
ボンちゃん物語（小本的故事）…………………………………………可東みの助
仲よしクラブ　ほめられるといふ事（友好俱乐部　夸奖的意义）………………………………………………………………………羽端俊男　中学四年
晴着（盛装）……………………………………………………須藤佳子　高女四年
小手毬手毬（小手毯手毯）……………………………………………岩佐東一郎
歴史に書いていない話（没被写进历史的故事）……………………………内山完造

● **《改造儿童新闻》第10号**（1946年3月22日）

社説　輿論調査の成果をみて（社论　观察舆论调查的成果）………………………
仲よく強く出発した帰国者連盟（友好合作之下成立的归国者联盟）……
帰ってきた鐘（归来的钟）……………………………………………………………
五年制になる中学校（变为五年制的中学）…………………………………………
大爆発した桜島（火山大爆发的樱岛）………………………………………………

週間のことば　原子力はどう使はれるか(本周一词　核能将被如何使用)……
お待ちかねの新教科書(久等的新教科书)……
科学　早春に花咲く野草(科学　早春的花草)……小宮義孝
中国の風俗　揚州のラマ塔(中国的风俗　扬州的喇嘛塔)…可東みの助
日本の医学者(上)……小宮義孝
ボンちゃん物語(小本的故事)……可東みの助
仲よしクラブ　中国と私達(友好俱乐部　中国与我们)…土肥稔夫　五年
妹(妹妹)…… 高橋正　六年
童話　海の底の河童(童话　海底的河童)……桂澄子

● **《改造儿童新闻》第 11 号**(1946 年 3 月 29 日)

社説　国際連合の精神　民主と平和の道(社论　联合国的精神　民主与和平的道路)……
新しい教育勅語(新的教育诏书)……
希望を失はないで　金本社総経理のお話(不要丢失希望　本社金总经理的讲话)……
子供の意見を放送(播送儿童们的意见)……
三十キロを安全に(确保三十公斤安全送达)……
週間のことば　帰国者連盟とはどういふものか(本周一词　什么是"归国者联盟")……
進駐軍へ贈る展覧会(赠与进驻军的展览会)……
科学　大爆発したかんむり星座(科学　大爆炸的北冕星座)……永川省三
紹興の東湖(绍兴的东湖)……可東みの助
日本の医学者(下)……小宮義孝

ボンちゃん物語（小本的故事）……………………………………………可東みの助
仲よしクラブ　僕の一日（友好俱乐部　我的一天）……… 宇崎龍　四年
祭（祭典）…………………………………………………………………………藤島宇内
老子（老子）………………………………………………………………………芦屋浩一

● **《改造儿童新闻》第12号**（1946年4月5日）

社説　いよいよ帰国の日が来た（社论　归国的日子终于到来）…………
総選挙せまる　忙しい日本の政党（临近总选举　忙碌中的日本政党）…
日本へゆく　中国の兵隊さん（中国军人向日本出发）………………………
少年に期待　米教育使節団帰る（寄期少年　美国教育使节团归国）……
オリンピックはロンドンで（伦敦召开奥林匹克大会）………………………
ベーリング海底に大トンネル計画（白令海底的大隧道计划）………………
号令なしの学校（没有号令声的学校）………………………………………………
今月にお国の人口を調べる（本月将进行国家人口普查）……………………
週間のことば　新円とはどういふもの（本周一词　“新日元”是什么东西）…………………………………………………………………………………………
科学　中国の古銭（科学　中国的古钱）……………………………………大出正
余姚の竹細工（余姚的竹手工艺品）…………………………………………………
眼玉の贈り物（眼珠的礼物）……………………………………………………M・ミラー
ボンちゃん物語（小本的故事）……………………………………………可東みの助
仲よしクラブ　従弟への手紙（友好俱乐部　致表弟的信）……向山寛夫
毬と選挙（毯子与选举）…………………………………………………………………
帰国のお土産（归国礼物）……………………………………………………林としを

● **《改造儿童新闻》第13号**（1946年4月12日）

社説　ふたたびの日に（社论　为了再见之日）………………………………

新しい日本へ　総選挙終わる（走向新日本　总选举结束）…………………
アメリカから本の贈り物（来自美国的赠书）…………………………………………
帰るひとへ（致归去的人们）…………………………………………………………
むづかしい漢字がなくなる（生僻汉字逐渐消失）…………………………………
週間のことば　日本生産合作とはどういふものか（本周一词　“日本生产合作”是什么）…………………………………………………………………………
おそろしいコレラ（可怕的霍乱）……………………………………………………
生れた児童文学者協会（儿童文学者协会诞生）……………………………………
科学　DDTとはどんな薬か（科学　DDT是什么药）………………氷川省三
奉化公園（奉化公园）…………………………………………………………………
日本の歴史　歴史の前の歴史（日本的历史　史前的历史）……春山一夫
ボンちゃん物語（小本的故事）……………………………………………可東みの助
仲よしクラブ　心に歌を（友好俱乐部　在心中歌唱）………………井上純
揚子江（扬子江）………………………………………………………………………清松暢
中国の民話（中国的民间传说）……………………………………………林としを

● **《改造儿童新闻》第14号**（1946年4月19日）

社説　総選挙は終わったが（社论　总选举虽然已经结束）…………………
世界中を明るく　米大統領のお話（带给全世界光明　美国大总统的讲话）……………………………………………………………………………………
中国よさらば　日僑の送還終わる（告别中国　日侨遣返结束）…………
九月三日は中国の勝利記念日（九月三号　中国的胜利纪念日）…………
週間のことば　民主人民連盟とはどういふものか（本周一词　什么是“民主人民联盟”）……………………………………………………………………
大行進………………………………………………………………………………宇崎龍
科学　新しい電力計算機（科学　新型电力计算机）………………高山三郎

中国風俗　南湖の菱（中国风俗　南湖的菱）……………………可東みの助
小妹妹（小妹妹）……………………………………………………………林寧寿
ボンちゃん物語（小本的故事）…………………………………………可東みの助
仲よしクラブ　私の歌（友好倶乐部　我的歌）…………………………清松暢
中国の民話（中国的民间传说）……………………………………………林としを

● **《改造儿童新闻》第 15 号**（1946 年 4 月 26 日）

社説　自由と放縦（社论　自由与放纵）……………………………………
つぶれた幣原内閣（倒台的币原内阁）……………………………………
孤児がかりの学校　北平の美しい話（救助孤儿的学校　北平的美谈）……
盲目の人でも字が読める機械（让盲人也能阅读的机器）…………………
気の毒なお母さんたちの同盟（可怜的母亲联盟）…………………………
週間のことば　四万倍になる話　残るひとへの言葉（本周一词　四万倍的努力　致留用的人们）……………………………………………………………
旧租界に出来た孫先生の銅像（旧租界的孙先生铜像）……………………
科学　揚子江はなぜ濁つてゐるか（科学　扬子江水为何浑浊）
……………………………………………………………………………小宮義孝
中国の風俗　丹山島のジャンク（中国风俗　丹山岛的帆船）
…………………………………………………………………………可東みの助
日本の子供　中国の子供（日本的孩子　中国的孩子）………………蔣衛善
ボンちゃん物語（小本的故事）…………………………………………可東みの助
仲よしクラブ　ローマ字は漢字の困難から吾々を解放する（友好倶乐部　拉丁字母将会有利于解决我们的汉字书写困难）……………………史存直
絵の具　畑のお風呂　桜貝（画具　田间的浴室　樱贝）………高岡建樹
中国の民話（中国的民间传说）……………………………………………林としを
お願ひ（愿望）……………………………………………………………編集部

●《改造儿童新闻》第16号（1946年5月3日）

社説　六等国民について（社论　关于六等国民）……………………………
国民政府　南京に還る（国民政府　回到南京）…………………………………
いよいよ裁かれる東條たち（终于快被审判的东条等人）…………………
四国へゆく　中国の軍隊（去四国　中国的军队）………………………………
一昨日はメーデー（前天是劳动节）……………………………………………
フーバー代表上海へ（胡佛代表前往上海）……………………………………
国民学校から修身課がなくなる（国民学校取缔修身课程）…………………
上海へ移動家屋（上海的移动房屋）……………………………………………
週間のことば　国府還都に際して（本周一词　在国府还都之际）………
科学　熱液とはどういふものか（科学　什么是“热液”）……高山三郎
普陀山参り（参拜普陀山）…………………………………………………可東みの助
印刷の起源（上）(印刷的起源）……………………………………………室田正
中国から日本へ（一）遣唐使［从中国到日本（一）遣唐使］………………
仲よしクラブ　陳蓉という少年の話（友好俱乐部　名为陈蓉的少年之故事）……………………………………………………………………榛葉をさむ
中国の民話（中国的民间传说）……………………………………………林としを

●《改造儿童新闻》第17号（1946年5月10日）

社説　素直に考へよう（社论　坦率思考）……………………………………
新中国大建設へ　蒋主席のお話（走向新中国的建设　蒋主席的讲话）····
こんどの内閣は社会党がつくる（下届内阁将由社会党组建）……………
あたたかい中国軍人の情　水野さんたちのお話（中国军人温情　水野先生等人的讲话）…………………………………………………………………………
上海に出来た少年村（出现在上海的少年村）……………………………………
週間のことば　五四記念日とはどんな記念日か（本周一词　什么是

"五四纪念日")……………………………………………………………………
軍国主義の先生はいけない(拒绝宣传军国主义思想的教师)………………
科学　アルミニウムで組立てる家(科学　用铝组装的家)……氷川省三
中国の風俗　影絵芝居(中国的风俗　剪影戏剧)………………………………
印刷の起源(下)(印刷的起源(下))……………………………………室田正
中国から日本へ(二)端午節[从中国到日本(二)端午节]………………
仲よしクラブ　蝉の羽織(友好倶乐部　蝉的外衣)………………島崎藤村
中国の童謡(中国的童谣)……………………………………………………………
動物と私　博物誌より(动物与我　选自博物志)…… ユウル・ルナアル

● **《改造儿童新闻》第18号**(1946年5月17日)

社説　中国と日本の新しい幸福(社论　中国与日本的新幸福)…………
人民反対の内閣が出来そうだ(反人民的内阁即将形成)……………………
餓死の迫った日本(面临饥荒的日本)……………………………………………
蒋主席　ふるさとへ(蒋主席　归乡)……………………………………………
中国の鉄の団結を学べ(学习中国铁一样的团结)…………………………………
週間のことば　やさしい日本語をつかはう(本周一词　使用简单的日语)……………………………………………………………………………………
科学　なぜ人間は二本の足で歩くか(科学　人为何用两条腿走路)……………………………………………………………………………藤原志
ウズの林(乌头林)…………………………………………………………………
過海大仙鑑真和尚のこと(过海大仙鉴真和尚的故事)…………小道二郎
中国から日本へ(三)陶器[从中国到日本(三)陶器]……………………
仲よしクラブ　さざなみは(友好倶乐部　涟漪是什么)………北原白秋
夜なか(夜半)……………………………………………………………………
みんな幸福な山(大家的幸福山)………………………………………秋田雨雀

● **《改造儿童新闻》第 19 号**（1946 年 5 月 24 日）

社説　空腹と勇気（社论　空腹与勇气）……………………………………………
やっとのことで吉田内閣は出来た（吉田内阁终于成立了）…………………
僕たちはお腹がぺこぺこ　十九日は食料メーデー（我们的饥肠辘辘十九日是食物劳动节）……………………………………………………………
新しい上海市長に呉国楨先生（新上海市长　吴国桢先生）…………………
乃木大将も追出される（乃木大将也将被抹去）………………………………
週間のことば　社会主義とはどういふものか（本周一词　“社会主义”是什么）……………………………………………………………………………
科学　ジャンクはどう作られてゐるか（科学　帆船是如何被制造出来的）………………………………………………………………………………
中国の風俗　メートルの橋（中国的风俗　米之桥）…………可東みの助
インフレーションのお話（通货膨胀解说）……………………………………
中国から日本へ（四）紙［从中国到日本（四）纸］……………………………
仲よしクラブ　すばらしい夕暮　白楽天（友好俱乐部　美丽傍晚　白乐天）……………………………………………………………………………
慈愛深い兵士（慈爱的兵士）……………………………………………………

● **《改造儿童新闻》第 20 号**（1946 年 5 月 31 日）

社説　終刊のことば　君たちの力で　君たちの元気で（社论　终刊词　以君之力　以君之气）…………………………………………………………
ない米を分け合へ　天皇の放送（分享没有的米饭　天皇的广播）………
週間のことば　デモンストレーションとはどういふものか（本周一词　什么是“游行”）……………………………………………………………………
科学　この世界からねづみをなくす薬（科学　让老鼠从世间消失的药）…………………………………………………………………………高山三郎

中国の風俗　ぱいろう（中国的风俗　牌楼）……………………可東みの助
社告（通知）……………………………………………………………………
ほんとうの勇気（真正的勇气）……………………………………………立石峻
中国から日本へ（五）植物［从中国到日本（五）植物］………………………
仲よしクラブ　石子陵の歌（友好倶乐部　石子陵的歌）………岩井五郎
ひるさがり　或るお母さんのお話（过午　某位母亲的谈话）
…………………………………………………………………………………井上燕子

四、《大陆往来》杂志目录

(上海大陆往来杂志社发行)

● 《大陆往来》1943年1月号

巻頭短言(卷头短语)

〈大陸談苑〉 (〈大陆谈苑〉)

告化子……李如雲(14—15)

周作人を訪ふ(访周作人)……君匡(15—17)

版画を通じて(通过版画)……田川憲(17—18)

満洲の青年作家(满洲的青年作家)……今野東行(18—20)

〈中国和平攻勢の進展と基盤〉 〈中国和平攻势的进展与基础〉

汪院長の訪日と中国の新事態(汪院长的访日与中国的新动态)

……白浜雄三(22—26)

中国革新の歴史的基盤(中国革新的历史基础)……豊川浩平(27—32)

中印関係と英国(中印关系与英国)……山田準一(34—35)

新しき武漢建設の様相〈座談会〉(新武汉建设的样态)

出席者＝漢口軍特務部・近藤大佐 武漢大政翼賛会副会長・秋根昌美 漢口居留民団民会議長・宝妻寿作 大楚報社長・張楡芳 漢口特別市政府市長・張仁蠡 漢口日本商議理事・真銅政治 中江実業銀行総裁・石星川 本社側・千代田記者……(36—47)

日本の印象(日本的印象)……吉田狸狼洞・訳 潘予且(48—51)

湖北建設を聴く 〈対談〉 (听谈湖北建设 〈对谈〉)

語る人＝湖北省政府主席・楊揆一 聴く人＝本誌特派員・千代田一郎

……(52—59)

●《大陆往来》1943年2月号

● **《大陆往来》1943 年 3 月号**

● **《大陆往来》1943 年 4 月号**

●《大陆往来》1943 年 5 月号

●《大陆往来》1943 年 7 月号

● **《大陆往来》1943年8月号**

● 《大陆往来》1943年9月号

〈大陸談苑〉(〈大陆谈苑〉)

●《大陆往来》1943年10月号

●《大陆往来》1944 年 1 月号

● **《大陆往来》1944 年 2 月号**

● **《大陆往来》1944 年 3 月号**

● 《大陆往来》1944 年 4 月号

● **《大陆往来》1944 年 5 月号**

● 《大陆往来》1944 年 6 月号

● 《大陆往来》1944 年 7 月号

● 《大陆往来》1944 年 9 月号

● 《大陆往来》1944年10月号

● 《大陆往来》1944 年 11 月号

● 《大陆往来》1945 年 1 ~ 2 月合刊号

●《大陆往来》1945 年 5 月号

五、《大陆》杂志目录

（大陆新报社发行）

●《大陆》1944 年 11 月号

●《大陆》1944 年 12 月号

● 《大陆》1945年1月新年号

● 《大陆》1945 年 2 月号

● 《大陆》1945年3月号

● **《大陆》1945 年 4 月号**

● 《大陆》1945 年 5 月号

● **《大陆》1945 年 6 月号**

● **《大陆》1945年7～8月合并号**

六、《新大陆》

（上海新大陆社编辑发行）

●《新大陆》1945 年 8 月号

七、《上海文学》杂志目录

（日本上海文学研究会编辑，大陆新报社发行）

●《上海文学》1943 年 4 月号

●《上海文学》1944年4月号

● **《上海文学》1944 年 12 月号**

●《上海文学》1945年5月号

八、《大众上海》/《江南展望》

(オール上海，后改题“江南展望”)

●《大众上海》1942 年 9 月号

●《大众上海》1942年10月号

●《大众上海》1942 年 11 月号

● **《大众上海》1942 年 12 月号**

● 《大众上海》1943 年 1 月号

● 《江南展望》1943 年 2 月号

●《江南展望》1943 年 3 月号

●《江南展望》1943 年 5 月号

●《江南展望》1943年6月号

九、《扬子江》

（东京扬子江社编辑 / 上海华中总局发行）

● 《扬子江》1944 年1月号

●《扬子江》1944年2月号

● 《扬子江》1944 年 3 月号

● 《扬子江》1944 年 4 月号

● 《扬子江》1944 年 5 月号

●《扬子江》1944 年 6 月号

●《扬子江》1944年7月号

● **《扬子江》1944 年 8 月号**

● 《扬子江》1944 年 10 月号

●《扬子江》1944 年 11 ～ 12 月合刊号

● 《扬子江》1945 年 1 月号

十、《中日文化》杂志目录

（汪伪中日文化协会编辑发行）

●《中日文化》第1号、1941年3月

● 《中日文化》第2号、1941年7月

● **《中日文化》第3号、1941年11月**

十一、《黄鸟》杂志目录

● 《黄鸟》第 1 号，1942 年 11 月

●《黄鸟》第2号，1943年1月

●《黄鸟》第 3 号，1943 年 5 月

● 《黄鸟》第4号, 1943年11月

● 《黄鸟》第5号，1944年4月

十二、《改造周报》杂志目录

（国民党第三方面军司令部改造日报社发行）

●《改造周报》第 1 号，1945 年 12 月 8 日

外侮の防禦と民族復興（抵御外侮与复兴民族）……………………蒋中正
日本議会の三大課題（日本议会的三大课题）……………………下坂四郎
日本敗戦外交を剔る（解析日本战败的外交事宜）………………甲斐静馬
欧州民主主義の勝利（欧洲民主主义的胜利）………………文滙週報より
聖トーマス収容所　在マニラ米市民の集中生活記録（圣托马斯收容所　美国市民在马尼拉的集中生活记录）
……………………………………石山一郎訳　シェリー・マイダンス
日本の投降兵（日本投降兵）……………………………米誌「ライフ」より
焚書記（焚书记）……………………………………………………鄭振鐸
清代の書獄（清代的书狱）………………………………………河原流太郎
日本食糧問題の危機（日本粮食问题的危机）………………日本新聞より
中国国内問題解説（中国国内问题解说）……………………………編輯部
日本の政治犯（日本的政治犯）………………ネーション・ウキークより
映書「虹」を観る（观影《虹》）……………………………………柴崗生
最近の日本消息（最近的日本消息）…………………………………編輯部

●《改造周报》第 2 号，1945 年 12 月 15 日（日本宪法问题特辑）

外侮の防禦と民族復興（抵御外侮与复兴民族）……………………蒋中正
日本憲法問題対談会（日本宪法问题对谈会）………瀧野正福　陣内豊吉
マ元帥命令と日本の動向（麦克阿瑟元帅命令与日本的动向）……青田良

天皇制を聯合国の態度(联合国对于天皇制的态度)……………………周鯁生
この際言って置きたいこと(此时想说的话)……………………………加藤勘十
東京の大火災(东京大火灾)………………………………… ノックス・バーカー
敵(敌人)……………………………………………………………… パール・バック
週間展望(一周展望)……………………………………………………………編輯部
電波信管・ペニシリンとは(电波引线・盘尼西林是什么)……石山一郎
日本新聞切抜帖(日本剪报)……………………………………………………編輯部

●《改造周报》第3号，1945年12月22日(集中生活问题特辑)

外侮の防禦と民族復興(抵御外侮与复兴民族)…………………………蒋中正
集中生活の課題(集中区生活的课题)………………………………………福島茂樹
共済運動の現段階(共济运动的现阶段)……………………………………中村肇
集中生活と医療(集中区生活与医疗)…………………………………………神尾知
寺小屋便り(儿童私塾讯息)……………………………………………………伊東昭
婦人選挙をめぐって(关于妇女选举)………………………………………小宮義孝
日本憲法問題対談会(日本宪法问题对谈会)………瀧野正福　陣内豊吉
地図 ……………………………………………………………………………………歩々子
週間展望(一周展望)……………………………………………島田生　M・M生
廃墟と化した広島(化为废墟的广岛)………………………………マッカーシ
露店の歌(摊贩之歌)……………………………………………………………宿屋守二
敵(敌)……………………………………………………………………… パール・バック
日本新聞切抜帖(日本剪报)……………………………………………………編輯部

●《改造周报》第4号，1946年1月1日(新日本建设特辑)

外侮の防禦と民族復興(抵御外侮与复兴民族)…………………………蒋中正
◇新日本を建設せよ◇(建设新日本吧)

「民主主義化のスローガン」(“民主主义化的口号”)……………………下田巷
新日本経済建設の鍵（新日本经济建设的关键）……………………上村壽男
人民の文化（人民的文化）……………………………………………島田政雄
婦人と参政権（上)(妇女与参政权（上))…………………………広瀬庫太郎
◇建設短言◇（建设短言）
互助共済（互助共济）…………………………………………………篠原匡文
衣食住……………………………………………………………………徳田恒夫
新しい設計（新设计）…………………………………………………山岸多嘉子
問題解決の方向（问题解决的方向）…………………………………多賀重文
個人の成長（个人的成长）……………………………………………島本恵似子
開かれた扉（打开的门）………………………………………………徳田静子
米は集るか（粮食能够收集到吗）……………………………………M・S生
生活の歌（生活之歌）…………………………………………………高塚土筆
霜…………………………………………………………………………前川青々濤
米占領軍の日本印象記（美国占领军的日本印象记）………バーカー軍曹
パープル・ハート部隊とは（所谓 purple heart 部队）
……………………………………………………………………シチズン紙より
一兵士の手記（某士兵的手记）………………………………………古川洋三
週間展望（一周展望）…………………………………………ＳＳ生・MM生
集中区の生態（集中区的生活动态）…………………絵と文　酒見恒平
書窓漫筆…………………………………………………………………久津於華
直後の長崎・東京（最近的长崎・东京）………………マッカーシ軍曹
日本新聞切抜帖（日本剪报）…………………………………………編輯部
◇歌と詩◇（歌与诗）
生活の歌（生活的歌）…………………………………………………高塚土筆
霜（霜）…………………………………………………………………前川青々濤

短日(短日)……………………………………………………………………………………次郎

● 《改造周报》第 5、6 号合刊，1946 年 1 月 14 日(日本国内事情特辑)

週間展望(一周展望)
外侮の防禦と民族復興(抵御外侮与复兴民族)……………………………蒋中正
◇日本国内事情◇(日本国内事项)
日本のインフレと国民生活再建問題(日本的通货膨胀与国民生活再建的问题)…………………………………………………………………………上村壽夫
一路インフレに突入した敗戦日本の経済(爆发通货膨胀的战败后日本经济)……………………………………………………………………………小林一郎
日政府のインフレ対策(日本政府的通货膨胀对策)…………………K・M 生
食糧問題と政治(粮食问题和政治)……………………………………………藏原啓
魚と野菜(鱼与蔬菜)…………………………………………………… 日本新聞より
田畑収益価格(农田收益价格)……………………………………………S・S・生
日本石炭事情の展望(对日本煤炭事态的展望)……………………………折笠隆
木炭と薪(木炭与柴薪)………………………………………………… 日本新聞より
日本国鉄輸送の危機(日本国铁输送的危机)………………………………中村肇
新鉄道建設計画(新铁路建设计划)………………………………… 日本新聞より
どうするか家のない人民(无家可归的人民该怎么办)……………青田良
日本住宅の改良(日本住宅的改良)……………………………………………K・M 生
焦土に彷徨する失業者の大群(在焦土彷徨的大量失业者)……史村三平
大学の改革(大学的改革)………………………………………………美濃部亮吉
官僚に與ふ(告知官员)……………………………………………… 日本新聞より
日本各地の衛生状態(日本各地的卫生状况)……………………………S・S・生
最近の日本社会相(最近的日本社会景象)……………………………高山啓二
◇◇

婦人と参政権（下）（妇女与参政权（下））……………………………廣瀬庫太郎
めりけん談議（美国讲坛）……………………………………………………石山一郎
週間展望（一周展望）……………………………………………………………島田生
日本上海特攻隊顛末記（日本上海特攻队始末记录）…………………T・K 生
農林省職員会要求書（农林部职员会议请求书）……………… 日本新聞より
対日心理作戦の裏間（对日心理作战的内幕）……………… ザカリヤス大佐
列車削減の實情（火车减少的实情）……………………………… 日本新聞より
日本新聞切抜帖（日本剪报）……………………………………………………編輯部
◇歌◇（歌）
風呂（洗浴）……………………………………………………………………立花丈二
書籍（书籍）……………………………………………………………………有賀一猛

●《改造周报》第 7 号，1946 年 1 月 22 日（妇女问题特辑）

外侮の防禦と民族復興（抵御外侮与复兴民族）……………………………蒋中正
蒋主席の横顔（蒋主席的另一面）…………………………………………………魯莽
◇婦人問題◇（妇人问题）
座談会「婦人生活と参政権」（座谈会“妇女生活与参政权”）
……………………………………………小宮義孝　島本妙　安部マサ　稲井恒子
女性生活と政治（女性生活与政治）………………………………………坂田悌子
欧米における婦人参政の歴史と現状（欧美妇女参政的历史与现状）
……………………………………………………………………………………K・M 生
名乗り上げた婦人候補（参加竞选的妇女候选人）……………… 日本紙より
アメリカ婦人と政治（美国妇女与政治）……………………… シウリング中佐
亭主再教育（对丈夫的再教育）……………………………………………秦多嘉子
週間展望（一周展望）……………………………………………………………S・S 生
碧螺春の日記（碧螺春的日记）……………………………………………木村重

ロシヤ気質(俄国气质)……………………………アレキセフ・トルストイ
政党一覧表(政党一览表)……………………………………………………編輯部
日本新聞切抜帖(日本剪报)…………………………………………………編輯部

● 《改造周报》第 8 号, 1946 年 2 月 1 日(遣归问题特辑)

週間展望(一周展望)
蒋主席の横顔(下)(蒋主席的另一面(下))………………………………魯莽
◇引揚問題◇(遣归问题)
引揚者の生きる道(遣归者的生存道路)……………………………太田繁雄
引揚問題を語る(讨论遣归问题)(座談会)…………………星信助　志村稔
七十倍送金の民衆的解決(七十倍汇款的民众式解决)…………篠原匡文
引揚必須十講(遣归必要事项十讲)………………………………………高久一郎
小買商資産の補償(小商贩资产的补偿)……………………………上村壽男
荷物の注意(行李的注意事项)…………………………………………………編輯部
引揚荷物一覧表(遣归许可行李一览表)……………………………………編輯部
週間展望(一周展望)…………………………………………………………上村生
マックアーサー元帥とは(麦克阿瑟元帅)……………………………米誌より
米国の新しき邊疆日本(美国的新边疆——日本)
……………………………………………………………………ロバートシャーウツド
原子爆弾を繞る闘争(关于原子弹的斗争)
…………………………………………………………………ハワード・ホワイトマン
世界最古の民主国(世界最古老的民主国家)……………………………寺岡淳
日本新聞切抜帖(日本剪报)…………………………………………………編輯部

● 《改造周报》第 9 号, 1946 年 2 月 15 日(民主团结特辑)

週間提言(本周提议)……………………………………………………………

民主主義の推進（民主主义的推进）……………………………………………森戸辰男
郷愁（乡愁）……………………………………………………………………三浦桂祐
幇に学ぶ（学习帮派精神）……………………………………………………内山完造
徹底的民主主義を（彻底的民主主义）…………………………………………横山撫松
日僑丸の倫理（日侨号的伦理问题）…………………………………………広瀬庫太郎
日本人居留民民主団結を語る座談会（日本人居留民民主团结的座谈会）……………………………………………………………………………………
出席人＝内山完造、阿部義宗、濱本ましゑ、広瀬庫太郎、蘆澤駿之助、奥田民雄、竹本節、星野芳樹
助け合ふ心（互助之心）………………………………………………………川口広孝
海外同胞厚生聯盟の提唱（建立海外同胞福利联盟的提议）……大野熊雄
八万協同心の再編（八万人协同意志的重构）……………………千代田一郎
行商の歌（行商之歌）……………………………………………………高塚つよし
遭難記（遇难记）……………………………………………………………………清水一
日本の現状打診（日本的现状诊断）…………マンフリード　ゴツドフリ
南京生活から（从南京生活想到的）………………………………………森山一實
週間展望（一周展望）……………………………………………… 上村生、及川生
写生傍談（写生漫谈）……………………………………………………………酒見恒平
囮高射砲陣（诱导高射炮阵）……………………………………… レイダンカン軍曹
厨 ……………………………………………………………………………………浦田歩々子
日本新聞切抜帖（日本报纸剪贴集）………………………………………………編輯部

●《改造周报》第 10 号，1946 年 2 月 25 日（青年问题特辑）

週間提言（本周提议）……………………………………………………………………
青年運動の目標（青年运动的目标）………………………………………………上村卓
青年と教育と政治の課題（青年、教育与政治的课题）…………森近嘉人

東亜同文書院大学を剔る(剖析东亚同文书院大学)……………熊本武義
学生の立場より(站在学生的立场)……………………………………辰己公和
新たる理想に燃へて(为新理想燃烧)…………………………………三嶽昭雄
科学者の青年時代(科学家的青年时代)………………………………星野芳樹
東印度の両領袖(东印度的两位领袖)……………………………………U・S
帰国と就学(归国与就学)…………………………………………………高久一郎
労働委員会とは(什么是劳动委员会)……………………………ラヂオ解説
週間展望(周间展望)……………………………………………… 上村生 N・M 生
民主戦線をどう進めるか　座談会(如何推进民主战线　座谈会)
………………………………………………………………………………………
出席人＝山川均、水谷長三郎、北玲吉、野坂参三、野田武夫、吉田正、鈴木編集局長(読売)
父の手記(父亲的手记)…………………………………………………………島本妙
横文字談議(谈论西洋文字)………………………………………………石山一郎
コント「飴」(小品文《糖》)……………………………………………………K・M
総選挙情勢の展望(对总选举局势的展望)……………………………日本紙より
日本新聞切抜帖(日本报纸剪贴集)……………………………………………編輯部

● 《改造周报》第 11 号, 1946 年 3 月 6 日(生活报告特辑)

週間提言(周间提议)………………………………………………………………
幣原内閣のインフレ総合対策批判(币原内阁的通货膨胀综合对策批评)……………………………………………………………………………上村壽男
日僑共済の諸問題(日侨共济的诸多问题)……………………………阿部義宗
日本内地の実相(日本内地的真实情况)………………………………鋤柄雄三
共済活動の過去と展望(共济活动的过去与展望)…………………中島邦藏
あした(明日)………………………………………………………………牧はるえ

対米公司物語（対美公司的故事）……小田島一夫
栄養不足と栄養失調（营养不足与营养失调）……小宮義孝
われらの職員会（我们的职员会）……中川清
週間展望（周间展望）……上村生・N・M生
独身婦人の生活（单身妇女的生活）……島本妙
お料理に就て（关于料理）……児島ヤスエ
寒の内（寒冷的日子里）……大島葎花
生活合作社と共済（生活合作社与共济）……田木勇
日僑露店商調べ（日侨露天摊贩的调查）……海野一郎
国内事情点描（国内事情素描）……編輯部
民主戦線をどう進めるか（如何推进民主战线）（座談会）……日本紙より
総選挙情勢の展望（总选举局势的展望）……日本紙より
日本新聞切抜帖（日本报纸剪贴集）……編輯部

● **《改造周报》第 12 号，1946 年 3 月 19 日（戏剧问题特辑）**

週間提言（周间提议）……
過去の日僑と演劇（过去的日侨与戏剧）……岡崎龍介
「日本演劇の今後を語る」座談会（"谈论日本戏剧的将来"座谈会）……
出席人＝岡田儀平、井関武夫、澤逸郎、小林嘉寿夫、水野博史、藤井貢、土屋太郎、安田茂、野田良国、小泉譲、島田政雄
上海日僑の演劇活動（上海日侨的戏剧活动）……翁志善
劇団人の反省（剧团人的反省）……林克美
「父帰る」を見る（观"父亲归来"）……丘草吉
装置の問題（装置的问题）……高木喬
「夢の工場」の民主化（"梦工厂"的民主化）……山口勳
週間展望（周间展望）……編輯部

● 《改造周报》第 13 ~ 14 合刊号, 1946 年 3 月 31 日(总选举特辑)

● 《改造周报》第 15 号, 1946 年 4 月 15 日

● **《改造周报》第 16 号，1946 年 4 月 22 日**

●《改造周报》第 17 号，1946 年 5 月 1 日

十三、《新生》杂志目录

（中国国民党中央宣传部对日文化工作委员会上海分会编辑发行）

● 《新生》第 1 号、1946 年 3 月 1 日

●《新生》第2号、1946年3月11日

●《新生》第3号、1946年4月10日

日本総選挙の見透し（日本总选举预测）……………………塩見聖策（9）
転換期の前夜（中国展望）[转折期前夜 （中国展望）]…… 山中三郎（22）
国際的岐路の打開（国際展望）[解决国际歧路的难题 （国际展望）]……
……………………………………………………………………川村信一（23）
民主主義講座（完）[民主主义讲座 （完）]
日本の政党（日本的政党）…………………………………加田哲二（11）
日本国民へ（致日本国民）……………………………………ネール（21）
人民大衆に見習ふ（向人民大众学习）………………………郭沫若（16）
玉水兄弟のこと（关于玉水兄弟）…………………………向田寛一（14）
中国民俗抄（中国民俗抄）……………………………………………（23）
中国には中国の尺（中国有中国的尺度）…………………内田完造（18）
ある日本女医のこと（一个日本女医生的故事）……………榛葉修（18）
うどんの語源（乌冬的词源）…………………………………小畠實（28）
風味随筆（风味随笔）…………………………………………小宮義孝（26）
ある忠烈な物語（一个忠烈故事）……………………………臧克家（29）
劇曲・郁達夫の死（一）[戏曲・郁达夫之死 （一）]………菊池租（31）
（詩）日本なる妻と子を想ふ（想念日本妻儿）……………杜運燮（25）
（詩）武装せざる平和（没有武装的和平）…………高村光太郎（封二）
表紙（封面）……………………………………………………伊藤研之

● 《新生》第 4 号、1946 年 4 月 25 日

巻頭言（卷头语）……………………………………………………（3）
在華日僑に寄す（寄语在华日侨）…………………………………（4）
（新生新語）上海に残る（新生新语　留在上海）……………林田俊衛（6）
中日問題の将来にについて（关于中日问题的将来）……………（8）
集中生活記（集中生活记）

●《新生》第 5 号、1946 年 5 月 15 日

● 《新生》第6号、1946年6月15日

十四、《改造评论》杂志目录

（国民党第三方面军上海改造日报社编辑发行）

● 《改造评论》创刊第 1 号、1946 年 6 月

● 《改造评论》第 2 号、1946 年 9 月

●《改造评论》第3号、1946年10月

創作

資料

图书在版编目(CIP)数据

在华日侨文人史料研究:堀田善卫的上海时代/陈童君著.—上海:上海人民出版社,2020
(在华日侨文史研究丛书)
ISBN 978-7-208-16297-6

Ⅰ.①在… Ⅱ.①陈… Ⅲ.①日本人-侨民-文人-史料-研究-上海-近代 Ⅳ.①D731.337

中国版本图书馆 CIP 数据核字(2020)第 020958 号

责任编辑 肖 峰
封面设计 一本好书

在华日侨文史研究丛书
在华日侨文人史料研究
——堀田善卫的上海时代
陈童君 著

出　　版 上海人民出版社
(200001 上海福建中路 193 号)
发　　行 上海人民出版社发行中心
印　　刷 常熟市新骅印刷有限公司
开　　本 635×965 1/16
印　　张 25.75
插　　页 4
字　　数 326,000
版　　次 2020 年 4 月第 1 版
印　　次 2020 年 4 月第 1 次印刷
ISBN 978-7-208-16297-6/K·2925
定　　价 98.00 元